U0541165

China's Rural Development Report (2021)
Agricultural and Rural Modernization towards 2035

中国农村发展报告
——面向 2035 年的农业农村现代化

魏后凯 杜志雄 主 编
苑 鹏 崔红志 于法稳 副主编

2021

中国社会科学出版社

图书在版编目（CIP）数据

中国农村发展报告.2021：面向2035年的农业农村现代化/魏后凯，杜志雄主编.—北京：中国社会科学出版社，2021.7
（中社智库年度报告）
ISBN 978-7-5203-8728-6

Ⅰ.①中⋯　Ⅱ.①魏⋯②杜⋯　Ⅲ.①农村经济发展—研究报告—中国　Ⅳ.①F32

中国版本图书馆CIP数据核字（2021）第137804号

出 版 人	赵剑英
责任编辑	刘晓红
责任校对	周晓东
责任印制	戴　宽
出　　版	中国社会科学出版社
社　　址	北京鼓楼西大街甲158号
邮　　编	100720
网　　址	http://www.csspw.cn
发 行 部	010-84083685
门 市 部	010-84029450
经　　销	新华书店及其他书店
印　　刷	北京君升印刷有限公司
装　　订	廊坊市广阳区广增装订厂
版　　次	2021年7月第1版
印　　次	2021年7月第1次印刷
开　　本	710×1000　1/16
印　　张	29
插　　页	2
字　　数	338千字
定　　价	168.00元

凡购买中国社会科学出版社图书，如有质量问题请与本社营销中心联系调换
电话：010-84083683
版权所有　侵权必究

编委会

主　编： 魏后凯　杜志雄

副主编： 苑　鹏　崔红志　于法稳

编　委：（按拼音排序）

白　描	陈永福	崔红志	崔　凯	杜志雄
郜亮亮	韩　磊	胡冰川	黄超峰	李国祥
李婷婷	李　玏	靖　飞	刘长全	芦千文
罗千峰	罗万纯	陆　雷	宁国强	年　猛
彭　华	秦　轲	谭清香	谭秋成	檀学文
王术坤	王绪龙	魏后凯	杨　穗	杨　鑫
杨园争	于法稳	苑　鹏	赵　黎	朱文博
曾俊霞				

主要编撰者简介

魏后凯 经济学博士，中国社会科学院农村发展研究所所长、研究员、博士生导师，第十三届全国人大农业与农村委员会委员。兼任中国社会科学院城乡发展一体化智库常务副理事长，中国城郊经济研究会、中国林牧渔业经济学会会长，中央农办、农业农村部乡村振兴专家咨询委员会委员，民政部、北京市、山东省、广东省等决策咨询委员会委员。主要研究领域：区域经济与农村发展。

杜志雄 日本东京大学农学博士，中国社会科学院农村发展研究所党委书记、研究员、博士生导师。兼任中国社会科学院城乡发展一体化智库副理事长，中国农业经济学会副会长，农业农村部农村社会事业专家咨询委员会、国家食物与营养咨询委员会委员等。主要研究领域：农村非农产业经济、中国现代农业发展等。

苑　鹏 管理学博士，中国社会科学院农村发展研究所副所长、研究员、博士生导师。兼任中国国外农业经济研究会会长，中国农村合作经济管理学会副会长。主要研究领域：合作经济、农村经济组织与制度。

崔红志 管理学博士，中国社会科学院农村发展研究所农村组织与制度研究室主任、研究员、博士生导师。兼任中国社会科学院城乡发展一体化智库秘书长。主要研究领域：农村社会保障、农村组织与制度。

于法稳 管理学博士，中国社会科学院农村发展研究所生态经济研究室主任、研究员、博士生导师。兼任中国社会科学院生态环境经济研究中心主任、中国生态经济学学会副理事长兼秘书长、《中国生态农业学报（中英文）》副主编、《生态经济》副主编。主要研究领域：生态经济理论与方法、资源管理、农村生态治理、农业可持续发展等。

目　录

主　报　告

面向2035年的中国农业农村现代化
　　战略 …………………………………… 主报告课题组（3）

综　合　篇

中国农村发展指数测评（2021）
　　——中国农村发展进程及地区
　　比较 ………………… 韩　磊　王术坤　刘长全（77）
发达国家农业农村现代化的经验与借鉴 ………… 胡冰川（102）
面向2035年的中国反贫困战略与
　　政策 ………………………… 檀学文　谭清香（129）

产业发展篇

中国农村产业现代化目标、挑战与
　　对策 ………………… 李婷婷　罗千峰　刘长全（163）
面向2035年的中国粮食安全战略 ………………… 李国祥（186）

新时期农村集体经济的现代化之路 …… 陆　雷　赵　黎（209）
中国小农户的前景及其现代化转型 ………………… 芦千文（231）
中国农作物种业现代化：前瞻、路径与
　　对策 ……………………… 靖　飞　王绪龙　宁国强（254）

乡村建设篇

实现乡村治理体系与治理能力现代化的
　　对策 ………………………………… 谭秋成　曾俊霞（283）
推进城乡基本公共服务均等化的
　　路径 ………………………………… 罗万纯　杨园争（302）
促进乡村宜居宜业的思路与
　　对策 ……………………… 李　功　年　猛　于法稳（326）

农民生活篇

农民现代化进程、阻碍及对策 ………… 白　描　苑　鹏（357）
乡村人才振兴的发展现状、未来愿景及
　　对策建议 …………………………………… 曾俊霞（378）
中国农村居民收入状况及 2035 年趋势 ………… 杨　穗（400）
中国农村消费潜力及 2035 年趋势 …… 陈永福　朱文博（429）

主报告

面向2035年的中国农业农村现代化战略

主报告课题组[*]

摘　要：农业农村现代化具有丰富的科学内涵，它并非农业现代化与农村现代化的简单相加，而是两者有机耦合而成的既相互联系、相互促进又相互交融的整体，必须统筹规划、一体设计、一并推进。在新发展阶段，推进农业现代化应以机械化、数字化、绿色化、功能化、共享化为方向，推进农村现代化应以产业高值化、生活品质化、环境景观化、治理效能化、城乡等值化为方向。从乡村振兴的视角，"农业强、农村美、农民富"既是乡村振兴的重要标志，也是实现农业农村现代化的目标值；"农业高质高效、乡村宜居宜业、农民富裕富足"是基本实现农业农村现代化的目标值。目前，中国人均GDP已连续2年超过1万美元，大致进入发达国家20世纪80年代至90年代的发展阶

---

[*] 本报告执笔人：魏后凯，经济学博士，中国社会科学院农村发展研究所所长、研究员，主要研究方向为区域经济、城镇化、农业农村发展；崔凯，管理学博士，中国社会科学院农村发展研究所副研究员，主要研究方向为农业现代化、农村信息化；芦千文，管理学博士，中国社会科学院农村发展研究所助理研究员，主要研究方向为农业经营组织与制度；杨鑫，管理学博士，中国社会科学院农村发展研究所助理研究员，主要研究方向为食物与消费经济。

段，预计到2035年将基本实现以"农业强、农村美、农民富"为特征的农业农村现代化。根据预测结果，到2035年，中国农业科技进步贡献率将达到70%以上，农食相关行业与农林牧渔业的增加值比值超过2，化肥施用强度下降到225千克/公顷左右，农业生产基础进一步夯实；村庄人口规模增加到1500人，常住人口城镇化率在72%左右，农村基础设施和社会服务更加完善；农村居民人均可支配收入超过4万元（2019年价格），城乡居民收入倍差缩小至1.8，农民的获得感、幸福感更强。加快建设农业强国，实现由农业大国向农业强国转变，既是新发展阶段推进农业农村现代化的核心任务，更是全面建设社会主义现代化强国的重要举措。要确保到2035年基本实现农业农村现代化，必须分阶段分类协同推进，加快补齐"短板"，聚焦重点领域。一是采取分阶段分类协同推进的方式，力争用20年左右的时间完成由农业大国向农业强国的转变。二是结合2035年目标设定，通过提升农业竞争力，提高农村发展质量，增进城乡居民福祉，来补齐农业农村现代化"短板"。三是聚焦重点领域，在生产供给、科技创新、绿色可持续、城乡统筹、项目引领、资金投入、改革驱动等方面，提供长期有效的制度供给。

关键词：农业农村现代化　乡村振兴　目标预测　农业强国

China's Agricultural and Rural Modernization Strategy towards 2035

General report research group

Abstract: Agricultural and rural modernization has rich scientific connotation. It is not a simple combination of agricultural modernization and rural modernization, but an organic coupling of the two, which is connected, promoted and blended with each other. It must be planned, designed and promoted in an integrated way. In the new stage of development, agricultural modernization should be mechanized, digitized, greening, functional and sharing, while rural modernization should be promoted with high – value industries, quality of life, landscape environment, efficient governance, and urban – rural equivalence. From the perspective of rural revitalization, "strong agriculture, beautiful countryside and rich farmers" is an important symbol of rural revitalization, and is also the goal value of realizing agricultural and rural modernization. The goal of basically realizing agricultural and rural modernization is to achieve high – quality and efficient agriculture, livable and working villages, rich and prosperous farmers. At present,

China's per capita GDP has exceeded US $10,000 for two consecutive years, roughly entering the development stage of developed countries in the 1980s and 1990s. It is expected that by 2035, China will basically achieve agricultural and rural modernization characterized by "strong agriculture, beautiful countryside and rich farmers." According to the forecast results, by 2035, the contribution rate of China's agricultural scientific and technological progress will reach more than 70%, the value added ratio of agro – food related industries to agriculture, forestry, animal husbandry and fishery will exceed 2, the intensity of chemical fertilizer application will drop to about $225 kg/hm^2$, and the foundation of agricultural production will be further consolidated. The resident population density of the administrative village will increase to 1500, and around 72 percent of the population will be permanent urban residents. Rural infrastructure and social services will be greatly improved. The per capita disposable income of rural residents has exceeded 40000 Yuan (2019 RMB price), and the gap between urban and rural incomes has narrowed to 1.8. Farmers will then have a stronger sense of gain and happiness. Accelerating the building of a strong agricultural country and transforming it from a large agricultural country to a strong agricultural country is not only a core task for promoting agricultural and rural modernization in the new stage of development, but also an important measure for comprehensively building a strong modern socialist country. To basically achieve agricultural and rural modernization by 2035, we must advance it in a phased and coordinated manner, speed up efforts to strengthen weak links, and focus on key areas. First, we should take a phased, classified and coordinated approach and strive to complete the transformation from a major agricultural country to an agricultural powerhouse within about 20 years. Second, we will strengthen the weak links in agricultural and rural modernization by enhancing agricultural competitiveness, improving the quality of rural development and improving the well-being of both urban and rural residents in line with the 2035 targets. Third, we will focus on key areas and provide long-term and effective institutional supply in areas such as production supply, scientific and technological innovation, green and sustainable development, urban and rural integration, project guidance, financial input, and reform-driven development.

Key Words: Agricultural and Rural Modernization; Rural revitalization; Object Prediction; Agricultural Powerhouse

一 中国农业农村现代化的内涵与成效

民族要复兴，乡村必振兴。顺利开启全面建设社会主义现代化国家新征程，全面推进乡村振兴，加快农业农村现代化，是需要全党高度重视的一个关系大局的重大问题。农业农村现代化是全面建设社会主义现代化国家的"短板"所在，既是实现中华民族伟大复兴最艰巨最繁重的任务所在，也是最广泛最深厚的基础所在。2021年中央一号文件提出："把全面推进乡村振兴作为实现中华民族伟大复兴的一项重大任务，举全党全社会之力加快农业农村现代化，让广大农民过上更加美好的生活。"① 当前，正是乘势而上开启全面建设社会主义现代化国家新征程、向第二个百年奋斗目标进军的历史关口。立足谋划"十四五"规划和 2035 年远景目标，走中国特色的农业农村现代化道路，需要首先把握中国特色农业农村现代化的科学内涵，理性认识加快农业农村现代化的基础。

（一）农业农村现代化的内涵和方向

现代化是人类社会发展和文明进步的必然趋势，它是一个动态的、历史的、相对的概念。按照《现代汉语词典》（第 7 版），"现代"是指现在这个时代，"现代化"是指使具有现代先进科学技术水平。② 在讨论某一领域现代化问题时，通常将其理解为瞄准该领域先进发达水平的战略构想和推进策略。随着时代的变迁，"现代"所对应的先进水平不断变化、参照标准不断提升。据此理解，农业农村现代化就是采用先进科学技术和管理方法装备农业农村，使农业农村发展达到世界现代先进发达水平的综合变革过程。下面着重探讨农业农村现代化的概念提出、丰富内涵和主要方向。

1. 农业农村现代化概念的提出

实现现代化是中华人民共和国成立以来一直孜孜追求的奋斗目标。早在 20 世纪五六十年代，中国就提出了农业现代化的战

---

① 《中共中央 国务院关于全面推进乡村振兴加快农业农村现代化的意见》，《人民日报》2021 年 2 月 22 日，第 1、3 版。
② 中国社会科学院语言研究所词典编辑室：《现代汉语词典》（第 7 版），商务印书馆 2016 年版，第 1423 页。

略构想，并将其作为"四个现代化"的基础。周恩来在《1954年政府工作报告——1954年5月23日在中华人民共和国第一届全国人民代表大会第一次会议上》中提出："如果我们不建设起强大的现代化的工业、现代化的农业、现代化的交通运输业和现代化的国防，我们就不能摆脱落后和贫困，我们的革命就不能达到目的。"[①] "四个现代化"中的交通运输业，后来改成了"科学技术"。1963年1月，周恩来在上海科学技术工作会议上指出："我们要实现农业现代化、工业现代化、国防现代化和科学技术现代化，把我们祖国建设成为一个社会主义强国"[②]。随后，周恩来在《1964年国务院政府工作报告（摘要）——1964年12月21日和22日在第三届全国人民代表大会第一次会议上》中进一步明确了"四个现代化"战略。[③] 关于农业现代化的内涵，毛泽东于1958年概括为"八字宪法"，即土、肥、水、种、密、保、管、工，并于1959年作出"农业的根本出路在于机械化"的论断（魏后凯等，2020）；1961年，周恩来在广州中央工作会议上指出：必须从各方面支援农业，有步骤地实现农业的机械化、水利化、化肥化、电气化（黄佩民，2007）。在认识逐步深化的过程中，农业现代化的内涵，以农业机械化为核心，加入了水利化、化学化、电气化和良种化等内容。此后，农业现代化内容进一步拓展和丰富，到20世纪90年代，随着社会主义市场经

---

① 《1954年政府工作报告——1954年5月23日在中华人民共和国第一届全国人民代表大会第一次会议上》，中国政府网，http://www.gov.cn/test/2006-02/23/content_208673.htm。
② 中共中央文献研究室：《周恩来经济文选》，中央文献出版社1993年版，第503页。
③ 《1964年国务院政府工作报告（摘要）——1964年12月21日和22日在第三届全国人民代表大会第一次会议上》，中国政府网，http://www.gov.cn/test/2006-02/23/content_208787.htm。

济体制的建立,农业现代化被赋予商品化、市场化、产业化的内涵(魏后凯、崔凯,2021)。2007年中央一号文件提出发展现代农业"要用现代物质条件装备农业,用现代科学技术改造农业,用现代产业体系提升农业,用现代经营形式推进农业,用现代发展理念引领农业,用培养新型农民发展农业,提高农业水利化、机械化和信息化水平"。[①]

农业农村现代化作为实施乡村振兴战略的总目标,与乡村振兴战略一并提出。2017年10月,党的十九大报告明确提出要"坚持农业农村优先发展,按照产业兴旺、生态宜居、乡风文明、治理有效、生活富裕的总要求,建立健全城乡融合发展体制机制和政策体系,加快推进农业农村现代化"(习近平,2017)。这是中央首次提出"农业农村现代化"。明确提出"农业农村现代化"既是中国共产党对发展规律认识的深化,也是基于世界现代化历程正反两方面经验的理性抉择。现代化进程伴随着城镇化、工业化推动的城乡关系演变,其中农业农村现代化协同推进是决定现代化成败的关键所在。在城镇化、工业化初期,大多重视推进农业现代化,促进农村劳动力和各种要素向城镇、工业转移,以加快城镇化、工业化进程。随着城镇化、工业化水平的提升,城乡工农发展差距迅速拉大,农村发展滞后的问题开始凸显,逐步成为制约经济社会发展的关键因素。

已进入发达国家行列的国家,在面临城乡工农差距过大的问题时,纷纷开始强调农村现代化,推动农业农村现代化协同发展,防止乡村掉队,避免城市畸形,确保城乡共享发展成果。如

---

① 《中共中央 国务院关于积极发展现代农业扎实推进社会主义新农村建设的若干意见》,《人民日报》2007年1月30日第1版。

德国的乡村更新、法国的乡村复兴、日韩的乡村建设等都是在这样的背景下，提升到与农业现代化统筹布局、协同推进的战略地位。经过多年的实践，多数发达国家已经做到了农业农村现代化同步推进。反观有些国家，在城镇化、工业化达到一定发展阶段后，没有及时协同推进农村现代化，导致农村现代化长期滞后于农业现代化、城乡发展差距持续拉大，造成大量农民被迫离开土地和家乡无序涌入城市，出现了城市贫民窟和两极分化等较为严重的社会问题，现代化进程随之陷入困境。这类国家以巴西、阿根廷等为典型代表。

历史经验表明，农业农村现代化与整个国家的现代化密不可分。虽然世界现代化进程是经过先重视农业现代化建设，待农业现代化达到一定水平后，再开始强调农村现代化建设，最后农业农村现代化一并推进的过程，但绝不意味着中国要再重复这样一个过程。中国人均GDP已经连续两年超过1万美元，进入现代化建设的转型关键时期，从世界现代化进程正反两方面的经验出发，更加重视农村现代化，统筹推进农业农村现代化，既是避免落入乡村"衰败陷阱"，巩固农业基础地位和实现乡村振兴的治本之策，也是构建新型工农城乡关系，推动城乡融合发展，实现整个国家现代化的关键举措。中国要全面建设社会主义现代化国家、实现第二个百年奋斗目标，农业农村既是"短板"弱项，也是潜力后劲，还是基础支撑。要实现共同富裕，只有统筹推进农业农村现代化才能将农业现代化的单一力量充实为农业农村现代化的双重力量，汇集成全面建设社会主义现代化国家的不竭动力。因此，党的十九大提出农业农村现代化是水到渠成，更是历史必然。

2. 农业农村现代化的丰富内涵

农业农村现代化概念的提出，不仅传承发展了中国推进现代化的总体布局思路，而且丰富和扩展了"五个现代化"即工业现代化、农业现代化、国防现代化、科学技术现代化、国家治理体系和治理能力现代化的科学内涵，更加符合新时代的特点和全面建设社会主义现代化强国的要求。虽然"农业农村现代化"只是在"农业现代化"的基础上加了"农村"二字，但它并不是农业现代化的简单延伸，也不能把它看成是农业现代化和农村现代化的简单相加。农业农村现代化具有丰富的科学内涵，既包括"物"的现代化，也包括"人"的现代化，还包括公共服务、乡村治理体系和治理能力的现代化，涉及农业农村发展的方方面面。

从核心内容看，农业农村现代化包括农村产业现代化、农村生态现代化、农村文化现代化、乡村治理现代化和农民生活现代化五个方面。农村产业现代化是指以农业现代化为核心，依靠科技进步和制度创新，全方位改变传统乡村产业体系，推动农业生产方式转变、小农户与现代农业有机衔接和农村第一、第二、第三产业融合发展，形成兴旺发达、绿色安全、优质高效、具有竞争力的现代乡村产业体系。农村生态现代化是指坚持生态保护优先，全面贯彻绿色发展理念，推广绿色生产技术、环境建设和治理方案，使化肥农药等使用强度稳定保持在国际公认的安全上限之内并逐步接近世界平均水平、农村环境治理达到世界先进水平，形成绿水青山和金山银山的良性转化机制，建设山清水秀、环境优美、生态宜居的美丽新乡村，实现农村生态文明全面进步。农村文化现代化，是指以社会主义核心价值观为引领，积极倡导科学文明健康的生活方式，大力传承和弘扬农村优秀传统文化，促进农耕文明与现代文明相融共生，全面实现乡风文明和乡村文化振兴，使农民科技文化素养和教育水平达到发达国家水准。乡村治理现代化，是指立足于实现公共利益的最大化，推动形成自治、法治、德治相结合，更加有效、充满活力、多元共治的新型乡村治理机制，打造平安乡村和健康乡村，实现乡村善治目标。农民生活现代化，是指以共同富裕为根本追求，以农民生活富裕为基本准则，建立主要依靠本地产业支撑的农民持续增收长效机制，全面推进城乡融合发展，加快实现城乡基本公共服务均等化和城乡居民生活质量的等值化，使城乡居民能够享受到等值的生活水准和生活品质，农村居民与城镇居民收入和消费水平大体处于同等水平（魏后凯，2019）。

农业农村现代化也是农业现代化和农村现代化有机耦合而成的既相互联系、相互促进又相互交融的有机整体。农业现代化与农村现代化这两个概念既有区别又有联系。农业现代化是从行业角度来界定的，它是变传统农业为现代农业的过程。虽然农业生产以农村为依托，但其所涉及的农业产业链、供应链、价值链以及农业教育、研发、服务等活动并非局限于农村。而农村现代化是从地域角度来界定的，它是变农村落后为发达并实现强美富的过程，其核心是农村发展方式的现代化，既包括农业生产等活动在内的农村产业现代化，也包括农村文化、生态环境、居民生活和乡村治理的现代化，更包括广大农民在内的人的现代化。农业现代化是农村现代化的基础和前提，农村现代化则是农业现代化的依托和支撑（魏后凯，2021）。正因如此，2021年中央一号文件特别强调要"坚持农业现代化与农村现代化一体设计、一并推进"①，不能把两者人为地割裂开来，更不能只重视农业现代化而忽视农村现代化，或者以农业现代化取代农村现代化。

我们还可以从乡村振兴的视角来研究评价农业农村现代化。从某种程度上讲，实现乡村全面振兴，就是要实现农业农村现代化。2018年中央一号文件已经对实施乡村振兴战略的目标任务做出了时序安排，即到2035年，乡村振兴取得决定性进展，农业农村现代化基本实现；到2050年，乡村全面振兴，农业强、农村美、农民富全面实现。② 由此可见，"强美富"全面实现是乡村全面振兴的重要标志，因此可以用"强美富"的实现程度来度量农业农村现代化水平。根据两个阶段的战略安排，到2035年中国将达到中等发达国家水平，因此基本实现农业农村现代化所对应的发展状态，应以人均2万美元（2019年价格）左右的特定历史时期发达国家农业农村发展水平为参照。根据发达国家的历史经验与现代化规律，基本实现农业农村现代化时，工农城乡差距缩小到不再制约农业农村发展的程度，农业成为有奔头的产业、农民成为有吸引力的职业、农村成为安居乐业的美丽家园基本实现。2021年中央一号文件明确提出要"促进农业高质高效、乡村宜居宜业、农民富裕富足"③，这一"两高两宜两富"目标大体可以看成是"强美富"基本实现，据此可作为基本实现农业农村现代化的目标值。

---

① 《中共中央 国务院关于全面推进乡村振兴加快农业农村现代化的意见》，《人民日报》2021年2月22日第1、3版。
② 《中共中央 国务院关于实施乡村振兴战略的意见》，《人民日报》2018年2月5日第1版。
③ 《中共中央 国务院关于全面推进乡村振兴加快农业农村现代化的意见》，《人民日报》2021年2月22日第1、3版。

3. 农业农村现代化的主要方向

农业农村现代化是对未来发展的美好愿景。理性刻画这一美好愿景既要准确把握世界现代化发展潮流，也是满足人民对美好生活的向往，有助于明晰农业农村现代化的奋斗方向。如前所述，农业农村现代化既是农业现代化和农村现代化的有机整体，也是实现农业强、农村美、农民富的渐进过程。统筹推进农业农村现代化，必须立足中国国情农情，坚持系统思维，按照"强美富"的目标，对农业现代化与农村现代化一体设计、一并推进，描绘其美好愿景和奋斗方向。

中国农业现代化的推进，既要瞄准发达国家的农业现代化动态，实现以规模化、集约化、绿色化、工业化和社会化为基本特征的现代农业生产方式，也要紧紧抓住新技术、新模式的演变趋势，还要在保障粮食安全前提下，发挥农业的多功能性、满足人民对美好生活的需求，更要以小农户的现代化为出发点和落脚点，实现小农户与现代农业发展的有机衔接，使农业的生产效率、发展水平和科技含量达到世界的先进水平。基于这些考虑，农业现代化应以机械化、数字化、绿色化、功能化、共享化为方向。农业机械化是在粮食作物实现耕、种、防、收机械化的基础上，既要推动机械装备的升级换代，又要全面提升粮食作物薄弱环节、山地丘陵地带、经济作物、林牧渔业等机械化水平，有效解放农业劳动力，大幅提升农业劳动生产率。农业数字化是广泛应用最新的互联网、物联网、自动化、区块链、传感、遥感等信息化、智能化技术，改造提升农业物质、技术和装备，推动数字经济和现代农业深度融合，建成覆盖全面、高效匹配、集聚创新的数字化现代农业服务平台，有效集成整合涉农资源，大幅提高农业资源要素利用效益。农业绿色化是指推动绿色发展与现代农业的深度融合，全面普及推广绿色清洁生产技术，实现化肥、农药、农膜等工业投入品环境影响"最小化"，让现代农业成为农村环境建设的贡献者，农村生态文明的重要构成要素。农业功能化，是指除了保障粮食安全、重要农产品供应外，现代农业应成为农村环境建设、文化传承的有效载体，实现经济、生态、文化、社会等多元功能的全面彰显。农业共享化，是指在满足城乡居民健康、美味食品和休闲休憩娱乐需求的同时，通过现代农业与第二、第三产业的深入融合、利益联结机制建设，让农民成为农业产业链、供应链、价值链的共建者，让农民充分共享现代农业增值收益。

同时，立足于实现共同富裕，农村现代化要达到世界先进水平，满足城乡居民对美好生活的向往，形成工农互促、城乡互补、协调发展、共同繁荣的新型工农城乡关系。循着这样的发展愿景，推进农村现代化应以产业高值化、生活品质化、环境景观化、治理效能化、城乡等值化为方向。产业高值化是指乡村产业作为现代经济体系的重要组成部分，有着独特的价值，能够有效吸引人才、科技等优质要素，迸发创业就业创新活力，支撑农村居民的持续稳定增收。生活品质化，是指农村作为城乡居民居住、休憩、娱乐的重要空间载体，以构成有品质生活的设施、服务、居住、文化、娱乐、康养等创造农村居民宜居安养形态，吸引城市居民下乡休闲娱乐康养。环境景观化，是指农村环境达到并保持村庄整洁、山清水秀、环境优美、生态宜居的状态，生产、生活、生态有机融合、协同共生，成为彰显生态文明的重要载体，成为城市居民向往的梦想田园。治理效能化是指在构建更加有效、充满活力、多元共治的新型乡村治理机制，打造平安乡村和健康乡村，实现乡村善治目标的过程中，探索发挥乡村治理机制作用、激发乡村发展内生动力的多元化模式。城乡等值化是指要形成城乡"有差异、无落差"的发展格局，让城市居住城市就业、城市居住乡村就业、乡村居住城市就业、乡村居住乡村就业成为基于兴趣爱好的自由选择。

通过推动农业"五化"和农村"五化"的融合联动和良性互动，推动农业农村高质量发展和城乡融合发展，尽快实现农业强、农村美、农民富。

（二）农业农村现代化的成效和"短板"

1. 农业农村现代化成效

中华人民共和国成立以来，中国在"一穷二白"的基础上，不断解放和发展农业农村生产力，推动农业加快发展、农村全面进步。特别是党的十八大以来，党中央坚持把解决好"三农"问题作为全党工作的重中之重，坚决打赢脱贫攻坚战，启动实施乡村振兴战略，推动农业农村发展取得历史性成就、发生历史性变革，解决了困扰中华民族几千年的绝对贫困问题，为全面建成小康社会做出了重大贡献，为开启全面建设社会主义现代化国家新征程奠定了坚实基础。

一是农业高质高效进展明显加快。中国始终把保障粮食安全作为治国理政的头等大事，持续稳步加快推进农业现代化。特别是"十三五"期间，以农业供给侧结构性改革为主线，以创新驱动和装备升级为抓手，培育新型农业经营主体，完善农业专业化社会化服务体系,加快构建现代农业产业体系、生产体系、经营体系,促进小农户与现代农业发展有机衔接,推动农业质量效益和竞争力不断提高,初步走出了一条产出高效、产品安全、资源节约、环境友好的农业现代化道路。①农业综合生产能力稳步提升。到2020年年底,中国已累计建成8亿亩高标准农田,农业科技进步贡献率突破60%,农作物耕种收综合机械化率超过70%,农作物良种覆盖率稳定在96%以上。2020年粮食产量达到1.34万亿斤,连续6年稳定在1.3万亿斤以上,水稻、小麦自给率保持在100%以上,玉米自给率超过95%,果菜茶肉蛋鱼等产量稳居世界第一,且品种丰富、供应充裕,有效满足了人民群众日益增长的消费需求。① ②新型生产经营和服务方式加快普及。集约化、专业化、组织化、社会化的现代农业经营和服务体系正成为加快农业现代化的骨干力量。截至2020年6月,县级以上产业化龙头企业有9万家,纳入家庭农场名录系统的数量超过100万家,农民合作社达到221.8万家,辐射带动全国近一半农户;2019年农业社会化服务组织总量达到89.3万个,从事农业生产托管的超过44万个,托管面积超过15亿亩次,覆盖小农户6000万户,实现了高效、便捷、全程的服务规模化,有力推动了小农户与现代农业有机衔接。② ③农业绿色发展迅速推进。各地加快推进投入品减量化、生产清洁化、废弃物资源化、产业模式生态化,农业资源利用强度明显下降。2019年全国高效节水灌溉面积达到3.39亿亩,农田灌溉水有效利用系数达到

---

① 参见《守住粮食安全底线 端牢中国人的饭碗》,农业农村部网站,http://www.ghs.moa.gov.cn/ghgl/202105/t20210510_6367497.htm,2021年5月10日。

② 参见《农业现代化成就辉煌 全面小康社会根基夯实》,农业农村部网站,http://www.moa.gov.cn/xw/zxfb/202105/t20210510_6367489.htm,2021年5月10日。

0.559，华北、东北部分地区地下水水位止跌回升；畜禽粪污综合利用率达到75%，秸秆综合利用率达到86.7%，农膜回收率达到80%。农药和化肥使用量连续四年负增长，2020年水稻、小麦、玉米三大粮食作物农药、化肥利用率分别达到40.6%、40.2%，分别比2015年提高4个百分点、5个百分点。① ④农产品质量水平迅速提升。农产品质量安全监测合格率稳定在97%以上，2020年达到97.8%。绿色优质农产品比重持续提升，全国绿色、有机和地理标志农产品总数超过4.35万个，有力促进了农产品产得出、产得优、供得上。② ⑤农村产业融合发展成效显著。充分挖掘农业多种功能和价值，延长产业链、完善供应链、提升价值链，推动构建农业与第二、第三产业融合发展的现代产业体系，让更多的就业机会留在乡村、更多的增值收益留给农民。2020年农产品加工转化率提高到68%，比2015年提高3个百分点，农产品加工业营业收入约23.5万亿元，农产品加工业与农业总产值比达到2.4∶1；2019年休闲农业和乡村旅游营业收入超过8500亿元，年均增速9.8%，直接带动1200万农村劳动力就业增收，成为拓展农业功能、提升乡村价值的重要实现形式。③

二是农村宜居宜业环境明显改善。①农村基础设施全面提升。农村水、电、路、气、房和信息化建设全面提速。坚持城乡

---

① 参见《农业现代化成就辉煌　全面小康社会根基夯实》，农业农村部网站，http://www.moa.gov.cn/xw/zxfb/202105/t20210510_6367489.htm，2021年5月10日。

② 参见《农业科技进步贡献率超60%，农业农村现代化迈上新台阶》，《人民日报》2021年1月7日第1版。

③ 参见《农业现代化成就辉煌　全面小康社会根基夯实》，农业农村部网站，http://www.moa.gov.cn/xw/zxfb/202105/t20210510_6367489.htm，2021年5月10日。

基础设施一体规划，2016—2019 年新建改建农村公路 120 万千米，99.61% 的行政村通硬化路，农民安全饮水基本保障，行政村通光纤、通 4G 比例均超过 98%，城乡基础设施联通化、网络化取得积极进展。① ②公共服务水平显著提升。农村教育、文化、卫生等社会事业快速发展，城乡义务教育保障机制初步建立，全国 95% 的县通过县域义务教育基本均衡发展评估认定；②城乡居民基本医疗和养老制度开始并轨，乡村两级医疗机构和人员"空白点"基本消除，统一的城乡居民基本养老保险、基本医疗保险、大病保险制度逐步建立；城乡均等的公共就业创业服务水平明显提升，城乡基本公共服务均等化扎实推进。③乡村人居环境焕然一新。农村人居环境整治全面展开。截至 2020 年年底，全国农村卫生厕所普及率超过 68%，农村生活垃圾收运处置体系覆盖 90% 以上的行政村，农村生活污水治理水平不断提升，95% 以上的村庄开展了清洁行动，基本实现村庄干净整洁。③

三是农民富裕富足迈出坚实步伐。①收入持续快速增长。改革开放以来，中国农村居民收入一直保持了增长，特别是 2004 年开始中央一号文件连续聚焦"三农"以来，农村居民收入持续保持了高速增长态势。1978—2020 年，农村居民人均可支配收入从 133.6 元增长到 17131 元，名义增长了 127.2 倍、实际增长了 20.4 倍，年均名义增速 12.3%、实际增速 7.6%。其中，

---

① 《城乡融合发展迈大步》，《人民日报》2021 年 1 月 8 日第 1 版。
② 参见《超 95% 的县实现义务教育基本均衡》，教育部网站，http://www.moe.gov.cn/fbh/live/2020/51997/mtbd/202005/t20200520_456706.html，2020 年 5 月 20 日。
③ 《全国村庄清洁行动先进县获表扬超九成村庄已开展清洁行动》，《人民日报》2021 年 2 月 23 日第 14 版。

面向2035年的中国农业农村现代化战略

1978—2003年农村居民人均可支配收入名义增速为12.8%、实际增速为7.2%；2004—2020年，农村居民人均可支配收入名义增速有所降低，为11.5%，但实际增收有所提高，为8.2%。2008年以来，农村居民人均可支配收入增速开始超过城镇居民，城乡居民收入差距逐步缩小。2007—2020年，城乡居民人均可支配收入比从3.14缩小到2.56（见图1）。2020年相比2010年，农村居民人均可支配收入名义增长了1.73倍、实际增长了1.12倍，均超额完成了翻一番的目标。① ②脱贫攻坚目标任务如期完成。为确保到2020年农村贫困人口全部脱贫，中国开展了脱贫攻坚战，25.5万个驻村工作队、300多万名第一书记和驻村干部，同近200万名乡镇干部和数百万村干部一道奋战在脱贫一线。经过努力，到2020年年底，中国脱贫攻坚战取得了全面胜利，现行标准下9899万农村贫困人口全部脱贫，832个贫困县全部"摘帽"，12.8万个贫困村全部出列，区域性整体贫困得到解决，完成了消除绝对贫困的艰巨任务，走出一条中国特色减贫道路。党的十八大以来，平均每年脱贫1000多万人，近2000万贫困群众享受低保和特困救助供养，贫困人口收入水平显著提高，全部实现"两不愁、三保障"，为实现全面建成小康社会目标任务做出了关键性贡献。占世界人口近1/5的中国全面消除绝对贫困，为全球减贫事业和人类发展进步做出了重大贡献。②

---

① 根据《中国统计年鉴》和《中华人民共和国2020年国民经济和社会发展统计公报》数据计算。

② 参见《脱贫攻坚——走出一条中国特色减贫道路》，《人民日报》2021年4月30日第2版。

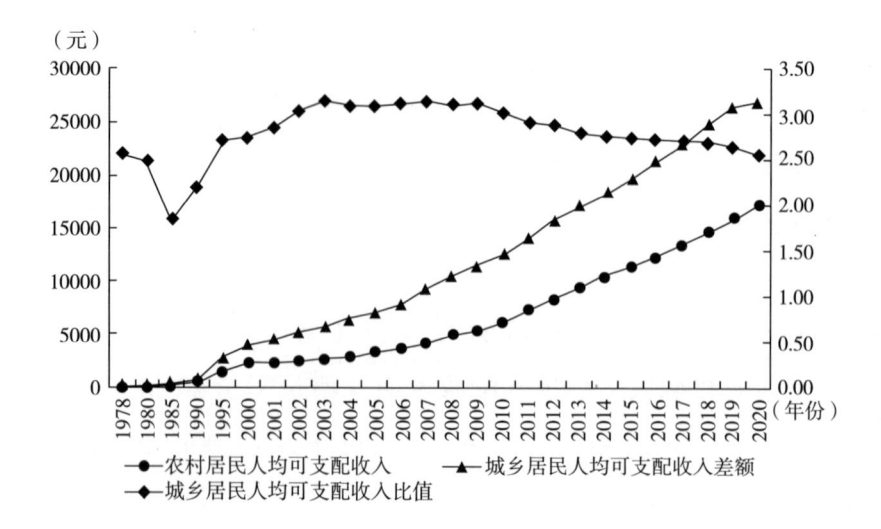

图 1 1978—2020 年农村居民可支配收入和城乡收入差距变化情况

资料来源：《中国统计年鉴》和《中华人民共和国 2020 年国民经济和社会发展统计公报》。

2. 农业农村现代化"短板"

虽然中国农业农村现代化成就举世瞩目，但农业农村发展不平衡、不充分问题依然十分突出，仍是中国推进现代化的突出短板。这些短板是农业农村发展不平衡、不充分问题的集中体现，具体表现在四个方面。

一是农村产业基础薄弱。与城市和发达国家相比，目前中国农村不仅产业支撑能力不足，而且生产方式比较粗放，不能适应乡村振兴和农业农村现代化的需要。①农业劳动生产率较低。2019 年，中国三次产业劳均增加值分别为 3.6 万元、18.1 万元、14.5 万元，第一产业仅分别为第二、第三产业的 1/5、1/4；2018 年，中国第一产业劳均增加值仅为日本的 20.78%、美国的

8.32%、德国的9.29%。① ②农业机械化质量不高。虽然农作物耕种收综合机械化率超过70%，但相比发达国家90%以上的水平，仍有很大的提升空间。部分地区、部分环节、部分领域的机械化水平仍然较为滞后。如长江中下游平原水稻种植机械化率只有35%、南方丘陵山区只有50%，水稻种植环节只有57%，果菜茶等经济作物的综合机械化率不到40%，畜牧业、渔业、农产品初加工、设施农业综合机械化率只有30%—40%。② ③适度规模经营亟待破题。根据课题组测算的数据，到2035年中国劳均经营耕地约为20亩，种粮户劳均经营耕地为25—35亩。小农户仍将是未来主要的农业经营主体，与现代农业发展有机衔接的难题将会持续存在，亟待探索多种形式的中国特色适度规模经营道路。④农村产业融合水平不高。整体上看，目前农村产业融合仍处于初级发展阶段，农产品加工业、农村物流和电商、休闲农业、生活服务业等发展层次不高，第一、第二、第三产业利益联结机制较为松散，对乡村产业高质量发展的支撑力、带动力较弱。

二是基础设施建设滞后。虽然近年来农村基础设施建设取得了显著成效，但距离农业农村现代化的要求还有较大差距。尤其是农村基础设施管护严重缺位。"重建设、轻管护"倾向明显，往往是区级管得到而看不到、村级看得到却管不了；管护技术标准缺乏，管护队伍素质不高、年龄偏大、技能不够、待遇较差，无法满足有效管护的需要。农村交通设施建设质量不高，建设过

---

① 根据世界发展指数（WDI）数据计算。
② 参见《冀名峰在农机购置补贴业务培训班上的讲话》，中国农业机械化信息网，http://www.amic.agri.gov.cn/secondLevelPage/info/38/113207，2021年4月20日。

程中存在"重速度、轻质量"倾向，为追求工程速度而降低施工标准的情况时有发生；同时存在"重建设、轻养护"问题，造成农村交通设施损耗严重。农村供气和环卫设施、农村信息化设施建设水平仍然较低，新建厕所的适用性有待加强，污水处理、垃圾无害化处理、入户信息化等设施建设滞后，难以满足乡村居民对美好生活的向往（魏后凯等，2020）。此外，农房现代化还没有引起应有的重视。目前，中国农房建设缺乏整体规划设计，建筑质量低，寿命短，特色和文化内涵缺失，因此提高农房建设质量和设计水平，加快推进农房现代化是当务之急（魏后凯，2021）。

三是农村环境治理短板。尽管近年来在国家政策的推动下，中国每公顷耕地的农药和化肥使用量已开始下降，农业废弃物的资源化利用水平不断提高，但每公顷耕地的化肥、农药使用量仍处于较高水平。如2019年按播种面积计算的化肥施用强度为325.65千克/公顷，远高于世界公认警戒线225千克/公顷的水平；与美国126千克/公顷、欧盟131千克/公顷的水平相比差距更大。从农村人居环境来看，由于农村建设投资长期不足，导致农村人居环境建设任务繁重。农村生活垃圾无害化处理仍有较大提升空间，生活垃圾分类、建筑垃圾收集和资源化利用还没有引起重视，生活污水处理与改厕不配套，农村地下管网建设严重滞后，农户以柴草和煤炭作为能源的比例仍然较高（魏后凯等，2020）。这种状况与城镇形成鲜明的对照，远不能满足农村居民日益增长的美好生活需要。

四是城乡发展差距较大。突出表现在城乡居民收入和消费水平、公共服务水平的差距方面。据国家统计局提供的数据，2020

年城乡居民人均可支配收入比值为2.56，虽然比上年出现较大幅度下降，但仍比1985年的水平高37.6%。城乡收入差距绝对额仍在持续增加，2008—2020年城乡居民人均可支配收入差额从1.06万元增加到2.67万元（见图1）。2019年城乡居民消费水平比值也达到2.38，仍略高于20世纪80年代中期的水平；2020年，受新冠肺炎疫情影响，城镇居民人均消费支出有所下降，而农村居民人均消费支出小幅增长，致使城乡居民人均消费支出比值下降到1.97，但仍处在较高水平。

农村教育、医疗卫生、养老、文化体育等公共服务虽然近年来有了明显改善，但城乡差距仍然较为突出。教育方面，农村学前教育发展严重滞后，城乡两极分化态势日益明显；医疗卫生方面，全国80%的医疗服务资源集中在城市，农村医疗卫生服务体系尚不完善；养老方面，养老服务设施和人才缺乏，难以满足日益加深的农村人口老龄化需要，农村养老服务体系不健全、供需缺口大、发展质量低；文化方面，农村公共文化投入不足，文化队伍力量薄弱，场地、器材等文化设施短缺，且利用率较低、闲置严重，农村居民对文化消费的意识淡薄；社会救助方面，绝大部分地区城乡低保仍未接轨，农村低保对象和特困人员领取到的救助资金远低于城市人员领取到的资金（魏后凯等，2020）。

二 2035年农业农村现代化的目标与预测

中国特色农业农村现代化具有丰富的内涵，不仅自身具有复杂多变的难以预测特点，而且外部发展环境也存在大量不确定性。近年来,在脱贫攻坚、农民增收、农村发展方面,中国农业农村现代化取得了显著的成效,但仍然存在农业基础薄弱、农村基础设施和公共服务水平落后、农村居民收入较低等明显"短板"。要确保基本实现农业农村现代化,首先必须明确2035年农业农村的发展目标,即用一定的标准衡量什么是"农业强、农村美和农民富",进而预测关键指标距离2035年的距离,回答"'短板'具体是什么,且'短板'有多短"的问题。

总体上看,2035年中国农业生产基础将更为夯实,农业科技进步贡献率达到70%以上,农林牧渔业相关的食品制造、纺织、餐饮住宿等行业快速增长,年增加值超过农林牧渔业的2倍,产业间融合程度进一步深化。村庄常住人口规模超过1500人,供排水、绿地、互联网、护理等农村基础设施和社会服务更加完善。以2019年价格为标准,农村居民人均可支配收入超过4万元,城乡收入倍差缩小至1.8,农民的获得感、幸福感更强。

(一)农业农村现代化的核心指标选取

实现乡村全面振兴,也就是要全面实现农业农村现代化。如前所述,从乡村振兴的视角,可以将农业强、农村美、农民富全面实现作为全面实现农业农村现代化的目标,而将农业强、农村美、农民富基本实现,也即农业高质高效、乡村宜居宜业、农民富裕富足,作为基本实现农业农村现代化的目标。其中,"农业强"基本实现体现为农业高质高效,"农村美"基本实现体现为乡村宜居宜业,"农民富"基本实现体现为农民富裕富足。下面将按照这一思路来构建2035年农业农村基本现代化评价指标体系,并对主要指标进行预测。

1. 核心目标与指标选取逻辑

2019年中国人均GDP超过1万美元，大致进入发达国家20世纪80年代至90年代的发展阶段，预计2035年人均GDP达到中等发达国家水平。按照名义GDP计算，美国、澳大利亚、日本、英国和韩国人均GDP超过1万美元的年份较为集中，分别为1978年、1980年、1983年、1986年和1994年。按现价美元计算，目前发达经济体人均GDP入门水平是1.8万美元，若达到2万美元这一水平，相当于未来15年的GDP增速至少在4.7%。[①] 在新冠肺炎疫情的巨大冲击下，2020年人均GDP增速依然有2%，彰显了中国经济增长的韧性和活力，侧面说明了2035年中国成为中等发达国家的现实基础。

在人均GDP从1万美元迈向2万美元的过程中，农业农村现代化是跨越"中等收入陷阱"的决定性因素之一，但无法一蹴而就，需要有足够的历史耐心。根据前文对农业农村现代化的内涵分析，2035年基本实现农业农村现代化或者"农业强、农村美、农民富"，三者之间存在紧密关系。"农民富"的基础是乡村产业兴旺，需要通过大规模投资提升基础设施水平促进"农村美"，形成宜居宜业的人居营商环境，从而进一步促进农业经营性收入、非农收入不断提高。而"农村美"基本实现无法脱离"农业强"，只有农业发展达到较高水平后，在保障粮食安全和重要农产品供应的前提下才能将土地、劳动力、水资源等要素释放到非农产业部门，从而引发要素集聚与经济发展的正向

---

① 《经济学家解读"十四五"规划和2035年远景目标纲要》，中国政府网，http://www.gov.cn/zhengce/2021-03/14/content_5592819.htm，2021年3月14日。

反馈过程。由此，从基本实现"农业强、农村美、农民富"出发，本报告构建了包含 24 个二级指标的 2035 年农业农村现代化评价指标体系来进行预测（见表1）。

表1　2035 年农业农村基本现代化评价指标体系及其计算方式

一级指标	二级指标	计算方式或含义
农业强	农业劳动生产率（美元/人）	农林牧渔业总产值（以 2019 年不变美元计）/第一产业就业人数
	粮食综合生产能力（亿吨）	在一定的经济技术条件下，由各生产要素综合投入所形成的，可以稳定地达到一定产量的粮食产出能力
	农业科技进步贡献率（%）	农业科技进步对农业总产值增长率的贡献份额
	农食相关行业与农林牧渔业的增加值比值	农食相关行业指 C12—C22 和 H61—H62（GB/T 4754—2017），该比值反映农业的外延式发展水平
	化肥施用强度（千克/公顷）	本年内化肥施用量/播种面积
	农药施用强度（千克/公顷）	本年内农药施用量/播种面积
	耕地灌溉亩均用水量（立方米）	反映灌溉水生产效率，以单位实际耕地灌溉面积用水量表示
	农林水事务支出占农林牧渔业增加值比重（%）	各级财政对农林水事务性支出水平，反映财政对农业的支持和保护力度
农村美	城镇化率（%）	城镇常住人口占总人口的比重
	村庄人口规模（人）	一个行政村的常住人口数量
	村庄供水普及率（%）	供水普及村庄占总村庄数量比重
	村庄燃气普及率（%）	燃气普及村庄占总村庄数量比重
	村庄污水处理普及率（%）	污水处理普及村庄占总村庄数量比重
	村庄内硬化道路面积比例（%）	反映村庄内部交通基础设施水平
	人均公园绿地面积（平方米）	以乡级数据表示，指公共绿地面积的人均占有量，反映乡村绿化水平

续表

一级指标	二级指标	计算方式或含义
农村美	农村每千人口注册护士（人）	反映农村医疗和养老水平
	农村居民互联网普及率（%）	农村网民数量占农村常住人口比重
农民富	农村居民人均可支配收入（元）	农户获得的经过初次分配与再分配后的收入，反映富裕程度
	农村居民恩格尔系数（%）	农村居民家庭中食品烟酒支出占消费总支出的比重
	城乡居民收入倍差	城镇与农村居民家庭人均可支配收入的比值
	城乡居民消费支出倍差	城镇与农村居民家庭人均生活消费支出的比值
	农村居民间收入倍差	20%高收入与20%低收入的农村居民家庭可支配收入比值
	第一产业就业人员占比（%）	参与第一产业增加值收入分配的规模
	农村劳动力受教育年限（年）	反映农村居民人力资本水平

注：针对农村每千人口注册护士，这里的农村包括县与县级市。

一是"农业强"基本实现。根据中国农业高质量与高效益的发展战略，指代"农业强"的核心指标是农业科技进步贡献率、农食相关行业与农林牧渔业的增加值比值。农业高质量发展的重要目标是减少对化学投入品和稀缺自然资源的依赖程度，温度、降水、气候等因素引发农业生产波动的幅度下降。根据舒尔茨（2009）的观点，农业现代化是以人造资本代替自然资本、以科技进步代替要素投入的过程。换言之，农业科技进步贡献率越高，意味着人力资本对农业增长的作用更大、资源投入的作用更小，故支持指标包括农业劳动生产率、化肥施用强度、农药施用强度、耕地灌溉亩均用水量、粮食生产稳定度。此外，农业高效益的重要标志是农产品成本收益率处于合理水平，需要与农产品加工业、食品制造业、住宿餐饮业等相关行业协同发展、共享收益。本报告利用农食相关行业与农林牧渔业的增加值比值（具体相关行业见表1），衡量农业借助相关第二、第三产业融合发展的外延式增长，数值越大意味农产品增值空间越大。

二是"农村美"基本实现。农村是否宜居宜业，进而为农村居民提供舒适、美丽、便利的生产生活环境，关键着力点是降低农村之间、农村与城市之间的外生和内生交易费用。根据杨小凯的观点，随着交易费用降低，分工水平将持续提高，由此吸引产业进入农村地区；在产业集聚下，农村生活成本下降将吸引人口流入（杨小凯、张永生，2019）。由于农业劳动力向非农产业的转移过程，使得小而分散的村庄空间结构问题日益凸显，需要大幅提高村庄人口规模降低交易成本，以吸引现代制造业和服务业。新型城镇化是提高村庄人口规模，进而增强农村社会公共服务水平的重要途径，强调以城乡统筹、城乡一体、产城互动和产村融合等为基本特征，大中小城市、小城镇、农村新型社区和生产聚落协调发展、互促共进的过程。其中，有条件的就地城镇化是新型城镇化模式之一，主要包括大城市近郊乡村城镇化、地方精英带动的村庄城镇化和外部资源注入的乡村城镇化，无论何种方式均能推动农村宜居宜业。因此，除村庄规模外，本报告选择城镇化率作为"农村美"的另一核心指标。其他支持指标为供水普及率、燃气普及率、污水处理率、村庄内硬化道路面积比例、人均公园绿地面积、每千人口注册护士人数[①]和农村居民互联网普及率,衡量了农村社会公共服务水平。

三是"农民富"基本实现。农民富裕富足具有两层含义:其一,农民收入水平较高,而且应拥有良好的长期增收基础,将传统要素收入流转变为现代要素收入流,能够持续提高收入水平。核心指标为农村居民人均可支配收入,支持指标为第一产业就业人员占比、农村居民劳动力受教育年限。其二,富足本质是主观效用水平较强和共同富裕,只有处于公平的社会环境中,即农村居民之间、地区间和城乡间收入差距较小,收入提高才能切实提高农户的幸福感、获得感和安全感,故核心指标为城乡居民收入水平比与支出水平比,支持指标为农村居民间收入差距和恩格尔系数。

2. 预测方法

分析2035年的农业农村现代化情况属于长期趋势预测,重点在于确定目标值。鉴于涉及经济、政策的不确定性影响,本报告采用定量和定性相结合的方法进行预测,优势在于能兼顾一般化规律和特殊化变动,以更好地推断不同性质指标的2035年目标值。在定性方法方面,采取经验判断、文献梳理、国际对比等定性方法得到;在定量方法方面,采用最大概率增长率法对非线性趋势外推可能的2035年目标值,具体步骤如下:

(1)对指标(除粮食生产稳定程度外)的时间序列进行了一阶差分,保证其平稳性。收集1979—2019年表1中指标的时

[①] 针对该指标,农村包括县与县级市。

间序列（只有部分指标数据可对应整个时间范围），针对以%为单位或比值形式的指标，计算其年份间变化量；针对其他有具体单位的指标，计算其年际变化率。

（2）对变化率或变化量进行单变量核密度估计，确定定量化的预测目标值。即通过有限的观测样本，获得概率密度函数（PDF）的具体分布。PDF函数基于样本能描述一个随机变量取某个值的概率，或是该随机变量最大概率出现的数值。

$$\hat{f}_j(x) = \frac{1}{h_j} \sum_{i=1} K\left(\frac{x - x_i}{h}\right)$$

式中，$K(\cdot)$ 为 Epanechnikov 核函数，每个指标（j）的带宽 h_j 由最小化积分均方误差（Mean Intergrated Squared Error）得到，x_i 表示第 i 个样本点的变化率或变化值。之后，在概率密度最大的变化率或变化速度下，计算对应指标在2035年的定量目标值（$\tilde{Y}$），结合定性分析结果共同进行预测。

（二）2035年核心指标预测与目标值

下文分别预测二级核心指标和部分支持指标，以确定2035年目标值。若未专门强调，数据来源主要是国家统计局、历年城乡建设统计年鉴、世界银行数据库、联合国粮食及农业组织（FAO）数据库。

1. 农业现代化核心指标预测与目标

一是农业科技进步。科技部出台的《创新驱动乡村振兴发展专项规划（2018—2022年）》提出，到2022年，创新驱动乡村振兴发展取得重要进展，农业科技进步贡献率达到61.5%以上；到2035年创新驱动乡村振兴发展取得决定性进展，科技支撑农业农村现代化基本实现。当前，荷兰、德国和美国的农业科技创新贡献率均超过了90%，预计2025年北京农业科技进步贡献率达到77%。[①] 结合最大概率增长率法的预测结果，2035年全国农业科技进步贡献率将达到73.6%，基本接近发达国家水平。不过，考虑到农业科技体制改革难度较大以及越往后提升难度越大，将农业科技进步贡献率目标值定为70%较为稳妥，这大体相当于日本1996年的水平。农业劳动生产率与农业科技进步贡献率紧密相关，以农业增加值计，日本和韩国的农业劳动生产率分别在1982年和2009年超过15000美元。根据定量预测，中国农业劳动生产率的最大概率年均增长率为6.7%，预计2035年达到15915美元，表示农业劳动生产率超过15000美元的可能性极大。

农业科技进步具有正外部性，需要政府持续加大对农业的财政支持力度。自2003年以来，中国财政支农规模不断增加，2019年农林水支出已达到2.3万亿元，以2000年为基期的第一产业GDP指数平减后，2000年以来实际年均增长率为12.7%。2019年在一般公共预算支出所有项目中，农林水支出位于教育支出、社会保障和就业支出、城乡社区支出之后。然而，农林水支出占农林牧渔业增加值比重波动较大，在2009年和2015年分别猛增了5.8个和4.1个百分点，大部分年份增长范围大多在1个百分点以下，2017年甚至出现负增长（见图2）。由于欧美农业发达国家财政支农支出占农业增加值的比重稳定在30%—

[①] 参见《关于全面推进乡村振兴加快农业农村现代化的实施方案》，中国政府网，http://www.gov.cn/xinwen/2021-04/08/content_5598334.htm，2021年4月8日。

50%，将2035年中国农林水支出占农林牧渔业增加值比重目标值定为40%较为合适，比2019年高出9个百分点，未来更需要重视对农业发展的稳定财政支持政策。

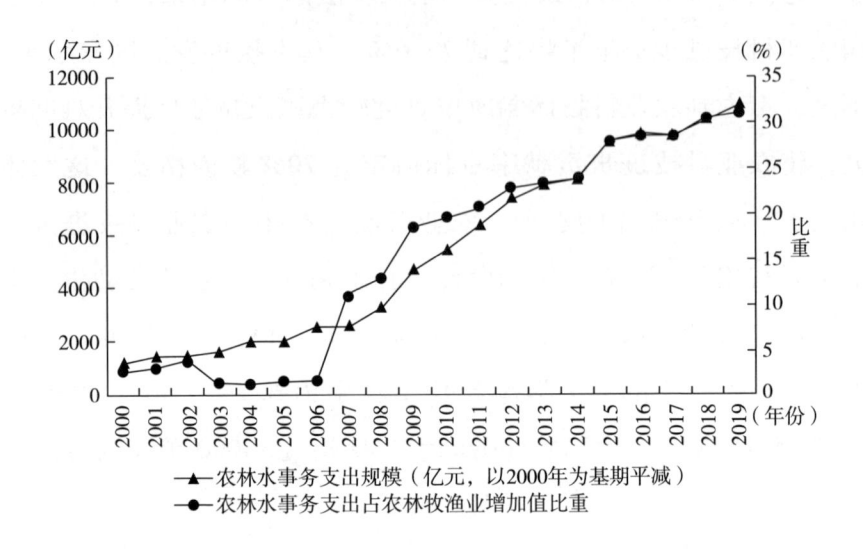

图2 2000—2019年中国财政支农规模及其占农林牧渔业增加值比重

资料来源：根据《中国农村统计年鉴》《中国统计年鉴》绘制。

二是要素投入强度与粮食生产稳定程度。农业科技进步促使要素投入强度会不断下降。在化肥施用强度方面，目前大部分欧美国家处在200千克/公顷以下。同为人多地少的日、韩两国，越过了化肥施用强度的顶点后，近年稳定在250千克/公顷，高于225千克/公顷的安全水平。不过，日韩耕地资源较少且山地较多，运用规模效应降低化肥施用量的潜力较差，而中国北方地区耕地资源丰富，化肥"零增长"行动在全国进行有力推进。中国2014年到达化肥施用强度顶峰，即363千克/公顷，随后下降速度较快，2019年下降幅度高达4.4%（见图3）。

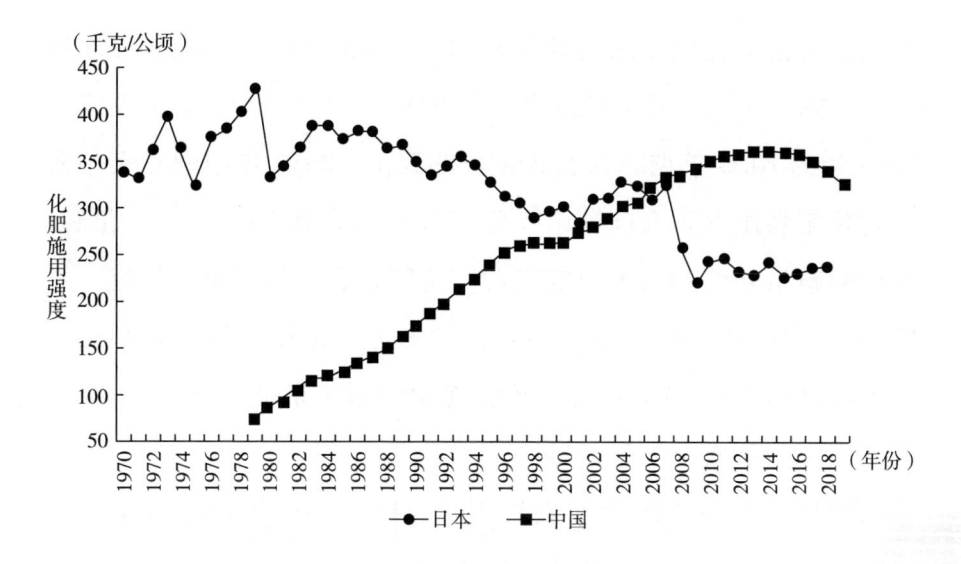

图3 日本和中国的化肥施用强度变化对比

资料来源：根据国家统计局、FAO 数据库数据绘制。

需要注意的是，2020—2035 年的化肥施用强度下降难度将极大。2009—2019 年粮食主产区化肥施用量从 3364.4 万吨提高到 3474.2 万吨，占全国比值从 62.3%上升到 64.3%，灌溉水也具有相似的区域集中趋势（杨鑫、穆月英，2019）。由于避免潜在的产量损失是导致化肥过量施用的重要原因（仇焕广等，2014），农户过量施用化肥发挥了"产量保险"功能。从国际经验看，中国东北地区的耕地资源丰富，与美国类似，化肥施用强度有极大的下降空间；黄淮海、长江中下游粮食主产区与日韩资源禀赋相似，而两个国家化肥施用强度下降缓慢且仍处于高位，可见，必须出台因地制宜的政策，才可能有效推动上述区域化肥减量化。随着化肥、农药减量增效行动持续深入，2015 年以来中国化肥和农药已实现逐年减量化，同时化肥、农药利用率不断提高，每公顷化肥施用折纯量从2015年的446.1千克降至2019年的400.6千克，每公顷农药使用量从2015年的13.2千克降至2019年的10.8千克。据农业农村部数据，2019年中国三大粮食作物化肥利用率和农药利用率分别为39.2%和39.8%。从化肥、农药的减量趋势和治理力度来看，化肥、农药使用量还将进一步减少，预计2035年水稻、小麦、玉米三大粮食作物化肥利用率和农药利用率在55%左右，并实现化肥施用量低于225千克/公顷的国际公认安全上限目标。

2035年基本实现农业农村现代化时，中国粮食综合生产能力在6.5亿吨以上的目标预计能实现，原因是藏粮于技和藏粮于地战略能够落地。一方面，1979年以来，几乎只有2000—2003年出现了明显的粮食产量下降，其他年份粮食产量均高于前五年平均值，粮食生产变异程度[①]长期值为1.05，历史数据显示粮食增产是长期趋势，说明粮食生产能力稳步提升，综上所述，2035年农业科技进步贡献率将超过70%。另一方面，2035年农业财政支持力度会大幅提高，建成高标准农田超过12亿亩[②]，配合粮食安全的党政同责、严守18亿亩耕地红线、防止耕地"非粮化"、种业创新等政策，藏粮于地战略的基础更坚实。不过，粮食综合生产能力并不意味着年年增产，反而是粮食生产基础较为牢靠时，应适度加强市场对粮食供需的调节作用，避免出现粮食过剩和不足反复出现的问题，防止生态环境退化，允许粮食产量在一定范围内合理波动。

---

① 计算方法为本年度粮食产量/过去五年平均粮食产量。
② 国土部：《到2030年全国要建成高标准农田12亿亩》，央视网，http://sannong.cctv.com/2017/02/09/ARTIqs4qlPZYIjxaVpMxDagP170209.shtml，2017年2月9日。

三是农业外延式增长。本报告将农业、农产品加工、流通业、住宿业和餐饮业定义为农食相关行业，促进农民收入增加不仅依赖农业生产能力，还与第一、第二、第三产业融合程度有关，应提升农产品加工和食品制造业竞争力、住宿和餐饮行业规模等。美国农食相关行业较为发达，农食相关行业与农林牧渔业增加值的比值始终较高，1987年、2002年、2016年分别为3.71、6.09和5.23。相比之下，中国1987年、2002年、2018年这一比值分别仅有0.45、0.80和1.06（见图4）。本报告基于美国农食相关行业与农林牧渔业增加值比值的时间序列，估计了概率密度值最大的增长率，预测到2035年中国这一比值将达到2.2，保守估计也至少应达到2，意味着农产品加工业、纺织业、住宿餐饮业等要"提档增速"，扩大第三产业经济规模和就业人数。

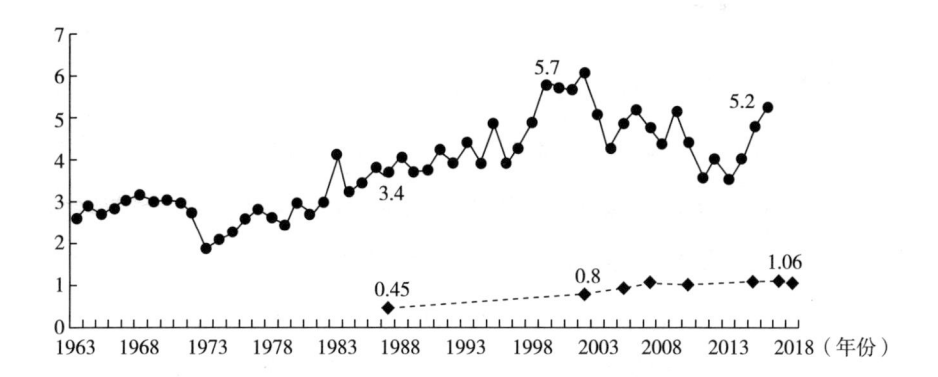

图4　美国和中国农食相关行业与农林牧渔业的增加值比值变化对比

资料来源：美国数据来自美国商务部经济分析局（BEA），中国数据根据国家统计局的中国投入产出表（年份间非连续）计算。

2. "农村美"基本实现的指标预测

一是城镇化率。城镇化为农业现代化创造规模化经营的条件,提供农业产业化经营的环境和为农业现代化的物质技术提供支持。已有文献对2035年中国常住人口城镇化率的预测范围大致在70%—74%(顾朝林等,2017;乔文怡等,2018;United Nations,2018)。最近,我们利用系统动力学模型预测的结果表明,2035年中国城镇化率为72%左右,2050年城镇化率为78%左右。① 鉴于推进城镇化要有历史耐心,根据预测结果,我们将2035年城镇化率目标值设定为72%。虽然不同预测值存在差异,但是总体上均指示出2035年能够实现该目标。

二是村庄人口规模。未来村庄是一个人口集中、商业社会化、服务社会化、基础设施完善和社会保障体系健全的农村新型社区。总体上,在社会公共服务成本与村民自治成本的两难局面下②,村庄人口规模存在一个最优值,前村庄人口规模逐渐扩大,且向最优人口规模靠近过程中。2019年1000人以上的行政村占比为59%,行政村的平均户籍人口为1456人,最小值为西藏的451人。最大值为安徽的2942人,较1990年增长了36.6%;同时自然村数量下降了33.4%,行政村数量下降了30.7%。2019年行政村平均常住人口为1332人,最小值为西藏的431人,最大值为2891人。因此,在调整村庄空间布局和城镇化率不断提高下,未来15年农村居民数量会持续下降,引发

---

① 中国社会科学院农村发展研究所课题组:《两大重要时间段新型城镇化目标及战略研究》,2020年。
② 杨帆:《规模适度:村民自治有效实现的合理单元研究》,硕士学位论文,华中师范大学,2015年。

自然村数量进一步减少，多个自然村融合为农村社区的趋势不可逆转。

进一步地，村庄人口规模与社会公共服务存在相互因果关系，意味着存在两条村庄人口规模扩大的路径：一方面，"合村并居"。由于人口集聚会大幅降低基础设施成本，人口相对稠密的新型农村社区可能取代行政村，成为提供社会公共服务的基础单位。另一方面，"建村引人"。若大规模投资行政村的基础设施，也可能实现"集聚效应"，即人为地降低交易成本提高乡村的经济分工水平，令部分村庄成为吸引人口的"增长极"。两种方式各有利弊，在不同地区对应差异化的实施成本和收益，也会要求建立不同的乡村治理制度，但是共同特点是均需要大量的投资，以及可行的建设方案。无论地方政府选择何种方案，基本原则是尊重农户意愿。部分地区已经开展农村新型建设。山东、河南两省实行的"合村并居、合村并镇"，陕西、青海、四川等省份实施的"易地扶贫搬迁和村村合并"。举例来看，山东省出台的《关于加强农村新型社区建设推进城镇化进程的意见》，其中要求农村新型社区聚集人口一般不少于3000人。综合考虑不同地区的地形、文化和气候特征，2035年行政村常住人口密度目标值为1500人，接近于目前乡级建成区户籍人口密度，新型农村社区将有效发挥供给社会公共服务的功能。

三是社会公共服务等其他指标预测。中共中央、国务院发布的《关于全面推进乡村振兴加快农业农村现代化的意见》明确提出，大力实施乡村建设行动，加强乡村公共基础设施建设，故农村现代化二级指标主要涉及供排水、燃气、道路硬化、绿化、护理、信息等基础设施指标。2019年村庄供水和燃气普及率分别为81.0%和39.4%，在碳中和和生态文明背景下，未来要加快实施农村清洁能源建设工程，推进燃气下乡，支持建设安全可靠的乡村储气罐站和微管网供气系统，故村庄燃气普及率目标值至少为80%，为2050年实现100%的目标创造条件。第47次《中国互联网络发展状况统计报告》显示，2020年中国互联网普及率为70.4%，与发达国家的86.6%尚存在差距。其中，中国农村网民规模达3.09亿人，占网民的31.3%，农村居民互联网普及率为60.6%。由于互联网是农村电商、智慧农业等产业发展的重要基础，2035年农村居民互联网普及率应达到80%以上，且实现18—59岁劳动力人口的全面普及。

尽管"村村通公路"已基本实现，但是村庄内部道路还存在很多"痛点"。《乡村振兴战略规划（2018—2022年）》提出"加快推进通村组道路、入户道路建设，基本解决村内道路泥泞、村民出行不便等问题"，2019年村庄内道路硬化面积比重仅为39.0%，且地区间差距极大，北京高达83%，而海南仅为13%。根据定量预测结果，2035年村庄内硬化道路面积比例仅为44.6%，说明根据历史经验，村庄内道路建设长期滞后，基于以往的投资和建设速度实现"硬化道路户户通"的目标较困难。考虑到农村需要部分非硬化道路进行农业生产，乡村建设行动将大规模展开，所以2035年村庄内硬化道路面积比例目标值为80%。

在绿化、污染处理、护理等方面，需要投入大量的资金和构建符合中国农村特色的技术体系。首先，《2020年中国国土绿化状况公报》显示，城市人均公园绿地面积达14.8平方米。2019年镇、乡级人均公园绿地面积分别为2.7平方米和1.6平方米，与城市相比存在明显差距。需要指出的是，乡村自然景观较原始，不能完全承担运动、休闲、娱乐等功能，仍要加强新型农村社区的公园建设水平。依据最大概率值的乡级人均公园绿地面积变化率，2035年这一指标将达到2.8平方米水平，但需要结合生态环境实际情况，才能判断公园绿地是否充足和安全，故无法明确目标值。其次，《全国农村环境综合整治"十三五"规划》提出，到2020年我国农村污水处理率要达到30%以上，目前已实现目标，但是与发达国家相比存在明显差距。当前日本农村的生活污水处理人口普及率约为90%，实现了农村地区生活污水的有效治理（陈颖等，2019），农业村落排水设施、净化槽等技术广泛应用。在村庄人口规模存在不确定下，保守估计2035年中国农村污水处理率不低于60%，即实现当前水平的翻一番。最后，《"健康中国2030"规划纲要》提出目标，到2030年，每千常住人口拥有注册护士数将达到4.7人。依据城镇化率和老龄化程度，2035年农村地区该指标至少应达到4人，才能有效缓解医疗、养老、护理等行业的护士短缺问题。

3. "农民富"基本实现的指标预测与目标

一是农户收入相对水平。《中共中央关于制定国民经济和社会发展第十四个五年规划和二〇三五年远景目标的建议》（以下简称《建议》）提出，到2035年城乡区域发展差距和居民生活水平差距显著缩小。2019年城乡居民收入比值为2.56，其中西部地区大于其他地区，甘肃省则达到了3.4；沿海省份城乡收入差距整体较小，天津为最小值1.9。结合发达国家的城乡收入比值在1.5左右（王琳、邓小梅，2020），2035年中国城乡收入比值将下降到1.8，与1984年的城乡收入差距水平大体相当。

与收入不公平相比，消费不公平更能直观反映居民福利水平（见图5）。2019年全国城乡居民消费支出水平分别为28063元和13328元，二者比值为2.1，其中一半省份低于2，安徽省为全国最低值（1.6）。根据定量预测结果，2035年全国城乡居民人均消费支出比值为1.58，远小于收入不公平程度。在消费支出结构方面，城乡居民人均食品烟酒消费支出比值已经降至1.76，反映农村居民食物消费升级速度更快，城乡居民食物消费支出的差距明显缩小。近年来，美国居民恩格尔系数为7%左右，日本居民为25%左右。从全世界看，日本食品价格较高、美国食品价格较低，中国食品价格处于两者水平之间。定量预测结果显示，农村居民恩格尔系数从2019年的30%下降到2035年的13%，与经济合作与发展组织主要国家2002—2003年水平相似。但是，2019年北京农村居民恩格尔系数仍为19.7%，故2035年全国农村居民恩格尔系数在15%以下的现实可能性较小，保守预测2035年农村居民恩格尔系数可能在20%以下。

二是农户收入绝对水平。习近平总书记在作关于《建议》说明时表示，从经济发展能力和条件看，到"十四五"末期达到现行的高收入国家标准、到2035年实现经济总量或人均收入翻一番，是完全有可能的。[①] 2020年，全国居民人均可支配收入30639元（以2017年价格计算），2035年翻一番约为62000元，按当前汇率为1万美元，相当于美国1983年的水平（以2017年

---

① 习近平：《关于〈中共中央关于制定国民经济和社会发展第十四个五年规划和二〇三五年远景目标的建议〉的说明》，中共中央党校网站，2020年11月3日，https：//www.ccps.gov.cn/zt/sjjwzqh/dt/202011/t20201105_144633.shtml。

价格计算）。若按照城乡收入比值为1.8计算，2035年城镇和农村居民可支配收入将分别达到70821元和39340元。根据定量预测结果，农村居民人均可支配收入名义年增长率为7.4%的概率最大，2035年预测值为4.7万元。综合定性和定量结果，可将2035年农村居民人均可支配收入目标值设定为至少达到4万元（2019年价格）。

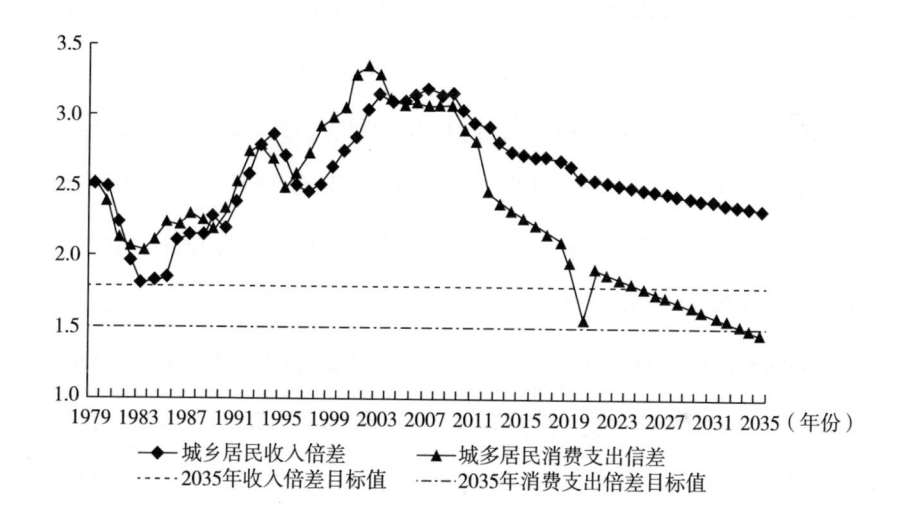

图5 中国城乡居民收入与消费支出倍差变化预测

资料来源：国家统计局和笔者预测。

较小的城乡居民收入差距关系到现代化能否实现，属于基本实现农业农村现代化的核心指标。居民收入来自要素收益分配与再分配，所以城乡居民收入差距主要与两个因素有关：要素市场扭曲程度与政府再分配作用。本质上，大量的农业补贴、精准扶贫、教育支持、涉农贷款优惠等政策均发挥了再分配作用，有效提高了农村居民收入。由于各级政府已积累了丰富的再分配政策实施经验，2021—2035年应重点关注如何消除要素市场扭曲，尽快构建城乡一体化的土地、劳动力、资本、信息要素市场。从国际经验看，消除城乡收入差距是一项系统工程，关键抓手是人力资本，为此需向提高农村居民受教育程度、专业技术、营养摄入、精神健康等方面倾斜。

三是其他支持指标预测值。2019年农村劳动力平均受教育年限为8.2年，2020年全国劳动年龄人口平均受教育年限为10.8年，按照"十四五"规划2025年将达到11.3年。[①] 2017年，主要发达国家25岁以上成年人平均教育年限大约为12年，其中德国为14.1年、美国为13.4年、英国为12.9年、日本为12.8年、韩国为12.1年、意大利为10.2年。[②] 考虑到新增劳动力接受过高等教育的比例超过一半，平均受教育年限达到13.7年[③]，据此推断2035年全社会劳动力受教育年限趋近于13年，进而农村劳动力平均受教育年限应至少达到10年，即高于初中文化程度。第一产业就业人员比例方面，主要发达经济体的农业就业人口占总就业比例在5%以下，例如2019年美国为1.7%、日本为3.5%、韩国为4.9%。当前农业发达的浙江省第一产业就业人员占比为10.5%，由此判断2035年全国该比例下降到10%的可能性极高，这就意味着平均每年从第一产业向其他产业转移劳动力为195万人左右，可见保障就业仍是未来较长时期的

---

① 参见《中华人民共和国国民经济和社会发展第十四个五年规划和二〇三五年远景目标纲要》，2021年3月。

② Human Development Indices and Indicators: 2018 Statistical Update, New York: United Nations Development Programme.

③ 《"十三五"教育改革新突破新增劳动力平均受教育年限达13.7年》，《北京商报》，https://baijiahao.baidu.com/s? id=1684841646906940896&wfr=spider&for=p，2020年12月1日。

重要任务。

根据预测结果，表2汇总了2035年基本实现农业农村现代化的关键指标目标值。各指标预测大多以2019年为基期。总体上看，化肥施用强度、农村基础设施、城乡收入差距等属于需要重点关注的"短板"。

表2　　2035年农业农村基本现代化指标的目标值

一级指标	二级指标	2019年水平	2035年目标值
农业强	农业劳动生产率（美元/人）	5564	≥15000
	粮食综合生产能力（亿吨）	6.5	≥6.5
	农业科技进步贡献率（%）	60.0	≥70.0
	农食相关行业增加值与农林牧渔业增加值的比值	1.06	≥2
	化肥施用强度（千克/公顷）	326	225
	农药施用强度（千克/公顷）	8.8	—
	耕地灌溉亩均用水量（立方米）	368	—
	农林水事务支出占农林牧渔业增加值比重（%）	31.1	≥40
农村美	常住人口城镇化率（%）	60.6	72
	村庄人口规模（人/个）	1332	1500
	村庄供水普及率（%）	81.0	100
	村庄燃气普及率（%）	39.4	≥80.0
	村庄内硬化道路面积比例（%）	39.0	≥80.0
	村庄污水处理普及率（%）	33.3	≥60.0
	人均公园绿地面积（平方米）	1.6	—
	农村每千人口注册护士（人）	2.0	≥4
	农村居民互联网普及率（%）	60.6	≥80

续表

一级指标	二级指标	2019年水平	2035年目标值
农民富	农村居民人均可支配收入（元）	16021	≥40000
	农村居民恩格尔系数（%）	30.0	≤20
	城乡居民收入倍差	2.6	≤1.8
	城乡居民消费支出倍差	2.0	≤1.5
	农村高低收入户收入倍差	8.5	—
	第一产业就业人员占比（%）	25	≤10
	农村劳动力受教育年限（年）	8.2	≥10

注：农村互联网普及率为2020年水平，部分指标缺少数据来源，或者没有形势判断的依据，故不进行2035年目标值预测。2019年村庄污水普及率实际上是乡级污水普及率。

三　加快农业大国向农业强国转变

党的十九大提出了到21世纪中叶把中国建成富强民主文明和谐美丽的社会主义现代化强国的目标，并明确提出加快建设制造强国、海洋强国、体育强国和人才强国，建设科技强国、质量强国、航天强国、网络强国、交通强国、贸易强国、教育强国和社会主义文化强国（习近平，2017）。党的十九届五中全会通过的建议又明确提出到2035年建成文化强国、教育强国、人才强国和体育强国，在"十四五"时期要加快建设科技强国和交通强国，建设制造强国、质量强国、网络强国、贸易强国、海洋强国和社会主义文化强国。① 在"十四五"时期和2035年的强国

---

① 《中共中央关于制定国民经济和社会发展第十四个五年规划和二〇三五年远景目标的建议》，中国共产党第十九届中央委员会第五次全体会议，2020年10月29日。

建设目标和战略安排中，并没有列入农业强国。

农业强国是社会主义现代化强国的重要体现，习近平总书记多次提出"中国要强，农业必须强"[①]"民族要复兴，乡村必振兴"。[②] 能否如期建成农业强国，决定中国全面建成社会主义现代化强国的成色和含金量。立足当前国情，全面建设社会主义现代化国家，实现中华民族伟大复兴，重点难点依然在"三农"。在举全党全社会之力全面推进乡村振兴，加快农业农村现代化的历史阶段，加快建设农业强国，实现由农业大国向农业强国转变，是新发展阶段中国全面建设社会主义现代化强国的必然要求和重要举措。

（一）建设农业强国的现实基础

作为世界重要的农业大国，中国农业增长态势趋好，加快推进农业农村现代化具备坚实的基础。但中国农业整体与发达国家存在差距，国际竞争优势还不明显，这是现阶段中国的"大国小农"基本国情农情决定的，必须通过农业强国建设来根本改变中国农业"大而不强"的基本现实。

1. 农业大国的体现

中国是世界农业大国，农业增加值多年位列世界第一，粮食、棉花、茶叶、肉类等主要农产品产量、消费量、贸易量等指标世界领先。

---

① 参见《中央农村工作会议在北京举行》，《人民日报》2013年12月25日。
② 参见《习近平在中央农村工作会议上强调坚持把解决好"三农"问题作为全党工作重中之重促进农业高质高效乡村宜居宜业农民富裕富足》，《人民日报》2020年12月30日。

中国农业保持60多年的高速增长，按可比价格计算，1953—2019年中国农林牧渔业总产值年均增长率为4.5%，其中，1979—2019年为5.5%（魏后凯，2020），在世界范围内长期保持如此高增速的国家并不多见。2018年中国农业增加值接近1万亿美元，约占全球农业增加值总量的30%[①]，是美国的5.5倍，欧盟的3.8倍，日本的15.9倍（见图6）。

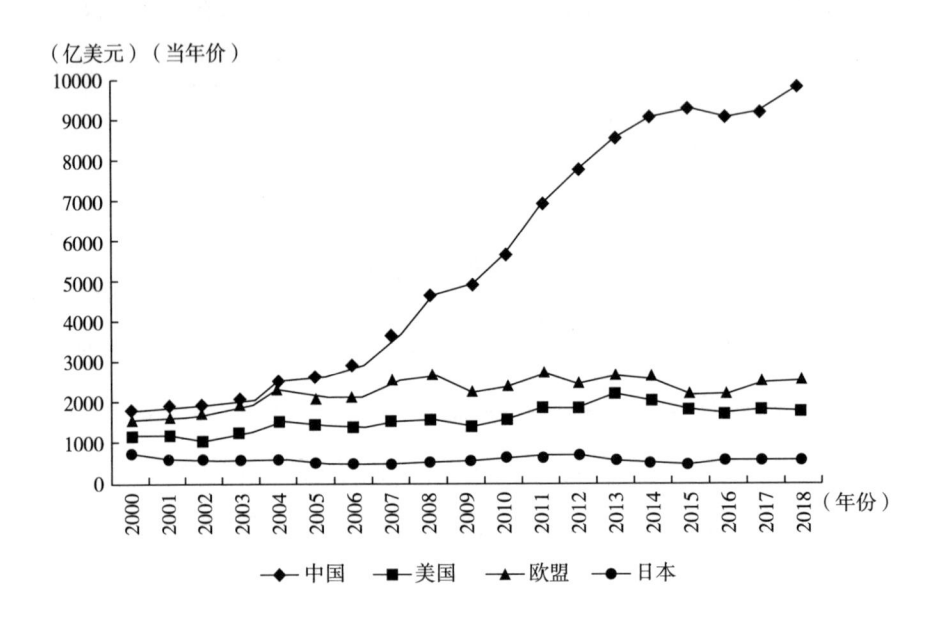

图6 2000—2018年农业增加值国际比较

资料来源：世界银行。

中国的谷物、花生、茶叶、籽棉、肉类、水产品、羊毛、经济林产品等产量多年稳居世界第一位。粮食总产量自2015年来稳定在6.5亿吨以上，2020年达6.69亿吨。2018年谷物产量占

---

① 按当年美元价格，资料来源：世界银行数据库。

世界的20%以上，花生产量占世界30%以上，茶叶产量占世界40%以上。谷物单产与高收入国家整体水平相当，高于日本、加拿大、欧盟等国家和地区（见图7）。2018年中国稻谷、小麦、玉米的每公顷产量比世界整体水平分别高50.17%、58.15%、3.04%。自2005年起中国谷物自给率均超过95%（魏后凯、杜志雄，2020），连续多年实现口粮完全自给，通过保障14多亿人的粮食和主要农产品自给，为世界粮食安全做出巨大贡献。

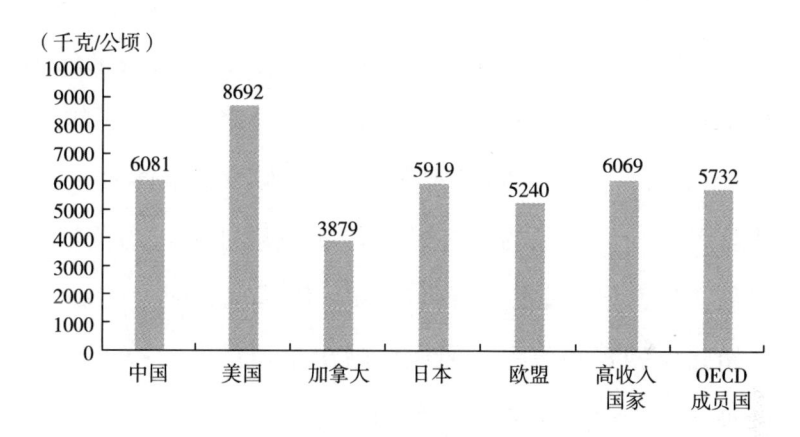

图7 2018年谷物单产国际比较

资料来源：世界银行。

中国还是世界最大的粮食消费和贸易国，小麦和大米消费总量多年位列世界第一。2019—2020年中国大米消费量在1.4亿吨以上，约占世界消费总量的30%；小麦消费量1.2亿吨以上，约占世界消费总量的17%。[①] 2015年以来每年中国进口大豆都在8000万吨以上，2019年大豆进口量占世界贸易总量的六成

---

① Foreign Agricultural Service, 2020, "Grain: World Markets and Trade", USDA.

左右。①

2. 中国农业"大而不强"

过去几十年中国农业发展取得举世瞩目的成就,成为世界范围内为数不多的农业大国。但农业整体国际竞争力不强,特别是在产出效率、可持续发展、科技创新等诸多关键领域存在不足,与世界公认的农业强国有一定差距。

从产出效率看,2019年中国劳均农业增加值为4191美元(2010年不变价美元),仅相当于美国的5%、欧盟国家的15%、澳大利亚的6%、日本的17%,与高收入国家整体水平的差距在2.5万美元以上②,甚至低于中等偏上收入国家整体水平。中国农业就业人员约为美国的95倍③,但农业增加值仅为美国的5.5倍左右④,考虑到中国农业劳动力兼业化情况,农业劳动生产率不会有如此大的真实差距,但也反映出单位劳动力投入回报率较低的现实。另以设施园艺生产为例,无土栽培、智能化管理已经成为现代温室生产的主流趋势,中国设施园艺栽培面积90%以上为简易型设施,无土栽培面积仅有1000公顷,占设施栽培面积的0.1%,远远低于发达国家50%的水平。设施栽培养分利用率只有10%—20%(蒋卫杰等,2015),番茄等品种单位产出与以色列、荷兰等发达国家相比有明显差距。

---

① 资料来源:国际谷物协会(International Grains Council)。
② 资料来源:世界银行数据库,https://data.worldbank.org/indicator。
③ 根据世界劳工组织数据,2018年美国农业就业人员213万人,另据国家统计局,2018年中国第一产业就业人员约为2亿人。
④ 根据世界银行数据,按当年价美元计算,2018年美国农业增加值1779亿美元,中国为9786亿美元。

中国农业生产以劳动密集型为主要表现形式,但劳动力要素在成本上已经不具备比较优势,表现在家庭用工、服务成本等居高不下,导致2015年起三种粮食作物(稻谷、小麦、玉米)平均每亩净利润转负(见图8)。除劳动投入外,化学投入品的利用效率也亟待提升。虽然近年来中国化肥、农药投入总量减少趋势明显,2019年全国农用化肥施用量5404万吨,比2015年减少619万吨,下降10.3%。但中国化肥、农药等施用强度远超国际公认的安全上限,更高于世界和中等偏上收入国家的平均水平,加剧了农村面源污染。

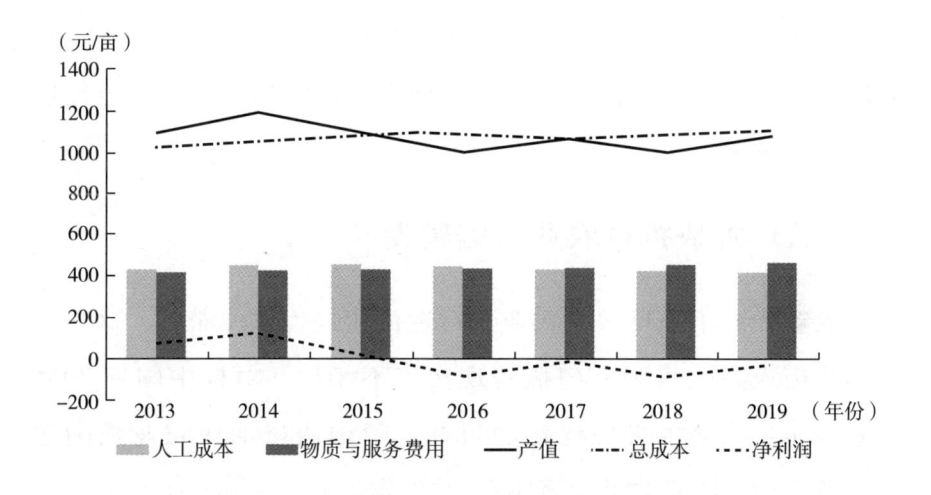

图8 三种粮食平均成本收益情况

资料来源:《中国农村统计年鉴(2020)》《全国农产品成本收益资料汇编》(2014—2019年)。

科技是农业发展的根本动力,就现代种业、农机装备制造和现代信息技术等最能体现农业现代化水平的关键领域看,现代种业自主创新特别是核心技术创新能力不高,玉米、大豆、生猪、奶牛等品种与国际先进水平相比存在差距。种质资源的开发和利用不足，目前中国所保存的农作物种质资源总量突破52万份，位居世界第二，但已完成资源精准鉴定的不到10%。① 种业企业综合竞争实力不强，2018年前50强种业企业年研发投入为15亿元人民币，仅接近跨国农业公司孟山都公司的1/7。② 从农机装备制造来看，国产农机产品以中低端为主，高端农机具主要依靠进口。农机农艺结合不够紧密，关键作业流程配套程度不高。国外农机产品基本可以实现作物全程机械化，国产农机还不能适应大部分作物的全部作业环节，尤其经济作物机械化水平较低。农业信息技术方面，农业物联网、大数据、人工智能等技术在国内的应用研究相比于其他技术而言起步更晚，还基本处于实验室阶段，正在逐步向中试阶段迈进，而发达国家的相关技术已经进入产业化阶段。

（二）加快推进农业强国建设

农业大而不强反映出农业农村现代化进程整体滞后，这与中国即将迈入高收入国家门槛的现实极不相称。对标中国到2035年基本实现社会主义现代化的目标，亟须通过加快农业强国建设，改变中国农业"大而不强"的现实。

1. 农业强国的特点

农业强国目前尚无统一标准，为便于横向比较，我们选择以

---

① 参见《改变世界的一粒种子——从中央一号文件看打赢种业翻身仗》新华社北京2月21日电。
② 参见《洋种子价高几十倍也要买？丰收背后浮现种子隐忧》，新华社《瞭望》新闻周刊，https://baijiahao.baidu.com/s?id=1678427592192864954&wfr=spider&for=pc。

20世纪90年代初期高收入国家和部分发达国家作为国际参照系。原因在于，一是20世纪90年代初期许多发达国家都已经实现农业现代化，并且在若干领域具备一流的农业国际竞争力，如美国、加拿大、澳大利亚、法国、德国、荷兰、以色列、日本等，这些国家被公认为是农业强国，有对象可比性。二是大部分高收入国家20世纪90年代初期的人均GDP跨越2万美元（当年价格），具备较高的经济总量和人均收入水平，有目标可比性。

农业强国的普遍特征反映在若干关键指标上，如具备较高的农业劳动生产率（劳均农业增加值）、农业科技进步贡献率、化肥农药有效利用率等。例如，20世纪90年代初期高收入国家劳均农业增加值在1万美元左右，对比同期的东亚国家，日本在2万美元左右，韩国为1万美元左右。[①] 同时，欧美发达国家的农业科技进步贡献率一般都高于70%，灌溉水有效利用系数基本处于0.7—0.8的世界先进水平，粮食作物的化肥、农药利用率大体在50%—60%。立足中国国情并吸取国际经验，建设有中国特色的农业强国应以"四强一高"为基本特征，即农业供给保障能力强、农业竞争力强、农业科技创新能力强、农业可持续发展能力强和农业发展水平高（魏后凯、崔凯，2021）。

一是农业供给保障能力强。农业供给保障能力是农业强国的前提和基础，发达国家善于通过贸易来维持国内农产品供需平衡，但世界上没有任何一个国家需要像中国一样满足14多亿人口的粮食需求，确保粮食安全是中国建设农业强国的底线任务。

---

① 2010年美元价格。

二是农业竞争力强。农业竞争力是农业强国建设的核心，主要反映在农业劳动生产率、土地产出率、投入成本等关键指标所具备的比较优势上。虽然各国农业发展的资源禀赋不同，但在推进农业现代化过程中对更高农业竞争力的追求是一致的。

三是农业科技创新能力强。农业科技创新能力是推进农业强国建设的基础动力，世界范围内循环农业、生物农业、绿色农业、智慧农业等现代农业形态的出现，就是通过科技创新来提高农业全要素生产率，完成对传统农业的改造过程。加快农业科技创新，提高农业全要素生产率，是实现农业由大到强转变的根本途径。

四是农业可持续发展能力强。世界农业强国的一个共同点，就是在重视对农业投入、保障农业生产力的同时，始终没有放松对农业资源和生态环境的保护。加强农业资源保护和生态修复，减少化学投入品使用，提高农业可持续发展能力，是建设农业强国的重要保障。

综上所述，"四强"可归纳为"一高"，即农业发展水平高，其本质是农业现代化水平全面提升的体现。"四强"决定"一高"，"一高"又代表"四强"，两者表现出辩证关系。需要指出，农业强国是个相对、动态的概念，从相对性来看，农业强国划定是基于特定标准下的国别比较得出，代表某个国家某一历史阶段农业发展的成就。从动态性来看，随着时代进步，农业强国的内涵将不断丰富，其标准也会不断提高，各国在世界农业发展中的地位时刻发生着变化，因此，讨论中国实现向农业强国转变的可行性，既要结合发达国家农业现代化的历史进程，又要符合中国农业未来发展的可能趋势。

2. 实现农业强国的进程研判

中国由农业大国迈向农业强国的进度决定了社会主义现代化强国目标的实现程度。中国农业发展总体滞后于经济发展，且与中等偏上收入国家平均水平尚存在差距，迈向农业强国预计需要一个较长的过程。

课题组结合"四强一高"的关键指标对未来农业强国的实现可能进行预测分析，就农业生产能力而言，中国已经具备农业强国的实力。按照中国粮食6.5亿吨以上的生产能力，即使在2020—2050年人口增长1亿人的高增长预期下，也完全可以满足人均400千克的国际粮食安全标准。

结合前文预测和"十三五"时期对应指标增速，代表农业强国的关键指标将在2035年接近或达到欧美等发达国家水平。到2035年，中国农业科技进步贡献率将达73.6%，农作物耕种收综合机械化率达85%以上，农业灌溉用水有效利用系数0.65以上，已经十分接近发达国家整体水平。[1] 同时，水稻、小麦、玉米三大粮食作物化肥利用率和农药利用率在55%左右，化肥施用量低于225千克/公顷的国际公认安全上限目标，为增强农业可持续发展能力提供关键支撑。根据2030年中国跻身创新型国家前列的目标[2]，如果生物育种、农机装备制造、信息化技术等领域的"卡脖子"技术能够在15年内取得突破，尽快缩小与发达国家的差距并达到中等发达国家水平，则未来中国农业有可能在诸多领域形成较强的国际竞争力。

---

[1] 普遍认为，发达国家科技对农业的贡献在80%左右，农业机械化水平在90%以上。
[2] 中共中央、国务院《国家创新驱动发展战略纲要》（2016年）。

根据表2的预测目标，2035年中国农业劳动力占就业人员比重将下降至10%，农业劳动生产率为1.5万美元/人（2019年价格），在2035年预测的基础上进行趋势外推和展望，再经过5年左右时间农业劳动生产率可以接近2万美元/人（2019年价格），未来农业经营以专业化劳动力为主，其生产率将大大高于农业从业者整体水平。通过历史比较和考虑价格因素，中国最有可能在2040年前后跨越农业强国门槛，保守估计农业强国的实现应不晚于2045年。因此，加快建设农业强国，确保在21世纪中叶前建成农业强国是必要和可行的。

需要指出的是，农业强国涉及内容广泛，其目标也处于动态变化中，以上对实现农业强国的判断只是以大多数国家农业发展历程作为参考而得出的，仅作为未来趋势参考。中国农业发展有自身特点，遵循农业现代化演进的规律性，走有中国特色的农业强国之路，需要保持增长的连续性和平稳性，不宜以指标为纲来指导实践或搞跃进式推进。我们同样注意到，未来农业发展受到科技进步、全球贸易、政策变化、疫情灾害等诸多因素影响，仍存在诸多不确定性，因此中国迈入农业强国的具体年份有可能提前或错后。但无论如何，农业强国都是2050年中国全面建成社会主义现代化强国的重要表征，必须加以充分重视，确保在未来30年内中国步入农业强国行列。

3. 分类推进农业强国建设

农业强国建设是一个长期过程，要做好加快推进农业强国建设的整体谋划和顶层设计，明确其远景目标和实施步骤，根据国情农情分类推进。分类推进的重点要聚焦在典型区域、重点产业和经营主体三个层面。

（1）发挥典型区域的示范引领作用。农业强省和强区作为示范引领，是建设农业强国的突破重点。对主要省份落实2021年中央一号文件的相关政策进行梳理①，发现多省政策文件中有农业强省、农业强市、农业强镇等相关表述，如建设农业强省（山东、河北、江西等），奶业强省（山西）、种业强省（安徽）、农业产业强省（湖北）、山地特色高效农业强省（贵州）、种业强市（四川）、农业产业强镇（江苏、新疆）等，说明各地已经注重将农业强省建设与本地特色相结合，作为推进农业农村现代化的重要任务。

农业强省建设与农业区域布局密切关联，各省在推进农业农村现代化过程中，都将供给保障能力建设作为基础，强调粮食生产功能区和重要农产品生产保护区建设。福建、安徽、陕西、吉林等地提出在有条件的地区，包括沿海发达地区、城市周边地区等，加快各类农业园区和示范区创建，开展率先基本实现农业农村现代化探索。这说明，无论在国家还是省级层面，农业强省和强区建设都是统一的，应统筹考虑。

农业强省和强区应该能够体现农业生产功能，代表农业科技进步前沿，在农业发展质量和效益上有明显竞争优势，即满足"四强一高"的基本特征。综合来看，农业发达省份，农垦系统和各级园区、示范区，以及直辖市、沿海大中城市郊区等可作为农业强省和强区建设的重点。

第一，从农业综合发展水平看，江苏省第一产业劳动生产率

---

① 包括但不限于各省（自治区）委、省（自治区）人民政府公开的《关于全面推进乡村振兴加快农业农村现代化的实施意见》以及类似文件。

位列全国第一[1]，江苏提出2022年农业科技进步贡献率达到72%以上，全省农业机械化水平达到90%。[2] 2020年山东农林牧渔业总产值达到10190.6亿元，成为全国首个农业总产值过万亿元的省份。山东明确2025年农业科技进步贡献率达到68%以上，耕种收综合机械化率达到92%以上[3]。2020年浙江省农村居民人均可支配收入31930元，位列各省（自治区）第一（不含直辖市），该省农业新产业、农村改革始终走在全国前列。这些农业相对发达省份的关键指标已经接近发达国家水平，具备率先建成农业强省的实力。总之，在各省推进农业农村现代化基础上，要突出区域特色和竞争优势，加快打造若干农业强省。

第二，农垦系统规模化经营土地面积达到5100多万亩，占农垦系统耕地面积的50%以上，是引领中国现代农业的"排头兵"。2019年农垦系统第一产业劳动生产率达60788元/人[4]，远高于同年全国整体水平，具有国际竞争力的现代农业企业集团正在形成。其中黑龙江和新疆垦区的国有农场耕地面积合占农垦系统的70%，从单位国有农场职工的人均耕地面积来看，黑龙江为172亩/人，新疆为57亩/人，具备大规模耕作的基础。黑龙江垦区农机田间作业综合机械化率接近100%，新疆提出2021年全区主要农作物综合机械化水平达到85%，两地还处于玉米、大豆、棉花、甜菜、农牧等优势产业带，主要农产品产出水平世界领先。

---

[1] 根据测算，2019年江苏省第一产业劳动生产率为58124元/人。
[2] 《江苏省乡村振兴战略实施规划（2018—2022年）》。
[3] 《中共山东省委 山东省人民政府关于全面推进乡村振兴加快农业农村现代化的实施意见》。
[4] 《2019年全国农垦经济社会发展统计公报》。

第三，国家农业园区、示范区成为壮大主导产业、开展创业创新、推动区域增长的核心载体和重要抓手。2019年151个国家产业园平均产值达75亿元，聚集900家省级以上农业产业化龙头企业，近70%的农户与各类新型经营主体建立了利益联结机制，农民人均可支配收入达到2.1万元、比全国平均水平高31%。[1]

第四，大中城市现代农业能够有效聚集科研、资金和人才等现代生产要素，推动农村第一、第二、第三产融合，率先形成农业创新创业高地。2018年35个城市主要"菜篮子"产品自给率为66.7%，耕种收综合机械化水平接近80%[2]，农产品加工业与农业总产值比为4.2∶1，与发达国家水平相当。同年畜禽养殖粪便综合利用率达到85.5%，已经高于2025年的全国目标值。[3]其中，直辖市和沿海地区的优势更为明显。《中国都市现代农业发展报告（2019）》也表明，2018年都市现代农业发展指数前10名的城市以直辖市和沿海城市为主，北京、上海等直辖市有较高的先进生产要素聚集水平，而沿海城市则农业生态可持续发展水平较高。

（2）突破重点产业发展"瓶颈"。根据前文，未来农业农村现代化的方向就是要推进农业机械化、数字化、绿色化、功能化、共享化，以及农村产业高值化、生活品质化、环境景观化、治理效能化、城乡等值化，这同样是农业强国的必由之路。就农业强国的实现路径来看，农业生产规模、农业劳动生产率、农民

---

[1] 《现代农业产业园建设成效卓著》，《人民日报》（海外版）2021年1月12日。
[2] 上海交通大学《中国都市现代农业发展报告（2019）》，2021年。
[3] 根据国家发展和改革委员会《关于推进污水资源化利用的指导意见》，到2025年全国畜禽粪污综合利用率达到80%以上。

收入等关键指标尽管其进程有所差异,但中长期总体趋势是可以预期的。相对而言,在最能体现农业强国特点的良种化、机械化和信息化等维度上,涉及重点产业的关键核心技术创新能力不足,与世界农业强国相比存在10—20年不等的差距,制约了农业农村现代化的总体进程。

一是现代种业。较强的生产保供能力是中国农业的比较优势所在,目前良种对中国粮食增产、畜牧业发展的贡献率分别达到45%、40%,为农产品稳产保供提供了关键支撑。据农业农村部数据,目前中国主粮种子能够完全自给,农作物自主选育品种面积占比超过95%,口粮作物品种完全自给,畜禽核心种源自给率超过75%。国内外资种子企业市场份额仅占3%左右,进口种子在农作物育种中仅占0.1%。但较高附加值的蔬菜、花卉、畜禽、草种等优良品种核心种源大部分掌握在国外公司手里,进口依赖度高。胡萝卜、菠菜、洋葱、高端番茄的进口种子占比超过90%,西兰花进口依存度超过80%,甜菜和黑麦草种子对外依存度达到95%以上。特别是畜牧种业与发达国家差距更为明显,虽然中国的猪肉、鸡肉、禽蛋产量均居世界第一,但支撑国内肉蛋奶的核心种源,很大程度上依赖进口。

中国种业产业化的历程较短,而美欧种业的产业化和市场化已经有70—80年的历史。部分发达国家种业已进入生物技术与人工智能、大数据等相结合的阶段,中国仍处在以杂交选育和分子技术辅助选育为主的阶段,功能基因挖掘和基因编辑等核心技术有待突破,生物育种整体与国外先进水平相比至少有10年以上的差距。畜禽和蔬菜的优良品种选育是未来种业发展的重点,到2025年要打牢种子资源库和种业基地建设的基础,到2035年左右形成若干重大基础理论和原始技术创新，主要品种的关键性能达到国际先进水平，进入创新型国家前列。

二是农机装备制造业。农业机械是农业产业化的重要支撑和物质基础，机械化水平也是农业现代化的重要体现。据农业农村部的数据，2020年小麦耕种收综合机械化率稳定在95%以上；水稻、玉米耕种收综合机械化率分别超过85%、90%，614个示范县先后基本实现主要农作物生产全程机械化。农机产品的国内需求仍处于快速增长期，2020年农机购置补贴政策支持231万农户和农业生产经营组织购置270万台（套）农机具，支持12.68万个养殖场（户）补贴购置生猪生产相关机具13.40万台（套），农机产业发展空间和潜力巨大。

中国农机领域与发达工业国家相比还有较大的提升空间，主要发达国家在20世纪50—70年代就已基本实现农业机械化，当前中国的农业机械化和农机制造水平尚不足以支撑农业现代化，如农产品加工技术装备水平比发达国家落后15年以上。要以制造强国战略为契机，提高国产农机装备性能，突破重点品种和作物的全过程机械化技术，加快智能化农机具开发。预计到2025年，粮棉油糖主产县（市、区）基本实现农业机械化，农业机械化进入全程全面高质高效发展时期。到2035年，主要农作物的全程机械化水平达到中等发达国家平均水平。

三是智慧农业。伴随物联网、大数据、云计算、人工智能、区块链等现代信息技术向农业渗透，智慧农业成为当今全球农业发展的前沿和趋势，涉及关键核心技术包括遥感与传感器技术、农业大数据与云计算服务技术、人工智能等。美国、日本、欧盟、加拿大等世界多个发达国家和地区相继推出智慧农业相关的发展计划，中国也正通过推进数字乡村建设，推动农业数字化、智慧化转型。2018年大部分国家农业数字经济占行业增加值比重低于10%，中国农业数字经济占行业增加值比重为7.3%[①]，略高于澳大利亚、加拿大、意大利等发达国家。

中国智慧农业发展刚刚起步，农业物联网、产品大数据正在试点推进，精准农业、生物感知、人工智能等关键核心技术不断取得突破，但是与发达国家相比，中国绝大多数的智能农业关键核心技术处于跟踪阶段，尤其在基础研究、作物模型和数据积累等方面较为薄弱，智慧农业总体发展水平与国际领先水平平均相差10年以上，其中自主研发农业传感器数量不到世界的10%（赵春江，2019）。为此需要瞄准国际前沿和农业发展现实需求，加快现代信息技术研发和应用布局。预计到2025年，农业农村数据采集体系和资源体系基本建成，农业数字经济比重将大幅提升。到2035年，农业产业链主要环节基本实现数字化。

（3）促进经营主体的分工与专业化。随着农村劳动力外流和兼业化，农业生产进一步向专业化的经营主体和职业农民集中。目前已经出现由各类新型农业经营主体带头人和骨干、农业经理人、创业青年等为代表的高素质农民群体。2018年年底，中国高素质农民达1700万人，初中及以上文化程度占87%，年龄在35—54岁的占比为72.11%[②]，高素质农民群体中62.03%为规模农业经营户，57.59%实现了耕种收综合机械化生产，约77%能够通过手机或电脑进行农业生产经营活动。以高素质农民中的种养大户为例，种植大户户均种植面积是普通农户的1.45倍，

---

① 中国信息通信研究院：《全球数字经济新图景（2019年）》。
② 中央农业广播电视学校：《全国高素质农民发展报告（2019年）》。

表3　　　　　　　　分类推进农业强国建设的重点与目标

分类推进重点		基本思路	目标
农业强省和强区		发挥江苏、浙江、山东等省份的引领作用。同时分阶段推进特色农业产业强省建设，如畜牧强省、种业强省等，加快传统农业大省向农业强省转变	到2030年率先建成2—3个农业强省，2035年建成一批特色农业强省，核心指标达到中等发达国家平均水平
		以代表性农垦系统（黑龙江垦区、新疆垦区）、国家级农业园区、示范区，直辖市和沿海地区大中城市郊区为样本和抓手，打造建设农业强国的优势区和先行区	优势区和先行区要尽快率先基本实现农业农村现代化，有力支撑农业强省和农业强国建设
重点产业及关键核心技术	现代种业	利用好种质资源优势，加快畜禽和蔬菜的优良品种选育。持续加强种业基础科研投入，突破分子生物学、基因大数据等关键核心技术，进一步推动现代种业的企业化、产业化和市场化	2025年奠定重点产业的技术基础，健全种业资源库和数据资源体系，全面提高农机装备性能。2035年农业科技创新能力和机械化达到中等发达国家平均水平，农业数字化水平位居世界前列。强化科技强国、制造强国和农业强国的实现基础
	农机装备制造业	加快国产农机装备高端化、绿色化、智能化的转型升级，加强农机在农艺、加工等农业全产业链环节的适用性，尽快实现多种农作物的全程机械化	
	智慧农业	以农业遥感、生物感知、农业机器人、人工智能等为重点，明确重大工程和优先技术清单，加快研发到应用成果转化	
高素质农民		优化第一产业从业人员结构，培育新型经营主体、职业农民、创业农民等为主的高素质农民群体	2035年高素质农民占第一产业从业人员比例超过30%，有力支撑教育强国、人才强国和农业强国的建设

种养大户在粮食作物、经济作物、畜牧业和水产养殖的利润分别是普通农户的1.81倍、3.89倍、8.88倍和22.6倍。高素质农

民的人均农业经营纯收入达到3.13万元，是农村居民人均可支配收入1.46万元的2.16倍。[①]

高素质农民群体相对年轻，有文化、懂技术、善经营、会管理，在经营规模化、现代技术应用、投入产出效率等方面，都较普通农户有明显优势。面向未来的农业强国建设，需要大力培育高素质农民群体，使其成为未来农业经营的基本主体，应对经营分散、兼业化等带来的挑战。根据中共中央、国务院印发的《中国教育现代化2035》，随着现代职业教育的推进，中国将多种形式大力发展面向农业农村的职业教育，培养以新型职业农民为主体的农村实用人才，作为人才强国的有力支撑。

"十三五"时期以来，中国累计培育高素质农民达到500万人。根据《国家质量兴农战略规划（2018—2022年）》中年均培育新型职业农民人次的近期目标设定，即使按照"十三五"时期的年均绝对增量进行保守估计，到2035年高素质农民仍将超过3000万人，占第一产业从业人员比例超过30%。届时高素质农民将成为中国农业参与国际竞争的经营主力，这部分群体的农业劳动生产率要达到中等发达国家水平。

四 基本实现农业农村现代化的战略重点

以基本实现农业农村现代化为导向进行战略谋划，一是采取分阶段推进、分类推进和协同推进的方式，加快推进农业强国建

[①] 中央农业广播电视学校：《全国高素质农民发展报告（2019年）》。

设。二是着眼于提升农业竞争力,提高农村发展质量,增进城乡居民福祉,尽快补齐农业农村现代化"短板"。三是聚焦重点领域,在中长期要围绕生产供给、科技创新、绿色可持续、城乡统筹、项目引领、资金投入、改革驱动等方面,提供长期有效的制度供给和政策保障,确保到2035年基本实现农业农村现代化。

(一) 加快推进农业强国建设

推进农业强国建设,需要采取分阶段推进、分类推进和协同推进的方式,采取更加有力的措施使农业强国建设与其他领域的强国建设步伐相协调,确保社会主义现代化强国的全面建成。

一是分阶段推进。包括"十四五"时期在内,将未来4—5个五年规划周期作为加快农业强国建设的重要历史阶段,确立若干关键任务和重大专项,实现不同时期发展目标和战略的接续。现有的强国战略可以作为建设农业强国的重要支撑,在关键指标和目标设定上要保持一致。

二是分类推进。加快农业强省和强区建设,支持有条件省份率先实现由农业大省向农业强省转变,强化农业强国的区域实现基础,引导各地循序渐进发展。明确产业发展优先序,重点突破现代种业、农机装备制造业和智慧农业等领域的关键核心技术,打造具有国际竞争力的涉农产业。顺应从业人员多元化趋势,以高素质农民为主培育现代农业经营主体。

三是协同推进。统筹农业强国建设与科技强国、制造强国、教育强国、人才强国等强国战略,现有的强国战略可以作为建设农业强国的重要支撑,在关键指标和目标设定上要保持一致,充分体现社会主义现代化强国的全面包容性。

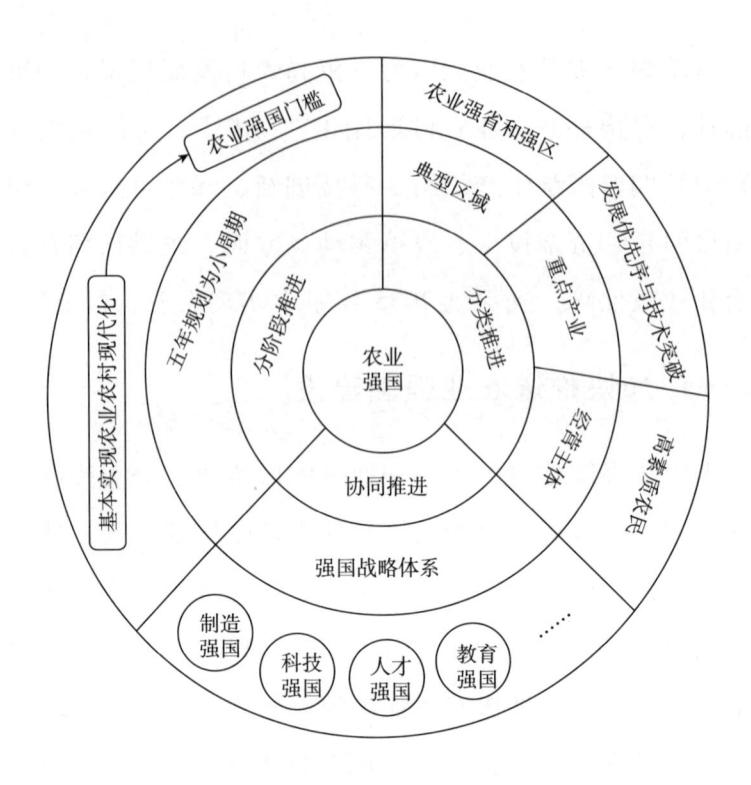

图9　梯次推进农业强国建设示意

（二）补齐农业农村现代化"短板"

立足社会主义现代化目标"两个阶段"战略部署，结合"农业高质高效，乡村宜居宜业，农民富裕富足"的目标导向，推动农业大国向农业强国转变，亟须补齐农业农村现代化的突出"短板"和薄弱环节。

一是要稳步提升农业竞争力。农业竞争力是农业发展质量和效益的综合体现，中国农业产出效率在中长期增长的总体趋势是可以预期的，但要达到中等发达国家水平的任务非常之艰巨。考虑到未来农业经营主体将呈现分化趋势，需要加快推进农业深度分工与协作，在农业专业化、职业化群体，以及农业特定行业和产业链环节中，加快农业转型升级，塑造竞争优势。

二是要切实提高农村发展质量。绿色可持续是农村宜居宜业的保障，传统粗放型生产方式已经难以为继，乡村生态和景观价值更加凸显。要尊重乡村产业发展规律，把握实施乡村建设行动的契机，提高农业资源、投入品以及各类废弃物的利用率，加大对农业面源污染和农村生态环境的治理力度，在健全乡村基础设施、生态环境改善等方面打好基础。

三是要同步增进城乡居民福祉。富裕富足涵盖物质和精神两方面，其实质是人民群众福祉的改善。城乡低收入群体增收难度大，乡村公共服务水平低，严重制约城乡融合。要积极适应农村人口结构和经济社会形态的变化，强化城市、县域的政务、经济、社会和文化等综合服务能力，尽快实现城乡基本公共服务均等化，作为2035年向2050年城乡共同富裕的过渡基础。

（三）聚焦农业农村现代化的重点领域

1. 稳定生产，保障粮食有效供给

积极应对国内食物消费结构变化，在粮食安全前提下推进农业农村现代化，稳定粮食生产，促进农产品结构和布局优化，用好国际市场和资源，确保国内粮食供需总量动态平衡。一是夯实粮食生产基础。切实加强耕地管护，明确耕地和永久基本农田不同的管制目标和管制强度。深入推进高标准农田建设，优化品种结构，增强中高端产品的供给能力。加快粮食价格市场化，逐步优化种粮补贴和价格保护政策，合理引导种粮预期。二是优化粮

食生产空间布局。推进国家粮食安全产业带建设，壮大优势商品粮基地，积极引导粮食及相关加工业向优势区集聚。以粮食生产功能区和重要农产品生产保护区为重点，提高农业生产社会化服务覆盖广度，充分发挥粮食跨区标准化作业的规模效应。三是用好国际市场和资源。不断完善关税与非关税措施，合理调控各类粮食的进口量，改善粮食贸易结构。鼓励农业国际合作，开发海外耕地资源和建立粮食生产基地，为世界粮食安全贡献力量。

2. 科技强农，加快创新能力与创新体系建设

面向国家重大战略需求，面向"三农"的实际问题和切实需要，面向世界与未来的科技前沿，聚焦现代种业、农机装备和智慧农业等领域，提高农业科技含量，增强国际竞争力。一是增强农业自主创新能力。实施多元化的自主创新路径，把原始创新能力提升摆在更加突出的位置，尽快破解涉农重点产业的"卡脖子"技术。加快集成创新和应用示范，促进农业农村科技成果转化。二是完善农业农村科技创新体系。优先部署重大基础和前沿性技术研究，整合高校、科研院所的科研资源，推动创新要素向生产经营主体集聚，促进产学研深度融合，健全国家农业科技创新体系。三是营造良好的农业农村科技创新生态。强化知识产权制度对农业农村科技创新的保障作用，完善科技创新、专利保护与标准制定的互动机制。健全农业农村科技创新的组织保障，构建各级协同、区域协作、多方参与的农业农村科技创新生态。

3. 绿色改造，实现可持续发展

加快农业绿色化转型，增强乡村生态服务功能和环境承载力，提高农业面对重大灾害时的抗风险能力，使农业产业韧性足、乡村发展可持续。一是加快农业绿色化转型。建立农业生产的绿色标准，优化农业投入出产体系，全面提高农业资源、投入品以及各类废弃物的利用效率，探索多种类型的绿色种养模式和生产方式。以保供给、保收入、保生态为导向，构建绿色发展产业链价值链。二是增强农业环境承载力。开展农业生产潜力和资源环境承载力评估，构建与资源承载力相匹配的农业产业体系。兼顾农业开发与环境保护，修复农业生态系统，加快建立生态产品价值实现机制，进一步完善市场化、多元化的生态保护补偿机制。三是建立农村人居环境整治长效机制。以乡村面源污染防治、基础设施管护等为重点，加大对生活污水和垃圾分类处理方面的项目资金投入，探索民建、民管、民用的运营机制。将村庄清洁、村庄增绿、环境治理等内容纳入并完善村规民约。

4. 城乡统筹，筑牢共同富裕根基

全面缩小城乡差距，优化收入分配结构，减少低收入群体，以标准化促进城乡基本公共服务均等化、普惠化、便捷化，推进城乡基础设施一体化建设，广泛吸纳和引导社会力量来实施帮扶和提供公共服务。一是优化面向低收入群体的帮扶手段。建立城乡低保、低收入人口的动态考评机制，精准识别帮扶对象，采用更加个性化、系统化的方案来实现定向扶持。提高医疗、养老等兜底保障标准，推动义务教育、保障性住房等资源的均衡配置，对困难家庭、农民工、失地农民等特殊群体，在就业、信贷、保险等方面要给予特殊关照和政策倾斜。二是提高基本公共服务均等化水平。突出重点领域、重点群体和薄弱环节，建立健全公共服务标准体系，各地要根据实际制定和实施地方标准，与国家标准和行业标准规范充分衔接。加快农村基本公共服务供给的县级统筹，并逐步实现城乡标准统一和制度并轨。三是全面改善乡村基础设施条件。把公共基础设施建设的重点放在农村，以面源污染防治、污水垃圾处理、设施管护、质量提升等为重点，推动乡村基础设施全面升级。稳步推进民生服务类基础设施对农村人口的覆盖，完善义务教育、医疗、托育、养老等公共服务设施及推进智慧化改造。加快新基建在农村地区的建设速度，健全城乡信息基础设施。

5. 统筹规划，接续推进重大项目

超前谋划一批重大农业项目和工程，作为持续推进农业农村现代化的依托。做好农业项目的统筹安排，打牢人才基础，拓展合作空间，保障项目实施和后续跟进。一是做好各类项目的统筹安排。健全农业项目扶持"一揽子"政策，分阶段制定关键核心技术研发、集成与应用的规划和中长期路线图，支持关键核心技术和产品的研发和产业化。规范和完善重大项目的国家标准、行业标准等，开展技术模式推广和应用的效果评估，针对不同地区应采取不同推进路径。二是打牢人才基础。针对前沿农业科学和工程，加强创新人才和团队建设，重视跨领域、多学科、实用型的复合人才培养。在有条件的院校试点开展相关学科专业教育，鼓励国际人才交流和机构合作。三是拓展农业国际合作空间，落实国家"一带一路"倡议的总体部署，深化中国与欧盟、非洲、中亚、拉美等地区的农业项目合作。加快农业企业"走出去"，在国外建立联合研发和服务平台，培育一批大型跨国农业企业集团。

6. 支农优先，健全资金投入机制

要以价值提升为导向，以市场主体为抓手，建立支农资金投入长效机制，明确资金扶持重点，建立健全多元投入机制，从而稳定农业投入保障，夯实农业农村现代化的物质基础。一是建立支农资金投入长效机制。始终把农业农村作为一般公共预算优先领域，扩大地方政府债券、土地出让收入等用于农业农村的规模。要发挥中央财政投入引领作用，通过税补、转移支付、地方政府债券等渠道筹集建设资金，依法依规推进涉农资金统筹整合。加大对涉农转移支付、补贴等资金使用的监管力度，确保扶贫项目等公益性资产持续发挥作用。二是明确资金扶持重点和优先序。面向农业农村发展实际需求，完善重大专项与任务清单管理模式，提前谋划不同时期支农投入的重点任务和实施方案。尤其对于农业支持保护、农业综合开发、科技研发和推广、乡村建设行动等重要领域，要保障约束性任务的落实。三是建立多主体投入体系。发挥财政投入引领作用，撬动金融资本、社会力量等多元力量参与，以市场化方式设立基金，支持乡村新产业的发展需求。探索多样化金融服务模式，灵活开展小额信贷、抵押贷款等业务，开发和推广多种类型金融产品。

7. 深化改革，激活内生发展动力

持续推进农业农村改革，稳步推进农村要素市场化，释放土地等农村集体资产活力。以培育创业人才为重点，激发农村创业创新潜力。通过改革试点来强化示范，破除农业农村现代化的体制机制障碍。一是稳步推进农村要素市场化。以激活农业内生增长动力为导向，稳定土地长期承包关系，完善土地经营权流转交易市场，探索农村集体经营性建设用地入市的多种实现手段，盘活存量建设用地等集体资产，规范土地出让收益分配，壮大集体经济。二是激发农村创业创新潜力。立足优势资源和主导产业，推动骨干企业与创业企业合作共享，将创业培训与区域产业相结合，造就专业化农业经营和管理人才。以创新引领创业，加快前沿科技的应用和转化，引领新产业新业态，催生创业创新需求。优化创业创新软硬环境，强化对创业主体的带动示范、孵化培育、综合服务等能力。三是继续强化试点引领。加快推进农业农村现代化示范区试点建设，可以考虑选择一些代表性地区，统筹中央和地方资源，对发展较好、运作较成熟的各类试点项目进行整合提升。探索示范区与国家级新区、经济技术开发区等共同推进的实现路径，发挥改革"排头兵"和示范引领的先导作用。

参考文献

1. 陈颖等：《借鉴日本〈净化槽法〉健全我国农村生活污水治理政策机制》，《中国环境管理》2019年第2期。

2. 仇焕广等：《风险规避对农户化肥过量施用行为的影响》，《中国农村经济》2014年第3期。

3. 顾朝林等：《中国城镇化2050：SD模型与过程模拟》，《中国科学》2017年第7期。

4. 黄佩民：《中国农业现代化的历程和发展创新》，《农业现代化研究》2007年第2期。

5. 蒋卫杰等：《设施园艺发展概况、存在问题与产业发展建议》，《中国农业科学》2015 年第 17 期。

6. 蒋永穆：《从"农业现代化"到"农业农村现代化"》，《红旗文稿》2020 年第 5 期。

7. 乔文怡等：《2016—2050 年中国城镇化水平预测》，《经济地理》2018 年第 2 期。

8. 王琳、邓小梅：《北京城乡差距的现状与对策》，《中国集体经济》2020 年第 25 期。

9. 魏后凯、崔凯：《面向 2035 年的中国农业现代化战略》，*China Economist* 2021 年第 1 期。

10. 魏后凯、杜志雄主编：《中国农村发展报告（2020）——聚焦"十四五"时期中国的农村发展》，中国社会科学出版社 2020 年版。

11. 魏后凯等：《"十四五"时期促进乡村振兴的思路与政策》，《农村经济》2020 年第 8 期。

12. 魏后凯等：《中国农业农村发展研究的历史演变与理论创新》，《改革》2020 年第 10 期。

13. 魏后凯：《深刻把握农业农村现代化的科学内涵》，《农村工作通讯》2019 年第 2 期。

14. 魏后凯：《加快推进农业农村现代化》，《中国社会科学报》2020 年 11 月 24 日。

15. 魏后凯：《加快推进农村现代化的着力点》，《中国农村经济》2021 年第 4 期。

16. 西奥多·W. 舒尔茨：《改造传统农业》，梁小民译，商务印书馆 2009 年版。

17. 习近平：《决胜全面建成小康社会　夺取新时代中国特色社会主

义伟大胜利》,《人民日报》,2017年10月28日第1版。

18. 杨鑫、穆月英:《中国粮食生产与水资源的时空匹配格局》,《华南农业大学学报》(社会科学版)2019年第4期。

19. 杨小凯、张永生:《新兴古典经济学与超边际分析》,社会科学文献出版社2019年版。

20. 杨帆:《规模适度:村民自治有效实现的合理单元研究》,硕士学位论文,华中师范大学,2015年。

21. 赵春江:《智慧农业发展现状及战略目标研究》,《农业工程技术》2019年第6期。

22. 中共中央文献研究室:《周恩来经济文选》,中央文献出版社1993年版。

23. United Nations, *World Urbanization Prospects*: *The* 2018 *Revision*, New York, 2019.

综 合 篇

中国农村发展指数测评（2021）
——中国农村发展进程及地区比较

韩 磊 王术坤 刘长全[*]

摘 要： 本报告基于包括经济发展、社会发展、生活水平、生态环境和城乡融合5个维度24个指标的中国农村发展指数，对2011—2019年全国及各地区农村发展进程进行测度，并重点分析了与2018年相比的主要变化。测评结果表明：2019年农村发展水平在全国、区域和省级三个层面继续稳步提高，其主要贡献来自生活水平的提升；不同区域之间农村发展水平存在一定差距，东部地区明显领先，西部与东北地区的差距有扩大趋势；不同省份之间农村发展水平的差距没有明显改善，社会发展维度在各省份间的差距最大且有扩大趋势；维度间发展普遍趋于均衡，均衡程度最高的地区主要分布在东部和中部地区，东北地区维度间发展失衡程度最高但改善最明显。全面推进乡村振兴和加快农

---

[*] 韩磊，管理学博士，中国社会科学院农村发展研究所副研究员，主要从事农村产业经济、农产品市场研究；王术坤，管理学博士，中国社会科学院农村发展研究所助理研究员，主要从事农业政策评估和畜牧业经济研究；刘长全，经济学博士，中国社会科学院农村发展研究所副研究员，主要从事农村产业经济、奶业经济、区域经济研究。

业农村现代化，需要深化对农村综合发展内涵的认识，积极推动形成新型工农城乡关系，继续改善农村发展水平在维度间和地区间的不均衡状况，密切关注"三农"领域的趋势性变化特征。

关键词： 农村发展　指数体系　综合测度　地区比较

Assessment of China Rural Development Index in 2021: Rural Development Progress and Regional Comparison in China

Han Lei　Wang Shukun　Liu Changquan

Abstract: Based on China Rural Development Index which is composed of 24 indicators in five dimensions, namely, economic development, social development, living standards, ecological environment and urban – rural integration. This report measures progress in rural development at national, regional, and provincial levels from 2011 to 2019 and more analysis is focused on the changes compared to 2018. The research shows that rural development has improved steadily at all levels and the major contribution was from the improvement living standards dimensions in 2019. There was a gap in rural development between different regions, with the eastern region taking the lead obviously, and the gap between the west and the northeast region showing a widening trend.

The gap of rural development level among different provinces did not improve significantly, and the gap of social development dimension among different provinces was the largest and showed a trend of expansion. The development among the dimensions tends to be balanced generally, and the regions with the highest degree of equilibrium were mainly distributed in the eastern and central regions. The imbalance among the dimensions in the northeast region is the highest but the improvement was the most obvious. To comprehensively promote rural revitalization and accelerate the modernization of agriculture and rural areas, it is necessary to deepen the understanding of the connotation of rural comprehensive development, promote the formation of New Industry – agriculture and Urban – rural Relationship, continue to improve the unbalance of rural development among both dimensions and regions, and pay close attention to the characteristics of trend changes in agriculture, rural areas and farmers.

Key Words: Rural Development; Index System; Comprehensive Evaluation; Regional Comparison

一 前言

2021 年是"两个一百年"交汇点,也是"十四五"规划开局之年，中央一号文件聚焦全面推进乡村振兴和加快农业农村现代化，布局"十四五"时期农业农村优先发展。在此背景下，对全国及各地区农村发展进程、发展形势及面临的问题做系统、客观评估具有突出的必要性。本报告构建了包括经济发展、社会发展、生活水平、生态环境和城乡融合5个维度、24个指标的中国农村发展指数，该指标体系在内涵上契合了乡村振兴战略的"产业兴旺、生态宜居、乡风文明、治理有效、生活富裕"20字总体要求，同时，对城乡融合的强调反映了推进城乡融合发展的要求和农业农村现代化在全面建设社会主义现代化国家中的基础地位。基于中国农村发展指数，本报告从全国、区域、省级三个层面对2019年中国农村综合发展水平做系统评价，并重点分析与2018年相比的主要变化。下文包括三部分内容：一是对指标构成与变动、数据处理及权重确定和指数计算方法的说明；二是测评的主要发现；三是对测评结果的总结和思考。

二 指标、数据与方法

（一）指标体系及调整说明

为确保结果的纵向可比性，本轮测评继续沿用2016—2020年中国农村发展指数测评的框架，指标体系由经济发展、社会发展、生活水平、生态环境和城乡融合5个维度、13个二级指标和24个三级指标构成。与《中国农村发展指数测评（2020）》相比，本轮测评的指标体系不再包括"农村生态环境"这一个二级指标及对应的"农村无害化卫生厕所普及率"这一个三级指标。① 这主要是由于业务主管部门的调整等原因，最新的各省份"农村无害化卫生厕所普及率"的数据未公开发布。由于是对前五轮测评工作的延续，本报告不再对指标体系的理论基础、各指标内涵和计算方法等做详细说明，具体可参阅《中国农村发展指数测评（2016）》和《中国农村发展指数测评（2020）》。

（二）数据与处理方法

中国农村发展指数各指标数据分别源于《中国统计年鉴》《中国农村统计年鉴》《中国社会统计年鉴》《中国卫生健康统计年鉴》《中国民政统计年鉴》《中国教育统计年鉴》《中国卫生和计划生育统计年鉴》《中国环境统计年鉴》和《中国能源统计年鉴》等统计年鉴以及国家统计局网站公开发布的统计资料。根据数据发布情况和指标可获得性，在时间跨度上，指数覆盖2011—2019年；在地域范围上，指数覆盖我国除西藏、台湾、香港和澳门外的30个省（自治区、直辖市）。

各指标数据处理仍沿用第一轮测评（刘长全、韩磊，2016）的方法。但是，由于数据缺失、制度改革、统计口径调整等原因，个别指标的数据处理有所调整，本报告测评中数据处理沿用《中国农村发展指数测评（2020）》的方法。具体如下：①国家未发布2019年"耕地面积"数据，为计算"亩均农业机械动力

---

① 由于指标体系的调整，本轮测评中2011—2018年的农村发展指数及维度分指数值与前几轮测评的结果不一致，但该调整应用到2011—2019年所有年份的指数计算，因此本轮测评中不同年份之间的农村发展指数具有纵向可比性。

数"和"有效灌溉面积占耕地面积比重"两个指标，基于相邻年度耕地面积变化很小的假设，本轮测评中2019年全国和各省份耕地面积用2017年数据代替。在每年农地转为非农地的数量指标受到严格管制的情况下，这一处理对指数测评结果的影响基本可以忽略。① ②自2016年国家正式启动城乡居民医疗保险制度整合以来，各地相继完成城镇居民基本医疗保险和新型农村合作医疗两项制度的整合，基于各省份在此方面实现城乡统一标准的事实，本轮测评中2018年和2019年全国及各省份"新型农村合作医疗人均支出"指标的数据全部调整为"城乡居民基本医疗保险人均支出"。相应地，一级指标"社会发展"下的三级指标"新型农村合作医疗人均支出"的名称自上一轮测评调整为"农村居民基本医疗保险（新型合作医疗）人均支出"。③在北京、上海和天津三个直辖市全部实现县改区的情况下，2018年以来三个市都没有"县孕妇死亡率"数据，本轮测评中2018年和2019年三个市该指标的数据均用"市孕妇死亡率"替代。

（三）指标标准化与权重确定

各指标的标准化仍沿用第一轮测评（刘长全、韩磊，2016）使用的极值法，为了使各地区农村发展指数跨年度可比，参照樊纲等（2003）的研究，对各年度指标做标准化时统一使用基准年（2011年）的最大值和最小值。具体来说：

正向指标：$\hat{x}_{i,t} = (x_{i,t} - \min x_{i,0}) / (\max x_{i,0} - \min x_{i,0})$

---

① 根据2016年和2017年全国耕地面积、农业机械总动力数据，对2016—2017年全国亩均农业机械动力数的变动进行分解可知，1.8%的变动是耕地面积减少引起的，98.1%的变动是农业机械动力总数增长引起的，还有0.1%的变动是两个方面变动的交互影响引起的。

反向指标：$\hat{x}_{i,t} = (\max x_{i,0} - x_{i,t})/(\max x_{i,0} - \min x_{i,0})$

其中，$x_{i,t}$ 表示第 t 年第 i 个指标的值，$\min x_{i,0}$ 和 $\max x_{i,0}$ 分别表示基准年第 i 个指标的最小值和最大值。标准化后，基期年份各指标的最高得分为 1，最低得分为 0，其他年份各指标的得分可能高于 1 或低于 0。标准化后的指标得分经加权求和后得到总指数，基期年份的总指数在 0—1 分布，其他年份总指数可能高于 1 或低于 0。

在权重确定方面，自 2018 年的测评以来采用均权法。与其他方法相比，均权的优势在于：一是均权法不需要频繁调整权重，有利于测评结果的年度间的纵向比较，也符合国家政策长期性、稳定性的导向；二是全面推进乡村振兴战略下全面均衡发展的意义更加突出，均权有利于体现全面发展、均衡发展的政策内涵。用均权法确定权重后，五个维度各占 20% 的权重，同一维度下属的二级指标具有同样的权重，同一、二级指标下属的三级指标也具有同样的权重。中国农村发展指数指标体系的构成及各三级指标的权重见表 1。

表 1　　　　　中国农村发展指数指标体系构成及权重

一级指标	二级指标	三级指标	权重
经济发展	经济水平	农村居民人均可支配收入	0.067
	经济结构	农村居民工资性收入占可支配收入比重	0.067
	农业现代化	亩均农业机械动力数	0.022
		有效灌溉面积占耕地面积比重	0.022
		万元农林牧渔业增加值电力消耗	0.022

续表

一级指标	二级指标	三级指标	权重
社会发展	文化教育	农村有线广播电视覆盖率	0.025
		农村中小学生均固定资产值	0.025
	卫生医疗	乡村卫生室专业技术人员比重	0.025
		县孕产妇死亡率	0.025
	社会保障	农村社会养老保险人均支出	0.017
		农村居民基本医疗保险（新型合作医疗）人均支出	0.017
		农村最低生活保障标准	0.017
	社会治理	村庄选举登记选民投票率	0.050
生活水平	生活消费水平	农民居民人均消费支出	0.033
		农村居民家庭恩格尔系数	0.033
		农村居民人均教育文化娱乐支出	0.033
	生活设施条件	农村集中供水覆盖率	0.050
		农村道路密度	0.050
生态环境	农业生产环境	亩均用肥量（纯氮）超标水平	0.100
		万元农业增加值用水量	0.100
城乡融合	经济融合发展	城乡居民人均可支配收入之比	0.067
	社会融合发展	城乡居民最低生活保障标准之比	0.067
	生活水平融合	城乡居民人均消费支出之比	0.033
		城乡居民人均教育文化娱乐支出比	0.033

（四）指数的计算

全部24个三级指标的指标得分与指标权重之积的和（$\sum w_i \hat{x}_{i,t}$）即为总指数。总指数也是五个维度得分之和，特定维度的得分是该维度上所有三级指标的指标得分与指标权重之积的和（$\sum w_i^j \hat{x}_{i,t}^j$）。其中，$w_i^j$是$j$维度第$i$个三级指标的权重，$\hat{x}_{i,t}^j$是$t$年$j$维度第$i$个三级指标的得分。每个维度的总权重也是基准年该维度理论上能达到的最高得分。维度得分的变化与总指数变化的比值反映了该维度在农村发展水平变化中的贡献。

由于各维度权重相同，不同维度发展水平的差异可以直接通过维度的得分进行比较。但是，为了便于在全国层面和区域层面进行特定维度与整体发展水平的比较，本报告计算了维度分指数 $\left[\sum\left(\dfrac{w_i^j \hat{x}_{i,t}^j}{\sum w_i^j}\right)\right]$。其中，不同维度的各指标权重之和（$\sum w_i^j$）均为 0.2。需要说明的是，不同维度分指数在基准年的理论最高得分都是 1，而且在进行不同维度发展水平的比较时，用分维度得分和维度分指数的比较结果是一致的。

三　主要发现

（一）全国层面农村发展水平及变化

1. 全国农村发展水平继续提高，指数增幅趋于稳定

2019 年，中国农村综合发展水平继续提高，全国农村发展指数达到 0.786，与 2018 年相比提高了 0.036（见图 1）。在国家财政和一系列强农惠农政策的有力支持下，近年来全国农村发展指数持续稳步上升，尤其是 2014—2019 年指数增幅[①]比较稳定，在 0.03—0.04 波动，年均增幅为 0.033。

[①] 如没有特殊说明，本报告中指数"增幅""提高幅度"均指指数增减变化的绝对值，而非指数变化的百分比。

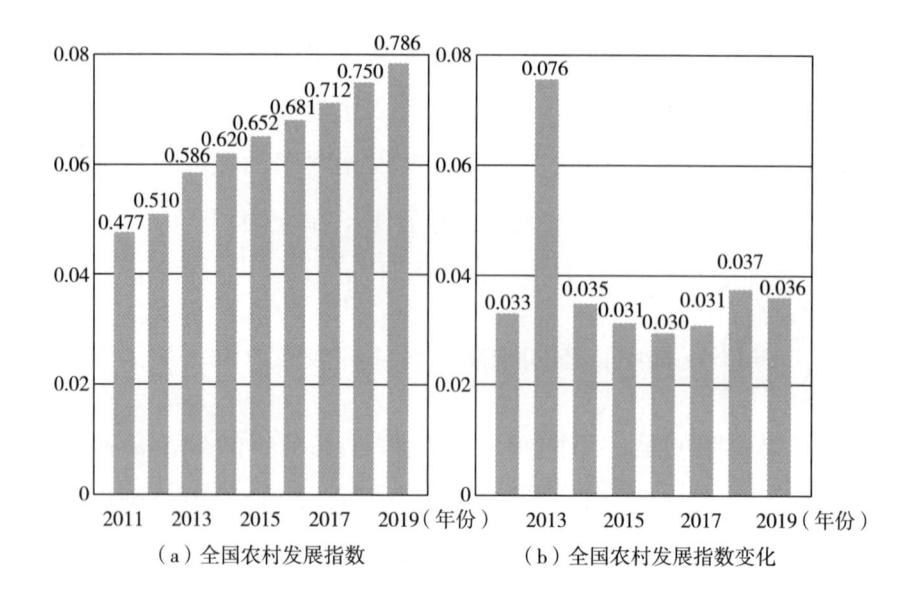

图1 2011—2019年全国农村发展指数及年度变化

2. 农村生活水平提升明显，维度间发展更加均衡

分维度来看（见表2），2019年生态环境维度分指数最高，为0.959，其次是城乡融合（0.864）、生活水平（0.849）、经济发展（0.685）和社会发展（0.572）。与2018年相比，分指数增幅最大的维度为生活水平，增长了0.073，增幅最小的维度为生态环境，仅增长了0.006。从2011—2018年的情况来看，分指数年均增幅最大和最小的维度同样也分别是生活水平和生态环境。2019年城乡融合维度分指数比上年增长0.024，大幅低于2011—2018年年均增幅（0.058）。对于其他维度，2019年分指数的增幅与2011—2018年年均增幅的变化不大。2011—2019年五个维度分指数的最高值与最低值的比值从3.03持续降低到1.68，表明不同维度间发展的失衡在持续改善。

表 2　　　2011—2019 年全国农村发展指数及维度分指数

	年份	总指数	经济发展	社会发展	生活水平	生态环境	城乡融合
维度分指数	2011	0.477	0.434	0.311	0.298	0.903	0.438
	2012	0.510	0.470	0.354	0.340	0.905	0.480
	2013	0.586	0.510	0.404	0.488	0.917	0.609
	2014	0.620	0.520	0.424	0.537	0.925	0.697
	2015	0.652	0.554	0.439	0.591	0.938	0.737
	2016	0.681	0.576	0.460	0.648	0.947	0.775
	2017	0.712	0.607	0.500	0.705	0.945	0.803
	2018	0.750	0.644	0.536	0.776	0.952	0.841
	2019	0.786	0.685	0.572	0.849	0.959	0.864
分指数变化数变化	2011—2018年均变化	0.039	0.030	0.032	0.068	0.007	0.058
	2018—2019年变化	0.036	0.041	0.035	0.073	0.006	0.024
维度贡献率贡献率	2011—2018年均贡献率（%）	100.0	15.4	16.5	35.0	3.6	29.5
	2019年贡献率（%）	100.0	22.8	19.7	40.7	3.5	13.3

注：由于计算过程中采用四舍五入的方式，表中"2018—2019年变化"的数据与表中2019年数据与2018年数据直接相减得到的数据略有差异。

利用维度得分的变化与总指数变化的比值来反映该维度在农村发展水平变化中的贡献。2019年对总指数增长贡献最大的维度是生活水平，贡献率为40.7%，其次是经济发展（22.8%）、社会发展（19.7%）、城乡融合（13.3%）和生态环境（3.5%）。根据2019年各维度对指数增长的贡献率与2011—2018年的平均贡献率的比较，2019年城乡融合维度的贡献率大幅低于过去7年的29.5%的平均贡献率，生态环境维度的贡献率基本没有变化,其他维度的贡献率都大幅高于过去7年的平均贡献率。

以上结论表明,近几年反映农村居民生活水平的生活消费水平和生活设施条件持续得到较大幅度的提高和改善,对于农村发展水平的提升具有关键性作用;但是由于近年农业绿色生产快速推进,农业生产环境得到很大改善,生态环境指数一直维持在较高水平且继续提高的难度不断加大。与2011—2018年相比,2019年农民收入、农业现代化、农村文教卫及社会保障和社会治理、生活消费水平和生活设施条件等都有较好的发展,对农村发展的贡献率也都在提高,农业生产环境依然维持较好的发展水平,城乡融合水平在经历持续快速改善后提升速度开始放缓。

(二) 区域层面农村发展水平比较

1. 东部地区农村发展水平显著高于其他地区,西部与东北地区差距有扩大趋势

从四大地区总指数的比较情况来看,2019年,农村综合发展水平最高的是东部地区,指数达到0.909,其次是中部、东北与西部地区,指数分别为0.808、0.734和0.706,以上三个地区的农村综合发展水平显著落后于东部地区(见图2)。与2018年相比,指数增幅最大的是东部地区,最小的是西部地区。

2011年以来,东北地区农村发展水平一直高于西部地区,且2011—2018年西部地区指数增幅一直高于东北地区,西部与东北地区农村发展指数的差距从0.098下降到0.020,两大地区的农村发展差距持续减小。但是,与2018年相比,2019年西部地区指数增幅小于东北地区,两大地区的指数差距又回升到

0.028，西部与东部地区的农村发展差距又有扩大趋势。

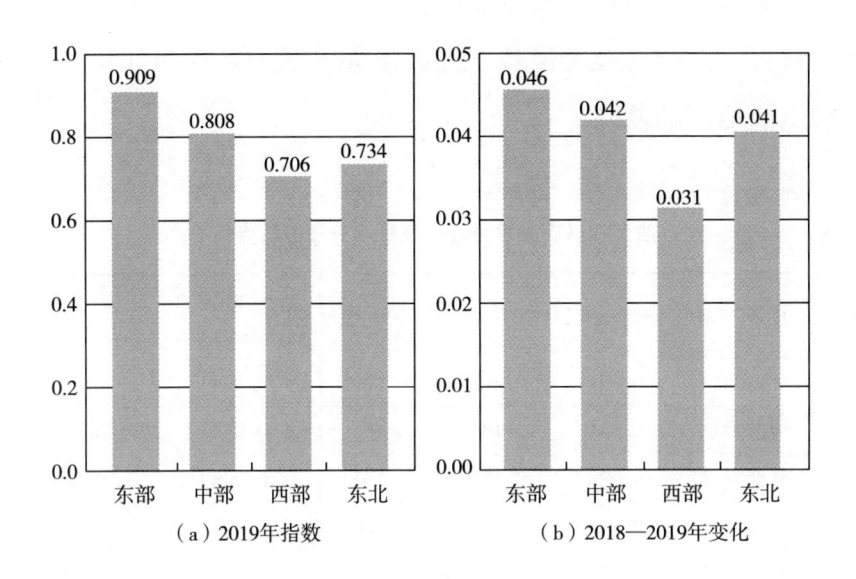

图2 2019年四大地区农村发展指数及变化

2. 经济发展和社会发展两个维度在地区间的发展最为不平衡，经济发展维度在各地区发展速度均有所提高

从不同维度的比较情况来看（见表3），2019年，除生态环境外，其他维度分指数最高的地区都是东部，生态环境维度分指数最高的是中部地区；除社会发展和生态环境外，其他维度分指数最低的地区都是西部，社会发展维度分指数最低的是东北地区，生态环境分指数最低的是东部地区。2019年，各维度发展水平在四大地区间表现出一定的不平衡，其中，经济发展和社会发展两个维度的地区间不平衡最为严重，两个维度分指数在四大地区中的最大值与最小值之比分别为1.95和1.81，生活水平、生态环境和城乡融合维度地区间发展相对比较平衡，以上三个维度分指数最大值与最小值的比值分别为 1.26、1.31 和 1.25。这表明，促进全国农村均衡发展应重点在农民收入、农业现代化水平及教育、医疗、社会保障、社会治理等领域缩小西部和东北地区与东部地区的差距。

表3　四大地区农村发展指数及维度分指数与变化

地区	指数类别	2011年	2018年	2019年	2011—2018年年均变化	2018—2019年变化
东部	总指数	0.601	0.863	0.909	0.037	0.046
	经济发展	0.131	0.184	0.195	0.008	0.011
	社会发展	0.098	0.155	0.165	0.008	0.009
	生活水平	0.105	0.191	0.206	0.012	0.014
	生态环境	0.123	0.136	0.144	0.002	0.009
	城乡融合	0.145	0.197	0.200	0.007	0.003
中部	总指数	0.480	0.766	0.808	0.041	0.042
	经济发展	0.093	0.131	0.138	0.005	0.007
	社会发展	0.064	0.102	0.111	0.005	0.009
	生活水平	0.058	0.163	0.181	0.015	0.018
	生态环境	0.168	0.186	0.189	0.003	0.003
	城乡融合	0.097	0.184	0.189	0.012	0.005
西部	总指数	0.384	0.674	0.706	0.041	0.031
	经济发展	0.059	0.094	0.100	0.005	0.006
	社会发展	0.048	0.104	0.107	0.008	0.003
	生活水平	0.052	0.150	0.163	0.014	0.013
	生态环境	0.158	0.173	0.176	0.002	0.004
	城乡融合	0.067	0.154	0.160	0.013	0.005

续表

地区	指数类别	2011年	2018年	2019年	2011—2018年年均变化	2018—2019年变化
东北	总指数	0.482	0.694	0.734	0.030	0.041
	经济发展	0.060	0.099	0.107	0.006	0.008
	社会发展	0.052	0.077	0.091	0.004	0.014
	生活水平	0.067	0.155	0.168	0.013	0.013
	生态环境	0.167	0.186	0.188	0.003	0.002
	城乡融合	0.136	0.177	0.181	0.006	0.004

注：由于计算过程中采用四舍五入的方式，表中"2018—2019年变化"的数据与表中2019年数据与2018年数据直接相减得到的数据略有差异。

与2011—2018年四大地区总指数和不同维度分指数年均变化情况相比，2018—2019年各地区总指数增幅表现出不同的变化趋势，东部和东北地区有所上升，中部地区基本没有变化、西部地区增幅有所下降。分维度看，2018—2019年各地区经济发展维度分指数的增幅均略有提高，城乡融合维度分指数的增幅均有所下降，生活水平维度分指数的增幅基本没有变化；除西部地区有所下降外，其他地区社会发展维度分指数增幅均有所提高；东部地区生态环境维度分指数增幅有所上升，其他地区基本没有变化。

3. 四大地区农村发展主要源自生活水平的提升，生态环境和城乡融合的发展对中部和东北地区农村发展的贡献较低

从不同维度发展对总指数增长的贡献率的比较来看，2019年四大地区农村发展指数的增长主要来自生活水平维度的提升，在中部和西部地区生活水平维度对总指数增长的贡献最大，贡献率分别为42.53%和41.13%，其次是东北和东部地区，贡献率分别为32.02%和31.05%。2019年，经济发展维度在四个地区总指数增长的贡献差异不大，贡献率稳定在17%—24%。但是，生态环境和城乡融合维度对四大地区农村发展指数增长的贡献普遍较低，尤其是在中部和东北地区，以上两个维度的贡献率之和均在20%以下。同时，与其他地区相比，在东部地区五大维度对农村发展指数增长的贡献更加均衡。

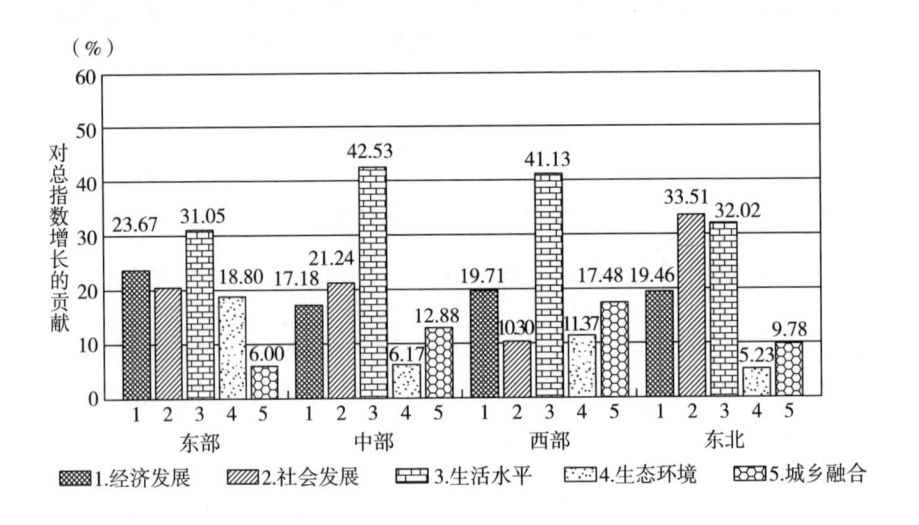

图3 2019年四大地区不同维度对总指数增长的贡献率

4. 四大地区维度间发展失衡状况继续改善，东北地区维度间发展失衡程度最高但改善最明显

在四大地区内部，不同维度的发展水平差异明显（见表3）。2019年，东部、中部、西部和东北地区五个维度分指数的最高值与最低值的比值分别为1.43、1.70、1.76和2.06，东部地区维度间的发展相对更加均衡，而其他三个地区尤其是东北地区维度间发展明显失衡。从与2018年的比较情况来看，四个地区维度分指数的最高值与最低值的比值均有所下降，东部、中部、西部和东北地区该比值分别下降了0.02、0.12、0.08和0.34，这表明四大地区维度间发展失衡状况均有不同程度的改善，其中东北地区维度间失衡状况改善程度最大。

（三）省级层面农村发展水平比较

1. 各地区农村发展水平普遍提高

分省份来看（见图4），与2018年相比，全国各地区[①]的农村发展指数普遍有所提高，上升幅度超过全国平均水平（0.036）的有20个。2019年农村发展指数最高的五个地区依次是上海（1.164）、浙江（1.094）、天津（0.969）、江苏（0.938）和北京（0.937），最低的五个地区依次是新疆（0.642）、甘肃（0.657）、宁夏（0.682）、云南（0.686）和青海（0.694）。从地域分布上看，农村发展指数最高的五个地区均在东部，最低的五个地区均在西部。从各地区农村发展指数的排序方面看，与2018年相比，2019年排名上升的有13个省份，不变的有10个，下降的有7个。

与2018年相比（见表4），2019年农村发展指数增幅最大的地区是陕西，上升了0.085，上海的农村发展指数增幅仅次于陕西，增长了0.074，其中对以上两个地区农村发展贡献最大的维度均为社会发展，贡献率分别达到39.4%和49.0%。

---

① 如无特殊说明，本报告省级层面的分析中，"各地区"均指"各省份"。

中国农村发展报告(2021)

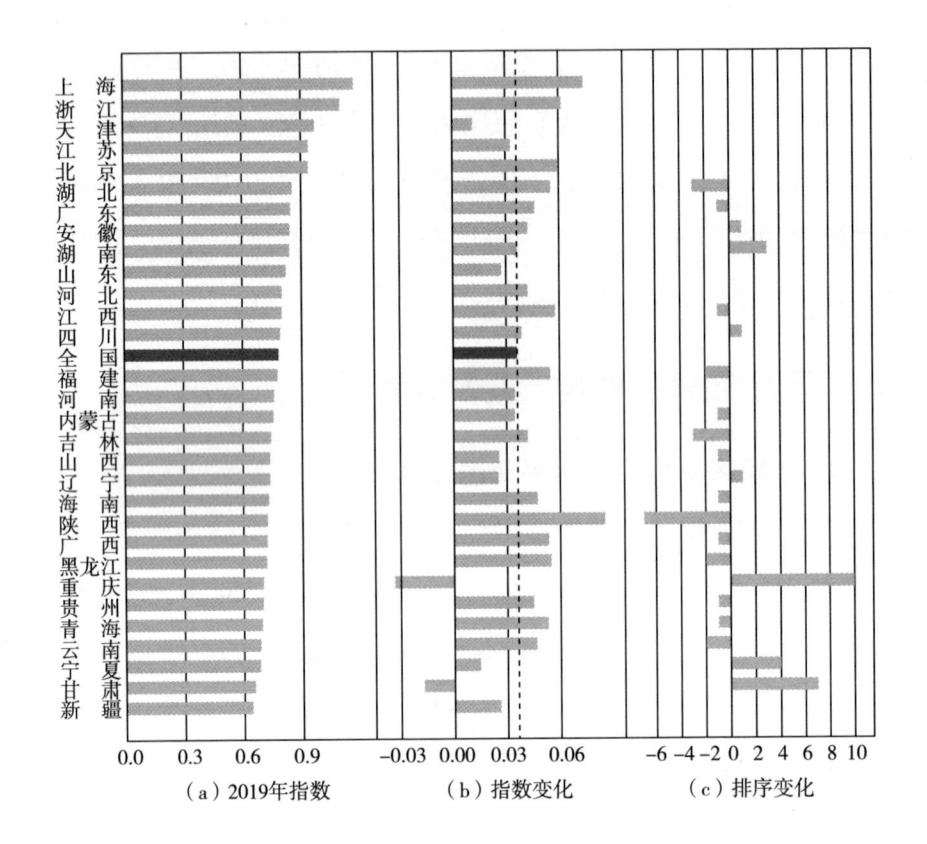

(a) 2019年指数　　(b) 指数变化　　(c) 排序变化

图 4　2019 年各省份农村发展指数及排序变化

注：(a) 图中地区是按 2019 年农村发展指数从大到小排序；(b) 图中竖向的虚线表示全国指数变化的平均水平；(c) 图中排序变化为负表示排名上升，即与 2018 年相比，2019 年的排名更靠前；排序变化为正表示排名下降，即与 2018 年相比，2019 年的排名更靠后。

表 4　2019 年各省份农村发展指数及分维度贡献率

地区	2019 年发展指数	2018—2019年变化	2019 年分维度贡献率（%）				
^	^	^	经济发展	社会发展	生活水平	生态环境	城乡融合
全国	0.786	0.036	22.8	19.7	40.7	3.5	13.3
陕西	0.725	0.085	7.2	39.4	13.6	34.0	5.7

续表

地区	2019年发展指数	2018—2019年变化	2019年分维度贡献率（%）				
			经济发展	社会发展	生活水平	生态环境	城乡融合
上海	1.164	0.074	15.7	49.0	27.6	-2.4	10.2
浙江	1.094	0.062	20.9	1.7	39.4	35.0	3.1
北京	0.937	0.059	21.4	20.5	13.5	42.4	2.1
江西	0.803	0.058	13.8	23.3	49.6	1.9	11.3
湖北	0.858	0.055	14.8	37.7	36.8	5.5	5.2
黑龙江	0.719	0.055	12.5	33.5	39.1	6.8	8.1
福建	0.780	0.055	16.6	19.4	30.4	29.8	3.7
广西	0.722	0.053	17.4	22.7	35.0	5.6	19.3
青海	0.694	0.053	17.8	48.3	18.9	5.9	9.1
海南	0.731	0.047	18.3	37.0	32.8	1.7	10.2
云南	0.686	0.046	13.8	35.4	19.3	4.8	26.6
广东	0.848	0.046	26.7	17.8	34.9	24.1	-3.5
贵州	0.700	0.045	14.6	26.8	39.0	1.3	18.3
安徽	0.845	0.042	17.3	13.4	47.2	3.4	18.7
河北	0.804	0.042	29.8	9.8	27.8	20.6	12.0
吉林	0.745	0.042	19.8	46.4	24.5	3.4	6.0
四川	0.794	0.039	18.0	19.6	49.5	1.7	11.2
湖南	0.843	0.036	19.9	27.7	39.3	7.5	5.5
河南	0.761	0.035	23.8	-18.7	51.2	19.5	24.3
内蒙古	0.758	0.035	23.3	30.0	27.0	4.7	15.0
江苏	0.938	0.033	31.5	28.8	31.2	4.0	4.5
山东	0.825	0.027	31.8	2.9	41.6	0.7	23.1
新疆	0.642	0.026	-9.0	15.7	52.8	5.9	34.6
山西	0.739	0.026	16.9	38.6	24.2	2.1	18.1
辽宁	0.739	0.025	34.0	12.1	29.2	4.9	19.7
宁夏	0.682	0.015	35.0	38.6	64.4	-41.7	3.8

续表

地区	2019年发展指数	2018—2019年变化	2019年分维度贡献率（%）				
			经济发展	社会发展	生活水平	生态环境	城乡融合
天津	0.969	0.011	81.4	-58.8	66.1	23.2	-12.0
甘肃	0.657	-0.017	-28.9	213.2	-71.9	-18.4	6.1
重庆	0.701	-0.033	-23.0	164.9	-35.0	-1.2	-5.6

注：表中地区按2018—2019年农村发展指数变化从大到小排序。

2. 农村发展水平的地区间差距没有明显缩小

在省级层面，2019年农村发展指数最高的五个省（市）的总指数大幅高于其他地区，并且相互之间差距也较大，其他省份的农村发展总指数非常接近（见图4）。2019年，农村发展水平最高的五个地区农村发展指数的平均值为1.021，农村发展水平最低的五个地区农村发展指数的平均值为0.672，两者之比为1.518，该比值与2018年相比略有下降，降低了0.006；全国所有地区农村发展指数的变异系数为0.151，与2018年持平。从2011—2019年的变化情况看，农村发展水平最高和最低的五个地区农村发展指数平均值之比和农村发展指数的变异系数均呈持续下降的趋势，表明近年来中国地区间农村发展水平差距呈缩小趋势（见图5）。

3. 社会发展维度的地区间差距最大且有扩大趋势

在不同维度的地区差异方面（见图6），2019年社会发展维度的地区差距最大，维度分指数的变异系数达到0.441，其次是经济发展维度（0.352）、生态环境维度（0.220）和生活水平维度（0.152），城乡融合维度的地区差距最小，维度分指数的变异

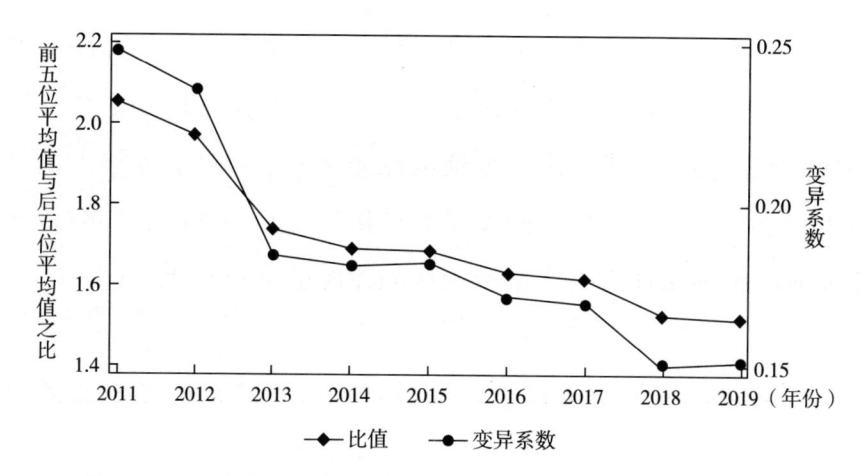

图5 2011—2019年最高五位与最低五位指数平均值比值及变异系数

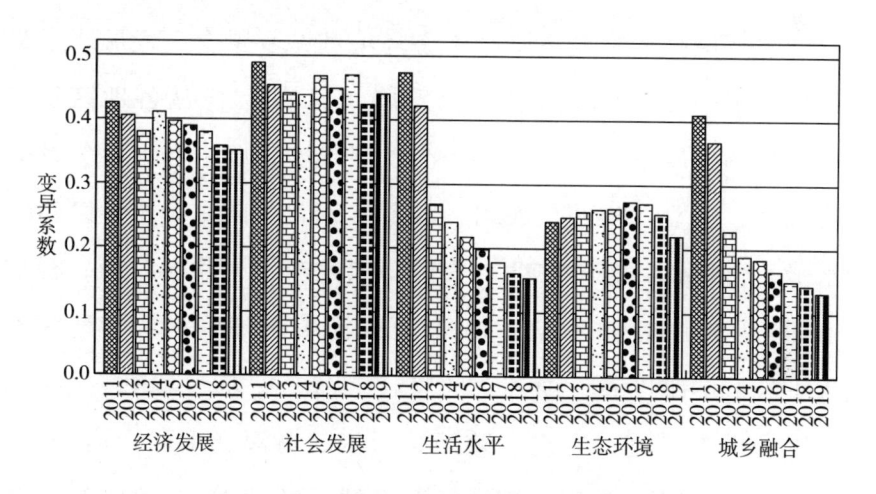

图6 2011—2019年分维度地区差距及变化

系数为0.132。与2018年相比，除社会发展维度，其他维度分指数的变异系数均有所下降，社会发展维度分指数的变异系数有所提高。从2011—2019年的变化情况来看，生活水平和城乡融合维度分指数的变异系数下降明显，其他维度变化不大且经济发展和社会发展维度分指数的变异系数一直处于高位。综合来看，2011—2019年中国农村发展水平地区间差异缩小的主要贡献来自生活消费水平、生活设施条件、城乡融合发展等方面差距的缩小，进一步缩小地区间农村发展水平差距、促进地区间的均衡发展和全面富裕，应重点缩小各地区在经济发展和社会发展方面的差距，这与上文四大地区间差异的分析结论是一致的。同时，还要采取措施预防社会发展维度地区间差距的继续扩大。

4. 维度间发展普遍趋于均衡且均衡程度最高的地区主要分布在东部和中部

从各地区不同维度分指数的比较情况来看，2019年，各地区发展水平最高的维度集中在生态环境和城乡融合，发展水平最低的维度集中在经济发展和社会发展（见表5）。从各地区发展水平最高的维度来看，浙江为经济发展维度，北京和上海为社会发展维度，宁夏、陕西、四川、江苏、湖北、广东6个地区为生活水平，吉林、新疆、江西、安徽、黑龙江、天津、海南、福建8个地区为城乡融合，其他13个地区为生态环境。从各地区发展水平最低的维度看，浙江、北京、上海、广东、海南、福建6个地区为生态环境，宁夏、陕西、云南、青海、山西、内蒙古、甘肃、吉林、新疆9个地区为经济发展，其他15个地区为社会发展。

从各地区五个维度分指数的最高值与最低值的比值来看，维度间发展水平均衡程度最高的地区主要分布在东部和中部地区，均衡程度较低的地区分布比较分散（见图7）。2019年，五个维度发展水平均衡程度最高的为广东，维度分指数的最高值与最低值的比值为1.35，其次是江西（1.37）、天津（1.39）、浙江（1.47）和湖南（1.48）。与2018年相比，2019年大多数地区五

表 5　2019年发展水平最高与最低维度的地区构成

		发展水平最高的维度				
		经济发展	社会发展	生活水平	生态环境	城乡融合
发展水平最低的维度	经济发展			宁夏 陕西	云南 青海 山西 内蒙古 甘肃	吉林 新疆
	社会发展			四川 江苏 湖北	河北 辽宁 河南 广西 重庆 贵州 湖南 山东	江西 安徽 黑龙江 天津
	生态环境	浙江	北京 上海	广东		海南 福建

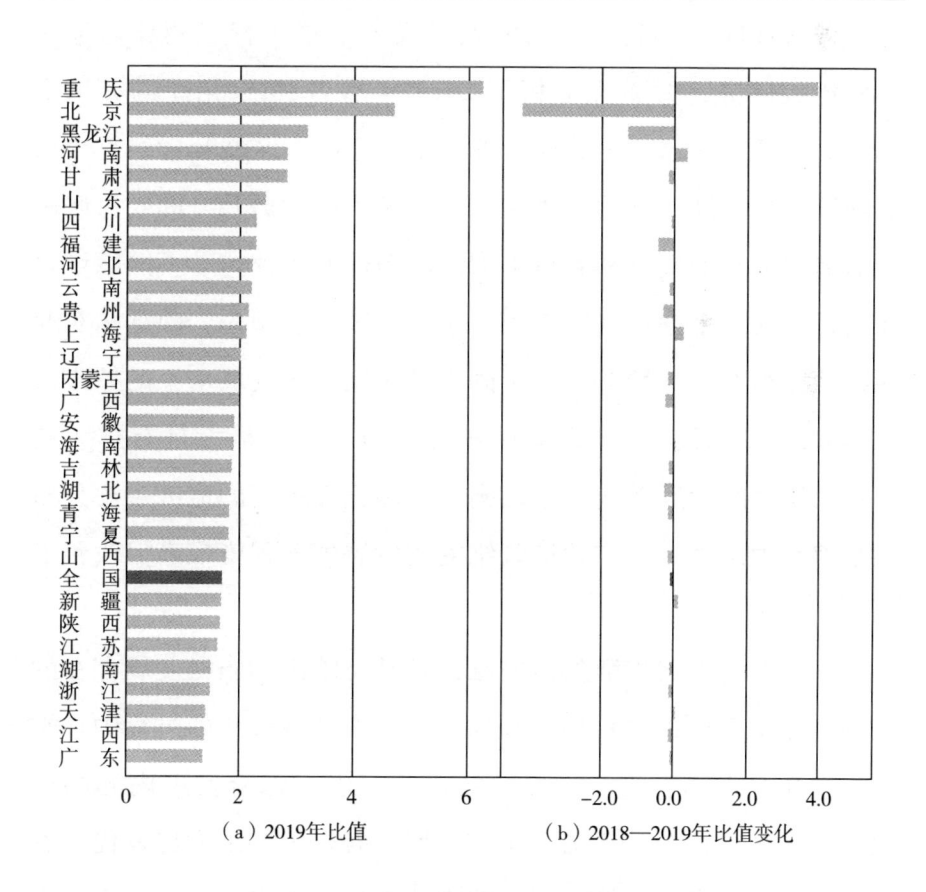

图 7　2019年不同维度均衡发展状况的地区差异及变化

(a) 2019年比值

(b) 2018—2019年比值变化

个维度的发展更加均衡，22个地区五个维度分指数的最高值与最低值的比值出现下降，降幅较大的地区主要是北京、黑龙江、福建。

四 总结与思考

基于中国农村发展指数，本报告对2011—2019年全国、区域（四大地区）和省级层面的农村发展水平进行了测算与地区间的比较研究，并重点分析了2019年与2018年相比的突出变化。测评结果显示：①农村发展水平在全国、区域和省级三个层面继续稳步提高，其主要贡献来自生活水平的提升，即农村居民生活消费水平的提升和农村生活设施条件的改善；②不同区域之间农村发展水平存在一定差距，东部地区明显领先，西部与东北地区的差距有扩大趋势；③不同省份之间农村发展水平的差距没有明显改善，社会发展维度在各省份间的差距最大且有扩大趋势；④维度间发展普遍趋于均衡，均衡程度最高的地区主要分布在东部和中部地区，东北地区维度间发展失衡程度最高但改善最明显。

基于农村发展指数的研究结论及其反映出的农村发展存在的问题，在全面推进乡村振兴和加快农业农村现代化的过程中，需要注意几个方面：第一，要继续深化对农村综合发展内涵的认识，从经济、社会、生活、生态、城乡融合等多维度出发促进农村各领域全面发展。第二，按照农业农村优先发展要求，积极推动形成新型工农城乡关系，促进各地区城乡要素流动和资源统筹，全面激活主体、要素和市场，全力激发乡村振兴的内生活力，增强农村内生动力和发展能力。第三，继续改善农村发展水平在维度间和地区间的不均衡状况，重点应在文教卫、社会保障、乡村治理等领域缩小西部和东北地区与东部地区的差距。第四，脱贫攻坚取得胜利后，"三农"工作的重心实现历史性转移，应充分关注中国进入新发展阶段、农村人口老龄化等趋势性变化特征，更好地推动发展目标的转向、战略任务和投入重点的转移以及工作体系、政策体系的转型和完善。

参考文献

1. 刘长全、韩磊：《中国农村发展指数测评——中国农村发展进程及地区比较》，载魏后凯等主编《中国农村发展报告（2016）——聚焦农村全面建成小康社会》，中国社会科学出版社2016年版。

2. 樊纲、王小鲁：《中国各地区市场化相对进城报告》，《经济研究》2003年第3期。

3. 韩磊、刘长全：《2018年中国农村发展指数测评——中国农村发展进程及地区比较》，载魏后凯等主编《中国农村发展报告（2018）——新时代乡村全面振兴之路》，中国社会科学出版社2018年版。

4. 韩磊等：《中国农村发展指数测评（2020）——中国农村发展进程及地区比较》，载魏后凯等主编《中国农村发展报告（2020）——聚焦"十四五"时期中国的农村发展》，中国社会科学出版社2020年版。

发达国家农业农村现代化的经验与借鉴

胡冰川[*]

摘　要： 在农业农村现代化的发展进程中，不仅存在共性因素，同时也会呈现出一致性特征。梳理发达国家农业农村现代化的过程，特别是对照20世纪60年代以来的发达国家的农业农村发展，能够观察到农业生产方式、农产品供应、农业技术进步以及农村居住形态都发生了很大变化。通过对照发达国家的经验，不难发现既有的城乡融合发展仍然是基于传统二元视角的人为建构，而未来现代化的路径更倾向于一元化的内生演进。显然，生活在"农村"的未必是"农民"。我国正处于向高收入国家的过渡阶段，通过汲取发达国家农业农村现代化的发展经验，总结有关农业专业化、城乡融合发展、农业支持保护等方面的启示，探索适合中国发展的内生演进路径尤为重要。

关键词： 农业农村现代化　劳动生产率　城乡融合　粮食安全

---

[*] 胡冰川，管理学博士，中国社会科学院农村发展研究所研究员，研究方向为农产品贸易与政策。

Experience and Reference of Agricultural and Rural Modernization in Developed Countries

Hu Bingchuan

Abstract: In the development process of agricultural and rural modernization, there are not only common factors, but also the characteristics of consistency. By combing the process of agricultural and rural modernization in developed countries, especially by comparing the agricultural and rural development in developed countries since the 1960s, we can observe that great changes have taken place in agricultural production mode, agricultural product supply, agricultural technology progress and rural living pattern. By comparing the experience of developed countries, it is not difficult to find that the existing urban – rural integration development is still based on the artificial construction of traditional dual perspective, while the path of modernization in the future is more inclined to the unified endogenous evolution. Obviously, people living in the "countryside" are not necessarily "farmers". China is in a stage of transition to a high – income country. It is particularly important to explore an endogenous evolution path suitable for China's development by drawing on the development experience of agricultural and rural modernization in developed countries and summarizing the enlightenment on agricultural specialization, urban-rural integration development and agricultural support and protection.

Key Words：Agricultural and Rural Modernization；Labor Productivity；Urban-rural Integration；Food Security

一 农业农村现代化的基本含义

（一）农业农村的功能分化

工业化以来，发达国家农业农村的功能不断分化，最为典型的表现是生产和生活的在空间上分离。工业化以前的农耕文明时期，无论是城市、还是农村，其生产生活的空间形态是高度统一的。农村最主要的经济活动是农业生产，而生活在农村区域的都是农业生产者。尽管在农村的居住形态更多地表现为聚居，其中少部分聚居形态在历史上演化为城镇，但是绝大多数仍然是农村形态，居民的收入来源仍然是农业生产，而非其他形态。这一情况随着工业化进程发生较大变化，尤其是现代生产力要素的引入，使城市与乡村的生产生活形态都发生了很大变化。

在现代城市中，工作通勤时间不断延长似乎是"现代化"的特征，同样对于农业生产而言，当集约化水平的提高，"房前屋后"的就近劳作模式日益被摒弃之时，农业农村的空间可分性便快速显现出来：居住在农村未必从事农业生产，从事农业生产未必居住在农村。在美国历史上先后发生了两次工业革命，第二次工业革命是南北战争到1910年，其典型特征是劳动力不再无限增长，工资率随生产效率开始提高，这与当前中国工业化进程的阶段大体相似。在这一过程中，能够明显地看到农业与农村在空间上的分化。

表1　　　　　　美国农业就业与农村人口关系变化

年份	美国总人口（百万人）	城市化率（%）	农村人口（百万人）	农业就业（百万人）	农业就业占农村人口比（%）
1870	38.6	25.7	28.7	6.8	23.7
1930	123.1	56.1	54.0	10.6	19.5
1960	180.7	70.0	54.2	5.8	10.7
2019	328.2	82.5	57.4	2.6	4.5

资料来源：美国人口数、城市化率数据来自美国劳动统计，https://www.bls.gov/，1960年以前农业就业数据来自"Labor Force and Employment"，1800–1960，http://www.nber.org/books/brad66-1；2019年农业就业数据来自美国农业部经济研究局，https://www.ers.usda.gov/data-products/chart-gallery/gallery/chart-detail/?chartId=58282。

1870年南北战争结束之后，美国城市化率为25.7%，农业就业人口数为679万人，占农村人口比例为23.7%，如果按照一个农业就业负担4口之家，此时农业生产和农村居住在空间上是高度重合的；到1930年，美国城市化率为56.1%，当年农业劳动数量大致为1060万人，农业就业占农村人口的19.5%，此时农业生产和生活空间开始走向分离；1960年美国农村就业占农村人口比例下降到10.7%，农业生产和生活空间呈现大幅分离的形态；2019年美国城市化率为82.5%，农村人口占比为

17.5%，其中农业就业人口农村人口比例为4.5%，由此可见，当前美国农村人口当中，大多数并不从事农业生产。

通过美国工业化以后越过刘易斯转折点以来的农业农村发展来看，随着现代生产要素和生产方式的引入，劳动生产率大幅提高，空间已然不构成生产生活的必然界限，不仅如此，农村社会的政治空间和经济空间也在日益分离（陈明，2021）。所以，从农业农村现代化的特征来看，空间功能上的分离是重要特征。当我们无法获得对"现代性"的一致描绘时，不妨反向思考：如果一个社会，仍然需要沿河居住以便就近取水，仍然需要房前屋后进行劳作，那么显然缺乏灵便的载具，显然对自然的利用和改造能力极端低下，因此也谈不上现代性。因此，空间的可分性构筑了农业农村现代性的重要特征。

（二）要素专用性的不断提升

不仅是农业农村现代化，实际上，贯穿整个现代化的另一个特征是要素专用性不断提升。从表现来看，一是既定要素的可替代性，二是不同要素组合的特定性。从通识来看，在农耕时期属于"少了谁地球都一样转"，但是工业革命以后"少一个螺丝钉都不行"，主要反映的是要素专用性的差异。农耕时期，最主要的生产要素是人、畜力、土地、气候，这些要素在发挥生产力作用时，往往表现为通用性，即可替代性。不仅是农民个体之间的可替代，换一块土地，仍然可以继续农业生产，产出也不会发生太大变化，例如风磨坊、水磨坊、畜力或人力驱动的磨坊，近乎完全可替代；同时，要素组合相对较为松散，烧畲开荒、奴役劳动、土地租佃……都可以成为特定环境下生产要素组合，这些差异性组合并未对产出有实质性影响。

英国工业革命始于纺织行业的工业化。传统意义上，纺织行业是依附于农业生产的手工业，但是随着纺织机械的发明与改良，纺织行业生产效率发生了革命性变化。这种生产效率的提高作为要素的专用性提高的结果，在形式上不仅是其他要素难以替代纺织机械的工作，同时也使得纺织机械不能生产其他产品；除此之外，纺织行业的效率提升也使得要素组合更为特定，资本雇佣劳动快速取代其他要素组合。最为典型的是美国，当美国农业仍然身处奴隶制时期，美国纺织工厂则采取有偿劳动方式迅速推动了美国第一次工业革命。

工业革命之后，并没有因为现代化程度提高而削弱要素专用性，反倒是进一步推动了要素专用性的提升。简言之，农业机械数量并没有因为农业机械对劳动的替代增加而减少，反倒是随着农业机械使用的增加而增加了。美国农业机械发展具有典型性，从1868年第一次尝试使用蒸汽拖拉机，到20世纪20年代拖拉机的广泛使用，再到50年代的联合收割机，时至今日已经形成了从耕种收到智能农业装备的复杂形态。最近几年以来，新疆采棉机的大规模应用正是现代农业要素专用性的体现，也是农业现代化的重要表现。

（三）劳动的相对地位不断提高

从人类适应自然、改造自然的长时段来看，劳动相对其他要素的地位始终在不断提高，这种相对地位的提高可以认为是人的现代化的基础。在封建时代，王权更迭和宗教发展始终伴随疆域变动，人类劳动相对于土地和自然资源的价值很低。对此，只不过在生产力条件相对低下的历史阶段,劳动生产率的提高不足以越过人类生存门槛,人口数量变化更多地依赖自然条件,此时劳动的相对地位无法显现。随着新大陆发现、英国工业革命的完成,人口增长对自然资源的依赖逐步下降,资本的相对地位快速上升,这源于资本的效率要高于其他要素。尽管人口数量较历史时期出现大量增长,但是进入工业化和城镇化快速发展阶段以后,重要的特征性事实是劳动"无限"供给的时代终结,劳动回报随着劳动生产率提高接近同步增长,劳动的相对地位不断提高。

在此,对劳动"无限"供给的理解,其中也包括强迫劳动,其本质在于劳动生产率在边际上几乎"零增长",并非因为劳动市场的供需失衡。从这个意义上来讲,现代化的经济本质在于边际劳动生产率的持续增长,即足以推动经济社会形态变化的进步力量,而单纯的要素数量增长更多地表现为发展力量。至于在工业化、城镇化初期,同步出现劳动生产率提高和劳动数量"无限"增长,使劳动回报并没有与劳动生产率提高相同步,这只是历史发展的阶段性现象,实际上是劳动要素优化配置的时间滞后性,例如劳动者素质提高、法律规制完善等。如果从长时段来看,这种阶段性是可以忽略的。

人类劳动生产率提高的实现形式是智慧劳动对一般体力劳动的更新,高级智慧劳动对低级智慧劳动的更新。工业革命以来,机械化实现了对人类体能的极大扩展,农耕文明时期,人类能够获取的最大的动力莫过于风力、水力、畜力,而蒸汽机的发明和改进使人类的动力来源得以极大的扩展,此后电力的出现和广泛应用又更进一步,这些都可以归为人类智慧对体力的更新。随着计算机发明，相当一部分人类低级智慧劳动被算力替代，高级智慧劳动对低级智慧劳动的替代正在推动劳动生产率的增长。

在工业革命之前，英国已经实现了一轮农业革命，其代表事件是农具改良、轮作制度改进和选择性育种，结果是带来了生产效率的大幅度提高，农业产出获得了前所未有的增长。在1770年前的一个世纪中，英国农业产量的增速超过了人口增速[1]，为工业革命提供了物质基础。随着工业革命的推进带来的财富效应，1801—1900年，英国的人口年均增速为1.2%，超过农业产出增速的两倍。与此同时，新大陆和殖民地通过贸易输入弥补了农业产出的不足，使工业革命带来的劳动生产率提高可以继续。

实际上，工业革命带来的劳动生产率提高通过工资率的上涨吸引了农业劳动向工业的转移，间接地又促进了农业劳动效率的提高。至于市场供需平衡与劳动生产率提高，属于两个范畴。在讨论农业农村现代化的时候，对于农业产出的数量平衡与生产效率的质量提高需要辩证看待。

二 农业农村现代化的具体表现：特征性事实

（一）乡村凋敝：农业农村现代化的异步性

农业现代化和农村现代化分别从属于两个体系，农业现代化更偏向于经济领域的现代化，主要衡量标准是劳动生产率；而农

---

[1] https://courses.lumenlearning.com/boundless-worldhistory/chapter/the-agricultural-revolution/。

村现代化更偏向于社会领域的现代化,其衡量标准应该是多元的。从直觉来看,现代化应该是同步发展的:既不可能在一个落后的农耕条件下存在一个高度复杂的城市形态,也不可能在一个先进的工业社会存在传统村落。从实践发展来看,前一种情形确实不存在,但是后一种形态则是现实存在的,尤其是工业化初期,出现大量的先进工业与传统村落并存的历史现象。这种现象的原因在于农业现代化与农村现代化的异步性,即经济增长与社会发展的异步性,本质在于生产力与生产关系之间的异步性。具体来看,先进生产要素和劳动生产率提升速度更快,而人类生活习惯、文化、宗教等社会变化显然慢于生产变化,从而使农业农村现代化呈现发展的异步性。同样地,如果将这种现代化的异步性置于更长的历史时段,那么便可以忽略不计了,意即现代化发展整体是同步的,但是在特定阶段存在一定的异步性。

这种现代化的异步性并不仅存于农业农村发展当中,当然也表现为城市与乡村在现代化发展当中的异步性。在现代化发展的实践中,异步性都是特定阶段的产物。正是发展异步性的差别,导致了在特定历史阶段,农业和农业,城市与乡村之间在形态上存在较大差别,这种差别就形成了社会意识层面的"乡村凋敝"。必须明确的是,"乡村凋敝"的现象是对比反差的结果,并非乡村自身问题,作为工业化的副产品,无论是欧洲的英、法、德,还是美国、日本一直都无法回避"乡村凋敝"的现实认知。如果这种社会意识和主流价值观产生了矛盾。或者说,人们认为"乡村凋敝"是不可容忍的,那么就会实施人为的干预。例如,1932年英国出台了《城乡规划法》,"二战"以后法国先后颁布了《莫奈计划》和《第二个现代化和机械化计划》,英国颁布了《农业法》都是针对"乡村凋敝"的历史情形，这也间接说明了农业农村现代化过程中的异步性。

当然，如果将"乡村凋敝"当作一个必然现象，那么社会意识将会增加包容性，而这种包容性本身也是一种现代性。

（二）农业劳动生产率的同步提升

通过英国工业革命的经验进行梳理，不难发现：英国农业生产效率提高增加了农业产出，减少了农业劳动力，从而为工业革命提供了物质基础；随着工业革命大幅提高劳动生产率，并带来了财富效应，使人口快速增长，国内食物供应出现短缺，海外农产品的大量进口继续支撑了工业革命的推进；之后，工业革命的成果，例如农业机械和农用化学品的普及，又大幅度提升了农业劳动生产率，并最终使农业产出增长与人口增长相平衡。

反观美国工业革命的发展，与英国所不同在于，一是美国没有经历过初始农业积累自发演化形成工业化的阶段，二是美国农业生产禀赋更优越，因此并没有经历主食进口弥补资源不足的情况。两国相同之处在于，随着工业化发展，农业劳动生产率接近同步提升，即农业现代化与工业化、城镇化发展大体一致。

对照英美两国的历史经验，工业革命对农业发展尽管存在领先，从劳动生产率变化角度来看，两者之间差异并不大，如果存在长时间的劳动生产率差距，那么会通过就业变化得以纠正。这种行业差距与农业农村现代化的异步性不能等同。总体来看，就经济发展而言，农业现代化与工业革命，或者说全社会劳动生产率提高是同步的。这就意味着，在工业化快速推高劳动生产率的背景下，农业现代化势必将会出现同步提高。

从表现形式来看，不同于工业化带来的劳动生产率提升表现为产出增长，由于农产品总需求的特定性，大部分地区的农业劳动生产率的提升则是以要素投入下降为标志的。从投入产出角度来看，单位产出增长和单位投入下降都是劳动生产率提升的表现。当然也存在反例，农业劳动生产率提升表现为产出增长，荷兰就是典型。20世纪五六十年代，农业全要素增长率为年均2.16%，六七十年代为3.7%，七八十年代为3.3%（Rutten，1992）；同比，五六十年代，荷兰全要素生产率年均增长为1.1%，六七十年代为1.5%，七八十年代为1.2%（Ark and Jong，1996），出现了农业全要素生产率高于全社会全要素生产率增长的情况。更为直观的，如果以人均附加值来衡量的话，1929年以来，荷兰农业人均附加值一直超过制造业。

之所以农业劳动生产率提升更多时候表现为投入下降，主要源自人口与食物之间的关系，特别是生物能源发展之前，发达国家往往已经实现人口总量稳定，从而导致了食物消费的饱和，在技术条件不变条件下农业生产的效率提升往往表现为投入下降，最典型的就是农业劳动人口数量下降。

（三）食品保障与农业农村现代化

对中国而言，更偏向关注食物短缺与农业农村现代化之间的关系。实际上，按照当前中国劳动生产率衡量，已经越过了粮食安全的早期阶段，在可见的未来，中国食物消费将会迅速趋于饱和。但是，从记忆和文化来看，中国仍然有相当数量的人经历过饥荒，留有深刻的饥荒记忆；加之东方文化中"居安思危"的成分，使粮食安全成为社会意识的主流形态。通过英国工业革命的发展，从必要性来看，食物供应的确是工业化初期重要的物质积累，如果没有足够的食物就会陷入马尔萨斯的人口危机。

在现代化的概念中，除了工业化、城镇化等概念之外，全球化也是其中一个部分，无论现代化的表现形式如何，开放市场始终是现代化的应有之义。需要看到，工业革命之后的地区性与全球性的饥荒仍然存在，但是这些饥荒与工业化、城市化的关系不大。从工业化历史的概率来看，工业化之后全球饥荒的发生率和人口比例大幅度下降了，单纯从工业化程度和饥荒发生率的两组数值来看，两者之间存在明显的反向关系。1960—2018年，全球营养不良人口从13.3%下降到8.9%，而工业化国家在更早时期就消灭了饥饿。

如果说农业革命或农业产出增长为工业革命提供了物质基础的话，那么随着工业革命带来劳动生产率提高，不仅间接提高了本地农业生产效率，同时也提高了贸易效率，从而在开放条件下获得更稳定的食物保障。对于食物与农业农村现代化的关系，显然两者早期的关系较为紧密，但是随着现代化的发展，食物供应的重要性是不断下降并最终从现代化的体系中脱离出来，不可能在一个存在粮食安全风险的社会构建"高水平"的现代化，也不可能在一个"高水平"的现代社会出现粮食危机。

其原因在于，人类食物摄取从最低水平到最高水平之间存在较大的空间，如果说尚未达到食物消费的最低水平，此时的工业化往往没有实际意义，在一个人类生存都面临挑战的社会，不可能具备劳动生产率提升的人力资本条件。相对而言，如果用恩格尔系数作为指标的话，那么30%的恩格尔系数可以作为现代化的门槛，目前已经完成工业化的国家，其食物供应基本上都实现了最高水平，2019年美国恩格尔系数为9.5%，2020年中国为30.2%。当食物消费占比越低时，食物消费总量越大，需求的饱和程度越高。对于现代化的过程来说，其中的一个标志是食物从短缺走向过剩。

概括来说，食物与农业农村现代化之间，在过程当中，食物供应增长和保障水平提高是必然的，就结果而言，现代化的一个结果就是远离食物供应不足。

三 农业农村现代化的历史方位及未来趋势

2020年，我国人均国内生产总值超过1万美元，正处于中等收入国家向高收入国家的过渡阶段。从参照系的选择来看，不少观点认为应当选择主要发达国家在人均1万美元阶段的时期，即20世纪80年代。实际上，当前的高收入国家整体在80年代进入人均1万美元时代。但是从参照系选择来看，使用绝对指标存在一定的偏差。一是人均产值包含很强的价格因素，今天的物价水平与历史时期不具有可比性；二是人均产出的绝对值与经济社会发展阶段存在历史错位。以美国为例，20世纪80年代，尽管此时美国经济增速仍然维持在7%的中高速增长阶段，但是此时美国城镇化率达到70%—80%阶段，已经处于城镇化的成熟期，农业产出已经下降到总产出的2%，经合组织国家在80年代的发展状况大致类似。如果用80年代作为参照系的话，与当前中国经济发展阶段是存在错位的。

当农业农村现代化的发展阶段并不是直接对照发达国家在人

均收入1万美元的发展阶段,那么从合理的参照系选择来看,采用相对指标,例如城镇化率、经济增长率、农业产出占比等将会更为贴近。按照相对指标构建的参照系来看,现阶段的中国更像是"二战"以后的工业化国家。以美国为例,1945—1960年,城镇化从60%增长到70%,这一阶段GDP平均增速约为6%,农业产出占GDP比重降到7%以下;日本80年代,城镇化从60%增长到70%,GDP平均增速为14.5%,农业产出占GDP比重从12.8%下降至5.9%;其他发达国家的状况大致位于美国、日本之间。整体来看,尽管当前中国人均GDP为1万美元,但是从农业农村现代化的阶段性来看,更接近当前发达国家在1945—1970年的情形。其实,很难直接获得精确的时间范围,但是通过相似性的经验借鉴来看,当前中国发展阶段更接近主要发达国家1960—1970年。对照这一时期的发达国家农业农村发展情况,存在明显的共性特征,可以概括如下:

1. 农业产出占比下降,食物消费趋于饱和,农业政策由产出导向转向收入导向

对此,不妨选取日本作为典型加以说明,日本在发达国家当中,工业化和城镇化水平相对较为落后。1960—1970年,日本国内食物供给总量迅速增长(Yoshiike et al., 1996),根据日本营养调查数据[①],1970年日本人均每天摄取的热量、蛋白质、脂肪三大营养指标分别为2210千卡、77.6克、46.5克,1960年的相应指标分别为2096千卡、69.7克、24.7克,即便是对照后

---

① https://pubmed.ncbi.nlm.nih.gov/8800293/.

期的相关数据,也不难发现这一时期日本的食物营养状况已经处于较好状态。

对日本而言,产生的另外结果就是食物自给率快速下降(见表2),这一点是日本所特有的现象,作为农业资源存在硬约束的国家,为了确保食物供应不得不增加海外进口,只不过在工业化、城镇化的背景下具备了配置海外农业资源的条件。

表2　　日本食物营养及食物自给率变化

年份	热量（千卡）	蛋白质（克）	动物蛋白（克）	脂肪（克）	钙（毫克）	自给率（%）
1950	2098	68.0	17.0	18.0	270	
1960	2096	69.7	24.7	24.7	389	75
1970	2210	77.6	34.2	46.5	536	46
1980	2119	78.7	39.2	55.6	539	33
1990	2026	78.7	41.4	56.9	531	30

资料来源：热量、蛋白质、动物蛋白、脂肪、钙指标来自日本营养统计（NNS）；自给率来自日本总务省统计局。

可以认为,在食物供给方面,日本在发达国家当中是相对落后的,尽管类似国家还有英国、荷兰、瑞士。除此之外,其他发达国家在20世纪60年代不仅解决了食物的稳定供应,甚至还出现了农业产出的相对过剩,由此农业政策从传统的产出激励转向收入支持。其中最为典型的是欧洲共同农业政策,在70年代以后开始出现明显转型,如果说50年代欧洲刚刚结束"二战"仍然存在食物短缺的话,60年代开始的共同农业政策在初期仍然有产出激励和贸易保护的话,那么到70年代就转向农民收入和农村发展目标,包括采取产出配额、估计生产多元化和农产品品质提升、支持农民收入、促进环境景观等。以法国为例，60年代法国农产品贸易仍然处于逆差状态，农产品出口只有进口的60%，但是到了70年代初就出现了少量盈余，此后则成为常态。①

2. 在工业化的拉动作用下，农村人口快速向城市转移，农业劳动生产率提高，农业生产者收入快速提高

整体来看，目前的发达国家基本都在20世纪70年代完成了工业化②，在工业化过程中，最主要的特征是传统生产部门——农业——向工业制造业转移劳动力，其内生机制也是明显的：工业部门具有更高的劳动生产率，劳动报酬要明显高于农业。1960年法国农场数量为213万个，到1970年减少到159万个，1990年减少到94万个，至今这一数量仍然在减少；同样地，所有发达国家都是这样的趋势。如果说当前的农场数量减少是因为受到全球农业竞争力的被动影响（胡冰川，2020），那么20世纪60年代的农场数量下降则是受到工业部门的劳动生产率领先的影响。能够看到，60年代以后，整个发达国家农业就业人口大约下降了2/3以上，堪称历史以来农业就业下降速度最快的时期。

表3　　　　　　　发达国家人口与农业就业变化

国家	总人口（千人）		农业就业（千人）		年均变化率（%）
	1961年	1985年	1961年	1985年	
澳大利亚	10584	15710	466	325	-1.5
加拿大	18269	25390	861	428	-3.0

---

① 资料来源：https：//books.openedition.org/editionsmsh/7544?lang=en。
② 资料来源：https：//www.britannica.com/place/France/Resources-and-power。

续表

国家	总人口（千人） 1961年	总人口（千人） 1985年	农业就业（千人） 1961年	农业就业（千人） 1985年	年均变化率（%）
法国	46163	55160	4219	1645	-4.0
德国	56175	60930	3583	871	-5.7
日本	94944	120800	14405	5064	-4.3
荷兰	11637	14480	443	247	-2.4
新西兰	2427	3260	131	108	-0.8
英国	53144	56510	967	450	-3.1
美国	183691	238840	4680	1886	-3.7
中国	668173	1044025	238322	269399	0.5

资料来源：Searching for Common Ground，"European Union Enlargement and Agricultural Policy"（FAO Agricultural Policy and Economic Development Series – 1），http：//www.fao.org/3/w7440e/w7440e00.htm#Contents。

随着农业就业人数的下降，传统意义上的"人地矛盾"趋于缓和，农民收入快速上涨，可以想象，如果农业与其他部门工资率不能同步的话，那么劳动力和人口转移将会一直持续。尽管当前发达国家农业人口仍在向城市转移，但是原因却呈现较大的差异。从客观上来看，20世纪60年代以后，正是得益于劳动力和人口转移，发达国家农业生产者收入有了大幅度提高。从发展趋势来看，以美国为例，20世纪60年代农场的平均收入为3228美元，同期城市居民的收入为5940美元，经过30年发展，到1990年美国农场收入大致与城市收入持平。日本1960年农户家庭年均收入为44.3万日元，同期非农家庭收入为49.1万日元；1970年农户家庭年均收入达到159.2万日元，超过非农家庭的135.5万日元（OECD，2009）。

需要指出的是，20世纪60年代以后，农业生产效率的提高缩小了农业与非农部门的工资差异只是一方面，另一方面是发达国家对农户的收入补贴。从现实来看，至今，发达国家的城镇化普遍超过80%，即便如此，农场数量仍在减少，规模仍在扩大，农业人口仍然在向城市转移。显然，农业与非农部门之间的效率差距在多数国家并没有弥合，同时在农业竞争全球化的背景下，农业生产效率的变化不仅存在于本国的部门之间，同时也存在于区域间的比较。无论如何，最终的结果都是朝向稳定的均衡状态，即区域农业部门的劳动收入与非农部门相一致，农业生产效率也会形成区域之间的一致。

3. 农村社会形态发生深刻变化，传统村居形态逐步演化为城乡融合发展，城乡之间的鸿沟逐步消除

工业化和城市化同时产生两个结果，一是农业人口向城市转移，二是总人口数量下降，这也带来农村人口数量的迅速下降，乡村凋敝也成为工业化和城镇化的伴生结果。如果说工业化和城市化是历史自发演化的产物，那么城乡融合发展，消除城乡鸿沟则是工业化后期的人为建构的结果，但是这一目标的最后实现可能与人为建构存在偏差。

例如，法国在"二战"以后，随着工业化发展，出现了大量农民外迁，乡村人口衰退，城乡对等关系被打破，法国政府开始重视乡村发展问题。1955年，为缩小日益扩大的东西部贫富经济差距，法国正式实施以"均衡化"为目标的领土整治运动，即通过国家相关的法律法规支持经济欠发达地区乡村发展，实现农村社会资源的优化配置，包括山地、河流和海岸的治理以及生态环境的保护等。① 1970 年，法国颁布《乡村整治规划》，涉及乡村经济、社会、生态、空间、文化等多个方面，鼓励乡村工业和服务业等非农产业的发展。同时，对农村发展的投入从基本设施转变为进一步改善乡村生活条件及接待城市居民设施上。通过数十年的发展，除少数偏远乡村地区以外，地区间、城乡间的差距逐步缩小，城乡间的人口流动也由长期以来的单向变为双向。

包括日本乡村振兴、韩国新村运动等促进农村发展的社会现象无不是"自上而下"的结果。但是，人为政策建构的农村发展毕竟是外生的，是一定历史阶段的产物，在一定条件下显示出先进性。其优点在于将农村发展中的部分公共事务转化为社会自觉，例如，韩国新村运动之后调动了农民的积极性，使农村发展进入新阶段。由于人为建构与自然演化之间不可避免地存在结构性矛盾，并不意味着人为建构的天然有效性。

举例来看，以色列在 1960 年城市化率为 76.8%，2000 年提高到 91.2%，2019 年进一步提高到 92.5%。如果说以色列的数据过于特殊，不妨再看美国的城市化进程，2000 年美国城市化率为 79.1%，2019 年美国城市化率为 82.3%，但是这一指标并没有止步。根据预测，美国城市化率会继续增长，2030 年将达到 86%，2040 年将达到 88.2%。② 城市化发展是历史的必然，最主要的动因来自人口的迁移；同时人为建构带来的农村发展，又出现了一个新的动力因素，部分乡村通过人为建构，如公共服务均等化实现了城乡融合发展，即乡村转变为城市。在这样的情

---

① 《解锁"乡村振兴"新思路，详解法国乡村振兴经验!》，https：//www.sohu.com/a/230850373_457412。

② https：//www.statista.com/statistics/678561/urbanization-in-the-united-states/。

境之下,人为区分城乡的意义已经不大了。实际上,最终结果并非城乡融合发展,而是生产生活形态的现代化趋同。

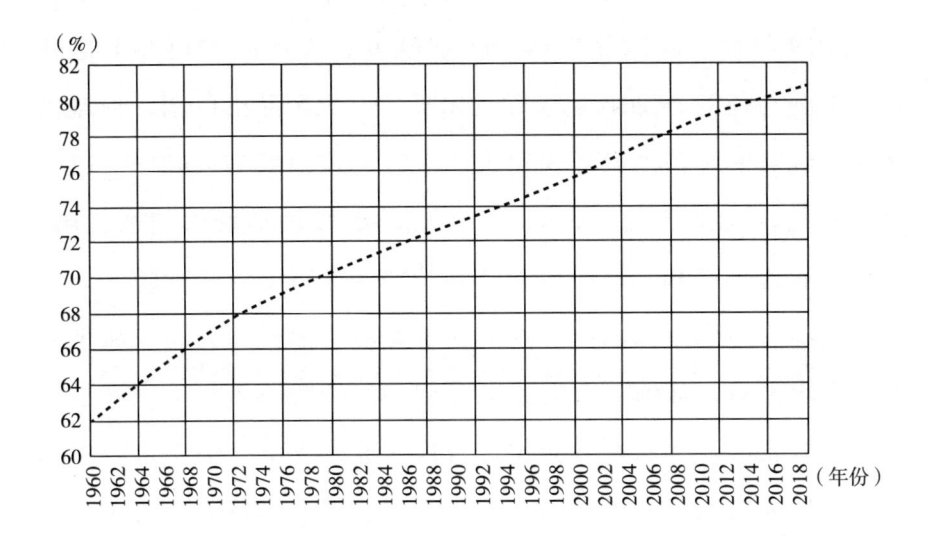

图1 OECD国家城市化率

资料来源:世界银行。

四 可以获取的经验与启示

(一)农业专业化

在农业农村现代化过程中,最直接的变化是农业专业化生产。传统自给自足的生计农业生产迅速解体,面向市场交换的专业生产成为农业生产的主流。当农业产出的交换关系形成以后,农业劳动生产率的提高不再以产量来衡量,而是以产值来衡量,从而在农业专业化生产基础上形成了进一步分工。

从农产品贸易来看，全球最大的农产品出口国是美国，2020年美国农产品出口额为1457亿美元，农产品进口额为1359亿美元；2019年荷兰农产品出口945亿欧元，农产品进口641亿欧元。美国与荷兰分别是全球第一和第二大农产品出口国，但是仍然要看到美国和荷兰都存在很大的农产品进口贸易；同样，巴西也是如此。从农产品消费来看，传统的地域性消费快速被打破，农业专业化生产和交易使得农产品消费的地理空间越变越大。能够看到，当前农产品出口大国往往都是农产品进口大国，从现代农业需求来看，任何一个现代国家或地区，都不可能生产满足所有需求的农产品，农业专业化是现代农业发展的必然结果。中国是全球最大的农产品进口国，同时中国仍然是全球重要的农产品出口国，2020年，中国农产品进口1708亿美元，出口760亿美元。这也说明中国农业是深度嵌入全球市场来进行专业分工的。

（二）城乡融合发展

理论上，现代化带来人类生产生活方式的趋同，城乡融合发展是现代化的一个表现形式。如前所述，城乡融合不仅是传统乡村人口迁移的城市化，另一种路径是通过人为建构带来的传统乡村向现代城市的形态转化。在20世纪60年代以后发达国家的城乡融合仍然是基于城乡二元形态的人为建构，主要表现为改善乡村基础设施，改进公共服务。但是，这种二元形态的人为建构与现代化发展的一元性是存在结构矛盾的，能够看到，即便是发达国家的农村发展取得的长足的进步，但是并没有改变城市化率进一步提高的整体趋势。这也意味着，即使人为建构所取得的乡村形态的进步，在更长的历史时段仍将成为凋敝的乡村。

严格意义上，城乡融合的整体趋势是一元的，而非二元的。从历史的长时段来看，除了内生的人口迁移之外，只有传统乡村向现代城市的形态转化才是可持续的。这一点实际上并非得自发达国家的经验，更像是一个教训。

（三）农业支持保护

从历史脉络来看，农业支持保护制度在现代化发展过程中不断进化，"二战"结束以后，由于农业生产能力的欠缺，使工业化国家增加对农业生产的支持，从而刺激产出增长，满足食物消费需求，这也是工业"反哺"农业的基本前提。在1960年以后，由于农业生产效率的快速提高，主要工业国家基本解决食物消费问题，即便是农业资源绝对短缺的国家，也通过农产品贸易获得了足够的食物供应。此时农业支持保护从农业产出激励转向农户收入支持，进而转向农村基础设施和服务，欧盟共同农业政策的转型具有典型性，同样美国农业法案的转型方向也是如此。

站在今天来看，农业支持保护又出现了新的发展方向，逐步从农业生产者的收入支持转向乡村风貌、农业可持续性和粮食安全的消费支持（余福海等，2021）。无论是最新的欧盟共同农业政策还是脱欧以后的英国农业政策，都呈现类似的进化方向。今天发达国家的农业支持保护政策又有了新的变化，包括政策方向越来越不会倾向于弥合农业其他部门之间的劳动生产率的差异，无论是扭曲的价格支持还是普惠的收入补贴，劳动生产率的弥合属于内生问题，外生的政策则更多地偏向对公共领域或未来发展的投资，属于农业支持保护政策在运行过程中的调整。

五　政策调整的方向性讨论

从农业农村现代化角度出发，政策讨论主要集中在两个领域，一是加速事物发展的内生变化，通过政策的导向性作用更有效地实现积极目标，就像优良品种的选育；二是尽可能地化解现实矛盾，克服潜在问题，面对情况变化需要能够做出及时调整，实现政策的迭代更新。当前中国人均 GDP 超过 1 万美元，按照世界银行标准，即将跨入高收入国家的行列。从人类社会发展历程来看，其中存在一些共性因素，同样也存在一些固有矛盾，梳理历史经验很大程度上并不是为了回避问题，而是客观辩证地看待和回应问题。

例如，当前的发达国家在现代化过程中都出现了乡村凋敝的情况，而且也没有太好的方法去解决这一问题。当认识到这一问题之后，需要考虑的是城镇化发展的真正因素，试图通过资源导入去阻挡乡村凋敝并不智慧，会带来更多的建筑废墟。如果我们能认识到城镇化发展是现代化的必然之路，那么问题就会十分明朗，假定城市化不是一元的，而是传统城乡融合发展的二元思路，那么农业农村现代化与国家现代化就是统一的。

类似的现实事例有很多，回到政策讨论上，在现阶段，不妨对以下几个问题进行具体分析。

（一）农业支持保护

如果当前谈农业支持保护转向乡村风貌、消费支持可能略有超前，那么农业支持保护到底是保障农业产出数量还是保障农业经营者的收入，是需要有明确取舍的，其前置条件在于中国粮食安全到底处于什么样的状态？居安思危，有危机意识固然很好，始终绷紧粮食安全这根弦固然没有问题。在农业农村现代化条件下讨论粮食安全问题，实际上是相互抵触的。不可能在一个粮食安全存在危机的社会当中实现农业农村现代化，农业农村现代化是早已告别粮食危机的一种形态。

回过头来看，2001年加入WTO之前，中国始终是农产品净出口国，但是当时中国已经基本解决温饱问题。近年来，农产品进口增长与粮食安全并没有太大关系，需要看到美国是全球最大的农产品出口国，同时也是第二大农产品进口国，决定农产品和食品进口的是收入水平，2012年以来中国成为全球最大的农产品进口国，并不是粮食安全水平下降了，而是粮食安全水平提高了。

其原因在于，对发达国家的食物供应而言，在20世纪60年代以后迅速越过了数量门槛，而后的食物消费变化主要是满足多元化的个性消费需要，因此产生了大量的产业内贸易，例如，美国既大量出口普通牛肉，又大量进口高端小牛肉，从而形成了农产品的双向贸易。从这个角度出发，全球不可能存在一个现代化国家，可以生产一切自己需要的食品。直观一点讲："在一个富裕家庭，不可能永远在家吃饭。"

如果农业产出和粮食安全问题无虞的话，那么农业支持保护政策就需要进行必要调整，一是对传统农户的生计和收入支持，二是引导农业生产效率的提高。主要考虑的出发点在于：传统农户的收入支持类似于社会保障，可以为社会稳定提供广泛基础；

而农业生产效率的提高则是经济社会发展的内在要求,严格意义上,农业支持保护政策并不是社会保障体系的一部分,其设计初衷是支持农业生产效率的提高,特别是通过农业生产的公共服务能力提高来促进农业生产经营主体的生产效率提高。所以,未来一段时期内,农业支持保护制度一方面是提供农户收入支持,另一方面要引导农业生产的效率提升。

(二) 退出机制

通过发达国家的工业化和城镇化历程,实际上触及了一个隐含条件,即现有条件下的农户财产权利的实现及退出。2020年中国常住人口城镇化率为63.9%,但是户籍人口城市化率为45.4%,这个问题成为中国的特有问题。如果说,早期的户籍人口城镇化率低于常住人口城镇化率是源于户籍制度,那么当前最大的影响因素则是:集体所有制条件下农户财产权无法得以实现及退出。针对这一问题,近年来出台了一系列相关的改革举措,例如不得以退出土地承包权作为农户进城落户的条件、农村宅基地使用权可以被继承等,但是这些"补丁"措施并不能从根本上解决矛盾。

以美国为例,1950年城市化率达到64%,2010年达到81%,至今城市化率仍然在持续提高。在美国城市化率提高过程中,出现了大量的农场兼并整合,数以百万计的农场经营者转业转产,1935年美国农场数量达到历史峰值680万个,随后不断下降,1950年下降到500多万个,2010年降到220万个,2020年进一步降到202万个。与此同时,农业用工人数也大幅下降。在这样的转型过程中,并未出现社会动荡,没有诱发系统性风险,其他发达国家的经验也是如此。

未来,随着人口老龄化和常住人口城镇化的进一步发展,如果农户财产权利无法得以实现和退出的话,那么农户财产的溢价将随时间发展而消失,原因在于:无论是宅基地、承包地还是集体经营性建设用地,面对劳动生产率的不断提高,相对价值将会持续下降,从而导致财产溢价的消失。以美国土地租金为例,如果扣除通胀因素,1970年每英亩耕地为1024美元,1990年为1214美元,农地价格并没有发生太大变化。

(三) 农业农村现代化的同步推进

在农业农村的空间可分性背景下,农业农村现代化发展显然需要区别农业生产与乡村生活两个空间。随着现代农业生产力的导入,无论是基于土地流转和农业社会化服务的规模经营,还是设施农业的发展,农业生产的地理空间不再成为约束条件。例如,农村居住形态已经不必过多考虑劳动工具存放,在此条件下,乡村振兴的重点并不是通过合村并居等方式提高居住密度,在迁徙自由的条件下,只要部门之间劳动生产率、区域之间的公共服务水平存在差异,人口流动是不可避免的,因此不存在"上帝视角"去确定最优的集中居住区域,从而实现城乡融合发展。在此,并不否认合村并居在一定时空条件下的积极意义,相反,在现实条件下,类似于合村并居的探索还需要积极支持,乐见其成。

对此需要讨论的重点在于,当无法确定最优在地城镇化方案的前提下,从顶层设计来看,应当对农村人口的迁徙起到积极作用,或者说增加人的自由权利。从全球经验来看,现代化是一元的，城市化的脚步不会停止，未来即使有人生活在"乡村"，在本质上莫过于是某个空间内的低密度社区，居民大概率不以农业作为职业和收入来源，而区域内的农业生产也不会对当地居住带来影响。如果现代化是一元的，那么现有的农户中的绝大多数未来不会从事农业生产，也未必在乡村生活，对此的人为建构不应尝试打破城乡融合发展的内在机制，政策需要更多的包容性。

参考文献

1. Ark, B. V., H. D. Jong, *Accounting for Economic Growth in the Netherlands Since* 1913, Groningen Growth and Development Centre, University of Groningen, 1996.

2. OECD, "Evaluation of Agricultural Policy Reforms in Japan", 2009.

3. Rutten, H., "Productivity Growth of Dutch Agriculture, 1949 – 1989", *The Hague*, Agricultural Economics Research Institute.

4. Yoshiike, N. et al., "National Nutrition Survey in Japan", *Jounal of Epidemiology* (3 Suppl)：S189 – 200, 1996.

5. 陈明：《分工深化、去依附与乡村政经分开改革》，《人文杂志》2021年第2期。

6. 胡冰川：《全球农产品市场的一般性解释框架》，《世界农业》2020年第6期。

7. 余福海等：《脱欧与新冠肺炎疫情叠加冲击后的英国农业政策：变革动力、政策调整与未来走向》，《世界农业》2021年第5期。

面向2035年的中国反贫困战略与政策

檀学文　谭清香[*]

摘　要：进入新发展阶段，在新发展格局之下，缓解相对贫困将是促进共同富裕的必然要求。面向2035年全体人民共同富裕取得更为明显的实质性进展目标要求，中国需要实行反贫困战略与政策转型。相对贫困不只是相对的收入不足，而是具备发展能力和机会缺失的"绝对内核"特征，以及相对于社会一般群体而言发展水平明显低下的相对剥夺特征。基于这样的界定，可以制定相应的缓解相对贫困的目标，即贫困"绝对内核"的消除和相对差距的缩小。由于未来城乡关系、人口变动以及经济发展格局的巨大变化，中国解决相对贫困将面临不少风险挑战。为此，中国缓解相对贫困应实施"三支柱"战略、常规化战略、差异化战略以及分阶段战略。由于超常规绝对贫困治理要转向常规化相对贫困治理，缓解相对贫困战略可嵌入于乡村振兴战略和

---

[*] 檀学文，经济学博士，中国社会科学院农村发展研究所研究员，贫困与福祉研究室主任，主要研究方向为贫困与福祉、城镇化与农民工问题、农业可持续发展等；谭清香，经济学硕士，中国社会科学院农村发展研究所助理研究员，主要研究方向为贫困、反贫困政策、小额信贷等。

共享繁荣发展战略。中国可建立多元相对贫困标准体系，包括防止贫困救助标准、低收入标准、比例型贫困标准以及发展型贫困标准，分别用于不同目的。本报告提出了将解决相对贫困管理职能逐步向民政部门转移、改善住户统计监测、构建梯次性政策体系等对策建议。

关键词：反贫困战略　相对贫困　多元相对贫困标准　共同富裕

China's Anti – poverty Strategy and Policy toward 2035

Tan Xuewen　Tan Qingxiang

Abstract：Entering the new development stage and under the new development paradigm, it is necessary to alleviate relative poverty in order to promote common prosperity for all. Towards the goals of making essential progress in common prosperity by 2035, China needs to transform its anti – poverty strategy and policy. Relative poverty is not just shortage in relative income, but posesses both the "absolute core" of deficiency in capacities and/or opportunities and relative economic deprivation compared to the average social group. Therefore, it is possible to make corresponding goal of alleviating relative poverty, which are eradicating the absolute core of poverty and narrowing the relative gap. Due to huge prospective changes in urban – rural relations, population growth and economic patterns, alleviating relative poverty will encounter a lot of challenges. So that China needs to apply "three – points" stragety, regularity strategy, differentiation strategy and phased strategy to alleviate relative poverty. Since extra – regular absolute poverty governance must shift to regular relative poverty governance, it is advisable that such strategies of alleviating relative poverty could be incorporated in rural rivitalization strategy and shared prosperity strategy. It is suggested to establish a multiple relative poverty standards system, including assistance standard for absolute poverty prevention, low – income standard, proportional relative poverty standards and developmental poverty standards, respectively for different purposes. Policy suggestions such as shifting the administrative role of alleviating relative poverty reduction to social welfare department, improve household statistical mornitoring, and building hierachical policy systems are provided.

Key Words: Anti – poverty Strategy; Relative Poverty; Multiple Relative Poverty Standards; Common Prosperity

中国已经打赢脱贫攻坚战，历史性地消除了现行标准下的农村绝对贫困和区域性整体贫困，创造了世界减贫史上的奇迹。2019年党的十九届四中全会要求，坚决打赢脱贫攻坚战，巩固脱贫攻坚成果,建立解决相对贫困的长效机制。2020年党的十九届五中全会及"十四五"规划和2035年远景目标要求,"十四五"时期,脱贫攻坚成果巩固拓展,乡村振兴战略全面推进;到2035年,人民生活更加美好,人的全面发展、全体人民共同富裕取得更为明显的实质性进展。为此中央决定设立五年过渡期,巩固拓展脱贫攻坚成果并与乡村振兴有效衔接。2020年以来,中央关于接续减贫的话语方式有了很大变化,由巩固拓展脱贫攻坚成果代替解决相对贫困。与此同时,近年来国内已经开展了大量研究,对于相对贫困标准、测量、战略、政策都有较多讨论、论证。但是在关于接续减贫的诸多问题上仍未达成共识,所提方案的可操作性也不强。面对2035年共同富裕取得实质性进展的目标任务,中国需要建立新的反贫困战略。笔者认为,目前存在的一个关键问题是对相对贫困认识不清。如果不为相对贫困赋予明确的"绝对贫困"内核属性,而只从收入不平等、主观贫困方面去定义,那就无法为解决相对贫困提供坚实理据。反之,如果能从能力、机会缺失并导致不合理差距角度定义相对贫困,那么解决相对贫困便有了方向和路径。在新发展理念指导下,未来反贫困战略不应当再如农村扶贫开发以及脱贫攻坚那样仍是一个相对独立的发展战略,而是应当在国家总体性共享发展战略基础上[1],全面实施乡村振兴战略和建立共享繁荣发展战

---

[1] 目前在中国共享发展仍主要被看作一种新发展理念。但是实际上,中国正在实施的多项重大发展战略都具有共享发展战略特征,至少包括科教兴国战略、就业优先战略、区域协调发展战略、新型城镇化战略以及乡村振兴战略。中国应当对这些已有重要战略进行集成和优化,确立和完善共享发展战略。

略①，将解决相对贫困人口的战略嵌入其中，实行兼具普享性和差异性的支持政策，分阶段、梯次性逐步减缓相对贫困，建立逐步走向城乡一体解决相对贫困工作与政策体系。

一 反贫困战略转型的新背景与新形势

（一）反贫困战略转型的新背景

改革开放以来，中国驶入经济社会发展的"快车道"。总的来说，改革开放的初衷与进程与反贫困的政策目标和进展是完全一致的。中国的反贫困事业内生于现代化事业，正如邓小平所说："贫穷不是社会主义，社会主义的本质是解放生产力，发展生产力，消灭剥削，消除两极分化，最终达到共同富裕。"中国在改革伊始就通过经济体制改革解放农村生产力，在极端贫困的"三西"地区探索扶贫试点，进而从1986年起开展农村专项扶贫，直到2020年完成消灭农村绝对贫困的阶段性历史使命。中国通过高速经济增长和包容性经济发展模式、全社会协作扶贫、农村专项扶贫、贫困人口自身努力在较短时间消除农村贫困，在贫困地区实现由脱贫攻坚统揽经济社会发展全局，这些都呈现出明显的共享发展特征。在持续减贫过程中，中国形成了扶贫战略调整和管理的宝贵经验，主要是：根据国家发展战略确定和调整扶贫战略目标；根据贫困性质和特点以及国家的财政支持能力变

---

① 共享繁荣发展战略是指促进社会底层40%人口以更快速度实现增收和发展的长期性战略，其基本思路可见檀学文（2021）。

化，确定和调整国家的扶贫战略措施；阶段性调整扶贫标准，保持一定规模的扶贫受益人口（吴国宝等，2020）。这些基本经验中包含着一个动态减贫视角，从中可以看出，中国反贫困战略调整正处于一个关键性转折期，之前为消除绝对贫困阶段，之后为解决相对贫困阶段。2020年之前，消除绝对贫困的战略和政策基本上是在实践摸索中"白手起家"并不断完善和推进的，当然国际援助和合作起到了很大的推动作用（魏后凯、王镭，2021）。2020年之后，实施反贫困战略转型的条件有了很大的改观，学术研究提供了大量知识储备，有条件实现实践探索与顶层设计的有机结合。为此，有必要认识反贫困战略调整的新背景，主要有以下两方面基础性事实：

1. 乡城迁移导致城乡常住人口比例倒置，人户分离和人口流动成为常态

中国城镇常住人口比例在2011年首次超过50%，达到51.27%。2020年，中国城镇常住人口比例达到63.89%，农村常住人口规模和比例分别下降为5.10亿人和36.11%。同时，2020年中国户籍人口城镇化率为45.4%，推断农村户籍人口7.71亿人，即2.61亿农村户籍人口被统计为城镇常住人口。此外，2020年包含城乡流动人口在内的全国人户分离人口达4.93亿人，超过全国总人口的1/3（比例为34.92%）。①值得关注的是，中国在上一轮农村扶贫中计算贫困发生率时所识别的贫困人口及农村人口基数均为户籍人口，尤其是为便于纵向比较，历年

---

① 资料来源：《第七次全国人口普查主要数据情况》，国家统计局网站，http://www.stats.gov.cn/tjsj/zxfb/202105/t20210510_1817176.html，2011年5月11日。

来使用的农村人口基数均为最宽口径的9亿多人。① 因此，当前农村人口流动日益成为常态并越来越多地进城居住，相对贫困人口的识别、统计监测乃至帮扶宜更多地与常住人口相联系，也就是要同时在城乡展开，以更好地体现在常住地享受基本公共服务和社会政策的"同住同权"理念。此外，人户分离人口或流动人口并非都能容易地界定为某地的常住人口，不少人是事实性的"流动"人口，包括反贫困政策在内的各类社会政策都应关照到这个流动性群体。

2. 农户收入差距严重，建档立卡户已基本不属于最低收入组

诸多分析表明，最近十年来，中国居民收入差距虽然在历史高位上略有下降，但仍处于高位盘整状态，一方面城乡收入差距略有下降，另一方面城镇和农村内部的收入差距都在扩大。基于农村居民人均可支配收入的五等份分组数据，从2013年到2020年，最低收入组与中间收入组的人均可支配收入比例为0.31左右，与最高收入组的人均可支配收入比例仅为0.12左右；底层40%人口②与中间收入组的人均可支配收入比例为0.50左右，与最高收入组的人均可支配收入比例仅为0.19%左右。从绝对值看，2020年农村居民低收入组的年人均可支配收入仅为4681元，底层40%人口的年人均可支配收入也仅为7536.5元。与此对照的是，建档立卡户按收入五等份分组的最低20%收入户的年人均纯收入已达6243元，建档立卡户年人均纯收入低于6000

---

① 根据前国家统计局住户办主任王萍萍的介绍（2016年），农村贫困识别和发生率测算使用最大口径涉农人口范围，这样有利于完整反映中国贫困状况以及有利于扶贫资源向中西部地区分配。

② 在住户分组数据中由最低收入组和中低收入组构成。

元的比例仅为6.4%。① 因此，仅从收入分布看，9000万建档立卡人口的大部分已不属于最底层人口，相对贫困人群将同时包括建档立卡和非建档立卡人口。

（二）反贫困战略转型的新形势

目前，国际上还没有哪个国家宣称完全消除了贫困，反贫困将是一项长远的事业。研究反贫困战略转型需要关注未来30年的经济社会形势，可概括为以下三个方面：

1. 人口增长减缓、老龄化加剧以及城镇化继续推进

未来30年将是中国人口结构和布局剧烈变动的时代，这种变动与经济持续发展以及共同富裕进程将存在密切互动关系。根据现有预测，中国总人口预计将于2025年达到峰值，但也只有14.12亿人。2035年和2050年，中国人口将分别下降为13.89亿人和12.91亿人（都阳等，2020）。② 其中，第一阶段经过总人口先达到峰值然后缓慢下降，总的来说将基本维持不变；但是第二阶段中国总人口将大幅度减少1亿人。与此同时，中国老龄化将进一步加剧。"十四五"期间，全国老年人口将从现在的2.5亿人突破3亿人，中国社会将从轻度老龄化迈入中度老龄化。2020年中国城镇化率已达到63.89%，据估计将会持续以一定速度继续攀升，2035年将达到72%，2050年可能达到80%的"天花板"水平。与城市化进程相联系，未来城乡人口相对规模

---

① 课题组根据建档立卡数据推算。
② 2021年5月发布的第七次人口普查数据显示，2020年全国人口达到14.12亿人，等于此前对于2025年人口峰值预测值。因此，中国的人口峰值将大于14.12亿人，但是根据现有增长速度将不会大很多。

继续变化，乡村人口继续下降，城镇人口不断增长。2035年和2050年，乡村人口分别下降为约4亿人和2.5亿人，城镇人口分别增长为10亿人和10.3亿人。也就是说，从2020年到2035年，将有大约1.5亿人口从乡村向城镇转移；2035年以后，城镇人口规模基本稳定，乡村人口继续减少。

2. 进入高收入经济体行列，与发达经济体差距缩小

2019年中国人均GDP跨越1万美元关口。一般预测，到"十四五"期末，根据世界银行分类标准，中国人均GDP将进入高收入经济体行列。而且中国在高收入经济体中的排名还会不断提升。但是世界上70个左右的高收入经济体中只有略超半数属于发达经济体，当前发达经济体人均GDP门槛为2万美元、均值为4.1万美元，中国与其门槛的差距还很远。面对严峻的国际竞争压力，中国仍必须保持相当的经济增长速度（刘伟、陈彦斌，2020）。

3. 改善居民收入分配格局任重道远

随着平均居民收入水平不断提高，中国居民收入分配格局一直在不断演化，但是还难言改善。一方面，中等收入群体规模和比例趋于提高，比如一般认为现在其规模超过4亿人，已是世界上最庞大的中等收入群体，但是这个比例（约为30%）仍然是很低的。[①] 另一方面，中国还有更大规模的低收入群体。例如，

[①] 王红茹：《专访中国劳动学会副会长苏海南：我国中等收入群体超3亿人，到2050年有望达到9亿人以上》，《中国经济周刊》2018年第15期，http://www.ceweekly.cn/2018/0416/222829.shtml。

中等收入群体收入标准下限（2019年户均收入10万元）之下的人口规模为9亿人，大约3亿人月收入低于1000元，其中很大比例为相对贫困人口。[①] 即使中国在2050年初步实现收入分配的橄榄型结构，也仍然还会存在相当大规模的低收入人口。此外，根据已有研究，未来无论是对于解决相对贫困还是共同富裕，财富分配都将是无法回避的挑战。而中国居民的财富分配差距相对于目前总体趋稳的居民收入差距而言，正呈现继续扩大趋势（袁佳，2019）。

二 共同富裕与反贫困标准和目标

党的十九届五中全会及随后的《中共中央关于"十四五"规划和2035年远景目标的建议》提出，"十四五"时期，民生福祉要达到新水平，居民收入增长和经济增长基本同步，分配结构明显改善，脱贫攻坚成果巩固拓展，乡村振兴战略全面推进；展望2035年，城乡居民人均收入将再迈上新的大台阶，中等收入群体显著扩大，城乡区域发展差距和居民生活水平差距显著缩小，人民生活更加美好，人的全面发展、全体人民共同富裕取得更为明显的实质性进展。其中，脱贫攻坚成果巩固拓展、居民生活水平差距显著缩小、人民生活更加美好等表述虽未直接提及相对贫困问题，但是明显地可以包含解决相对贫困之义。只不过，不能在一般意义上引用国际上常用的相对贫困定义，因为它们难

[①] 李实等：《中国低收入人口知多少？》，FT中文网，2020年8月21日。个别数据从CHIP2018数据推算得出。

以承担政策指引、目标设定等功能。中国应当基于共建共享的新发展理念，结合国际上关于相对贫困定义和标准的研究，重新界定相对贫困内涵和标准，使其既具有坚实的学术传承，又与共同富裕和人的发展目标进程具有内在一致性。

（一）重新界定相对贫困内涵

对绝对贫困的界定主要是从基本需求不能得到满足的视角。例如，世界银行将贫困定义为一个人或家庭的经济收入不足以维持基本的生活需要，从而可以用维持最低生活标准的收入或支出水平测定贫困（世界银行，1996）。这是世界银行目前每天每人1.9美元国际贫困标准以及中国到目前为止历次贫困标准的主要依据。当然，不同国家、不同时期对绝对贫困的基本需求内涵的界定是有所演化的，通常都从基本生存需求扩展到包含一定的社会性需求。例如，中国的贫困标准从最初的基本温饱演变为"两不愁、三保障"。对相对贫困的界定主要是从相对剥夺视角。Townsend（1979）给出了相对贫困的经典定义，即家庭资源和生活水平低于一般大众，以致无法参与其所处环境的正常社会生活。无论是采用相对比例还是绝对值的测量方法，发达国家、新兴国家的贫困标准以及世界银行的中、高贫困标准基本上都是基于相对贫困概念。此外，还有很多超越绝对贫困或相对贫困的贫困界定。其中，最经典的是阿玛蒂亚·森的理论，即贫困是指对人类基本能力和权利的剥夺，而不仅仅是收入低下（Sen，1999）。与此一致的是，阿玛蒂亚·森认为，相对贫困的本质内核仍是绝对贫困，即绝对意义上可行能力的缺失，但是在不同的时空环境下所对应的商品或资源则是相对的

(Sen, 1983)。联合国开发计划署采用的人类贫困概念也是基于这样的能力、机会及选择权剥夺理念,并据此而形成人类贫困指数及多维贫困指数(UNDP,1997)。

针对相对贫困与绝对贫困的"二分法",国内外大量研究进行了融合和拓展的努力。国外研究中,有的把绝对贫困线和相对贫困线结合在一起,如Foster(1998)提出的复合贫困线、Ravallion和Chen(2011)提出的弱相对贫困线、世界银行提出的社会贫困线等;有的把绝对贫困内核纳入相对贫困标准,如人类贫困指数、多维贫困指数等。国内研究中,胡鞍钢等提出知识贫困,对人类贫困概念中的知识缺乏维度和指标进行拓展,衡量的不仅仅是教育水平低下的程度,还包括获取、吸收和交流知识能力的匮乏或途径的缺乏(胡鞍钢、李春波,2001)。《在发展中消除贫困:中国发展报告2007》提出发展型贫困,指贫困人口缺少自身发展和提高自身能力的机会,既强调贫困人口自身能力的发展,也强调外部发展条件的建立(中国发展研究基金会,2007)。近年来关于相对贫困的研究成果更多,主要研究结论有:相对贫困应当具备贫困的绝对内核(林闽钢,2020);多数研究都不排斥不同的贫困界定,甚至认同需要将比例贫困线与多维贫困指数有机结合(汪三贵、孙俊娜,2020);未来的减贫目标需同时体现为底层人口收入或生活水平的较大幅度提高以及给定的比例贫困线之下的相对贫困率的下降(吴国宝等,2020);比例贫困线的主要作用是监测而不是帮扶依据(张琦、沈扬扬,2020)。但是对于相对贫困标准的设置方案则是相当的多元化,有建议只设多维贫困标准或收入贫困标准,对于收入贫困线的收入比例设置分别有40%、50%或60%的建议,也有分城乡或城乡统一、分区域、分层级设置贫困线的建议。

笔者曾基于有助于监测和分析贫困动态以及制定反贫困战略和政策的原则，提出一个多元相对贫困标准体系（檀学文，2020）。本报告坚持上述原则，并在共同富裕阶段性目标框架下增设减贫目标可设定原则①，重新界定基于中国国情的相对贫困内涵，并据而提出新时期贫困标准的建议。根据已有理论及上述原则，在消除绝对贫困之后，未来中国仍将存在相对贫困，具备发展能力和机会缺失的绝对内核特征，以及相对于社会一般群体而言发展水平明显低下的相对剥夺特征。解决相对贫困存在两条路径：一条路径是在补足"短板"意义上消除能力和机会贫困，这相对于特定的经济社会发展阶段具有较强的绝对性；另一条路径是在确保最底层人群生活水平实质性提高基础上，持续缩小其与社会一般群体的差距。

（二）相对贫困标准体系及解决相对贫困的分阶段目标任务

1. 多元相对贫困标准体系

根据以上定义，绝对贫困和相对贫困同属人类贫困的一部分，两者都是现代社会需要解决的顽疾。解决相对贫困可以制定相应的目标，即贫困绝对内核的消除和相对差距的缩小。基于上述界定，未来相对贫困标准将是一个多元的指标体系，各自发挥特定作用（见表1）。

---

① 可参考汪三贵、孙俊娜（2021）。

表1　　　　　　　一个建议的多元相对贫困标准体系

标准类型	标准含义	标准作用
防止贫困救助标准	中国公民有权利获得救助的最低生活标准,以现行农村贫困标准为基准,随物价指数和平均收入增长速度调整	识别对象,确定该类家庭有权获得达到该标准的货币或实物救助,以及"三保障"基本公共服务救助
低收入标准	一种低收入家庭通过帮助和努力能够实现的可行收入目标	识别对象,确定该类家庭获得直接发展性帮扶权利,直至达到该收入标准
发展型贫困标准	根据居民人力资本发展、基本公共服务和需要,确定多维贫困维度和维度阈值,每个维度凡是低于阈值即视为贫困	人力资本投资和基本公共服务领域补"短板"的依据
比例型贫困标准	居民人均可支配收入中值的特定比例(40%、50%、60%)	监测处于不同比例之下的相对贫困率,设定相对贫困率下降目标

资料来源：在檀学文（2020）基础上重新整理。

（1）防止贫困救助标准。是现行贫困标准的延伸,相当于未来的兜底型绝对贫困救助标准,构筑全体公民生活水平底线。中国现行贫困标准只与物价联动,购买力不变。未来的兜底型贫困标准还应与平均生活水平提高速度联动,实现年度略高于社会平均水平的增长。任何家庭收入水平低于该标准并且陷入生活困难的,均有资格获得该标准的生活救助以及"三保障"救助。

（2）低收入标准。对应于党的十九届五中全会提出的建立农村低收入人口帮扶机制的建议,是一种政策目标导向很强的相对贫困标准。浙江省低收入户年人均收入在2011年超过2500元,2015年超过4600元,2020年超过8000元,提供了良好范例。① 在绝对贫困已消除情况下，可根据居民收入分布，针对有劳动能力家庭，重新识别一定比例的最低收入人口，基于东部地区经验其比例可为5%左右，为其提供增收帮扶措施，在一定期限内补足收入缺口。在某种意义上，这是对扶贫开发经验的延续，可不断筑高社会收入底线。

（3）发展型贫困标准。基于能力贫困和发展贫困的定义而提出。发展贫困的本质与能力贫困并无不同，都是指贫困者的能力缺失，但前者为了便于向贫困线转化，侧重于社会平均水平的健康医疗、教育培训等基本公共服务的购买力（中国发展研究基金会，2007）。本报告在此基础上进一步提出，发展型贫困应集中体现超越绝对贫困的进一步发展能力和发展机会缺失，包括人力资本、基本公共服务以及经济活动参与机会指标，不包括常见的生活水平指标。其中，经济活动参与机会不足是发展不平衡和不充分在相对贫困人口身上的具体体现，例如，欧盟"面临贫困或社会排斥风险"指标中的极低工作强度率，具有重要的政策指示意义。因此，发展型贫困与一般的多维贫困标准反映绝对贫困有较大不同②，本质上是一种面向未来共享发展、共同富裕需要的新型多维贫困。

（4）比例型贫困标准。这是欧盟、OECD等发达经济体通用的相对贫困标准，以家庭成员等值人均可支配收入中位数为基数，取其40%、50%或60%为贫困线，反映特定收入差距之下的社会底层人口比例。比例型贫困标准主要用于监测贫困动态，

---

① 根据多方查询资料整理。
② 例如，牛津大学开发的多维贫困指数中，成年人受教育年限的临界点为5年，学龄儿童上学年级的临界点为8年级，营养健康方面的剥夺指标为BMI指数小于18.5（Alkire等，2015）。

主要优点是国际可比，因此可同时测算，不同时期可酌情选择特定比例的贫困线作为主要的社会监测指标。当比例型贫困标准之下人口的收入增长速度快于收入中值提高速度，则比例型贫困率下降，代表着相对贫困程度下降。

2. 解决相对贫困的分阶段目标任务

2020年全面建成小康社会时实现的脱贫攻坚成效、居民收入水平及收入差距将是解决相对贫困的新起点。根据到2035年共同富裕取得实质性进展总体目标要求以及国家持续减贫的能力、意愿和规律，可设定解决相对贫困的分阶段目标任务，作为贫困监测和实施反贫困战略和政策的依据。

（1）防止贫困救助标准。可以基于现行农村贫困标准确定一个新的最低生活标准，作为防止贫困的救助标准。中国现行农村贫困标准为2010年不变价的年人均纯收入2300元，2019年现价为3218元，2020年可折合为现价3340元。[1] 在此标准下，2020年建档立卡脱贫户的人均纯收入都已超过4000元，5000元以下的比例也只有0.5%。与此同时，农村低保标准以更快速度增长，到2020年第三季度，全国农村低保平均标准达到5842元，比当年贫困标准高74.91%。[2] 因此，防止贫困救助标准低于低保标准，适用对象是低保对象之外的普通居民。当他们收入水平低于该标准时，有权直接获得收入补差以及"三保障"。防止贫困救助标准不存在阶段性目标，而是每年随物价水平和居民

---

[1] 从2010年到2019年，现行贫困标准年均递增的物价指数为3.8%，以此可估计一个2020年现价贫困标准。

[2] "国新办举行脱贫攻坚兜底保障情况新闻发布会图文实录"，国务院新闻办公室网站，http://www.scio.gov.cn/xwfbh/xwbfbh/wqfbh/42311/44298/wz44300/Document/1692909/1692909.htm。

收入中值或均值提高速度而调整，以确保社会最低生活水平跟上社会平均发展速度。

（2）低收入标准。到2020年年底，建档立卡脱贫人口年人均纯收入已达到10740元，其中低于6000元人口比例为6.4%，低于5000元的比例仅为0.5%。就全国而言，2018年全体居民年人均可支配收入低于6000元和5000元的比例分别为7.4%和5.3%左右，2020年该比例应都有一定幅度的下降。[①] 脱贫攻坚期，浙江、江苏、广东三省所采取的精准扶贫措施都是在当地对收入处于最底层人口的识别和帮扶，其比例为5%—6%，因而无论其政策名称是什么，都符合这里的低收入概念。综上所述，本报告建议以省为单位，根据农村居民收入分布情况，大体以5%左右的比例确定低收入标准以及人群，以5年为周期，采取帮扶措施使低收入人口收入超过该标准。从而低收入标准既是各省以5年为期的增收标准，也是5年后的居民收入底线。本报告建议将"十四五"全国农村居民低收入标准确定为2020年不变价每人每年5000元，其人口比例应低于5%，建档立卡人口收入水平几乎都高于该标准，全国还有10个省份的农村低保标准低于该标准。东中部地区及西部地区部分地市可根据经济条件提高低收入标准。下一轮低收入标准将根据届时的居民收入情况再行确定。

（3）比例型贫困标准。本报告将比例型贫困标准主要界定为相对贫困监测标准，因此当务之急不是要确定哪个比例更为合适，而是要建立起包括各个比例的监测指标体系。因此，在一套

---

① 根据CHIP2018数据计算。

改善的住户调查数据之下，可以同时测算40%、50%和60%比例的相对贫困率。与此同时，针对比例型贫困标准还应设定其下降目标。对此最为可比的两大参照系分别是欧盟和OECD。欧盟采用一个"面临贫困或社会排斥风险"指标来衡量贫困，由收入贫困、物质剥夺、低就业率3方面指标构成，其中的收入贫困为各国等值收入中值的60%。据此，2016年欧盟28个成员国贫困率高达23.5%（European Union，2018）。可见，欧盟官方贫困定义是一个非常高的标准，与发展中国家的贫困定义不可同日而语，也高于OECD的定义（Marie Lecer，2016）。OECD实际上覆盖了绝大部分欧盟国家，但主要出于统计监测目的，只采用了收入贫困统计指标，即各国等值收入中值的50%。据此，2016年OECD成员国相对贫困率为11.7%。基于相同数据，2016年有数据的34个OECD成员国，其以50%和60%作为分割点的相对贫困率平均值分别为12.2%和18.8%；有数据的25个欧盟成员国，其以50%和60%作为分割点的相对贫困率平均值分别为11.8%和17.7%。① 综上所述，本报告建议与OECD一致，采用中值收入的50%作为分割点，将降低该分割点以下的人口比例作为减缓相对贫困的目标任务。为体现共同富裕取得实质性进展的目标要求，可考虑将12%设定为2035年相对贫困率的目标值，这相当于当前OECD以及欧盟国家的平均水平。考虑到近年来中国的相对贫困率不降反升，而且当前中国农村相对贫困率还处于OECD国家的高分值段，这将是一个不轻的任务。②

---

① 此处平均值为各国贫困率的简单平均值，未做人口加权。
② 目前计算中国相对贫困率多数使用CHIP2018数据，因对数据处理方式不同，所得结果也有所差异，例如以50%为分割点的相对贫困率介于15%—18%。可参考李实等（2020）；吴国宝等（2020）；沈扬扬、李实（2020）。

（4）发展型贫困标准。从 OPHI 的多维贫困标准到欧盟的"面临贫困或社会排斥风险"指标中的物质剥夺维度，可以明显看出发达国家对生活水平的界定是明显高于发展中国家的，从中可以体现各维度多维贫困阈值可逐步提高的含义。侧重于发展能力和机会的发展型贫困标准也是如此。借鉴脱贫攻坚期的"三保障"政策实践、世界银行人力资本指数（Aart Kraay，2018）及欧盟贫困标准中的极低工作强度指标，本报告尝试构建发展型贫困指标体系，由健康、教育、工作机会三个维度构成，分别包含若干指标（见表2）。其中，健康维度和教育维度的指标都体现了生命周期思想，覆盖家庭成员的重要人生阶段。每个阶段相应指标的缺失都意味着人力资本投资不足，更加不利于个人及家庭走出相对贫困。因此，利用发展型贫困标准，可以在相对贫困人口中识别他们存在发展型贫困的具体指标，作为向他们提供精准干预手段的依据，直至实现每个指标上的达标，以此确保他们形成基本的发展能力以及获得可行的发展机会。需要说明的是，表2所列的内容只是初步的，需由相关政府部门依据客观规律和行业大数据制定科学的指标、干预手段和目标值。其中，健康指标都是基本公共服务指标而不是人类健康客观指标，这是因为人类健康还有天生、疾病等不可控影响因素；教育指标则同时有基本公共服务指标和结果指标，尤其是义务教育和劳动力培训可更加看中结果；工作机会是将劳动者的人力资本转化为收入的桥梁，提供就业支持是必要的手段，实现一定时间的有酬劳动是结果，无论是务农、外出务工还是公益性岗位就业。为与上述农村居民中值收入的 50% 以下相对贫困人口比例下降目标相一致，建议将发展型贫困标准适用于该相对贫困群体，2025 年起实现标准确定、全部识别和全部覆盖，2035年实现全部达标。

表2 发展型贫困标准

发展型贫困维度	发展型贫困指标	干预手段	目标值
健康维度	①孕产妇健康服务缺失；②儿童早期健康干预缺失；③成年人缺乏基本健康服务；④饮水不安全	①确保相对贫困户孕产妇获得基本健康服务；②确保相对贫困户儿童获得早期健康干预；③为相对贫困户提供常规体检和慢病签约服务；④为相对贫困户提供安全饮水	相关健康服务实现全覆盖
教育维度	①学前教育缺失；②义务教育质量低下；③高中及职业教育阶段上学困难；④劳动力技能缺失	①为相对贫困户适龄儿童提供学前教育保障；②为相对贫困户适龄儿童提供义务教育保障；③资助相对贫困户子女接受高中及职业教育；④为相对贫困户劳动力提供参加技能培训提供支持	学前教育保障，义务教育学业达标，基本普及高中阶段教育，劳动力技能提升符合个人意愿和市场需要
工作机会维度	有就业意愿劳动力劳动时间不足	支持有意愿小农户发展家庭经营，促进劳动力就业	有就业意愿劳动力一年内实现至少半年有酬劳动

资料来源：笔者根据相关资料整理。

三 面向2035年的缓解相对贫困战略

面向共同富裕总体目标，尤其是2035年共同富裕要取得实质性进展的阶段性目标，中国在打赢脱贫攻坚战、消除绝对贫困之后，需要制定新的缓解相对贫困战略。中国的缓解相对贫困战略应具有多层级、分阶段、内嵌性、综合性以及常规化等特征。到 2035 年，依据本报告所定义的相对贫困的核心特征是具备能力或机会缺失的绝对内核，从而必须仍要以发展为导向，采取发展、保护、服务相结合的综合性措施，筑牢防贫底线，抬高收入底线，补齐能力和机会"短板"，扭转相对贫困程度加大局面，力争实现农村相对贫困明显缓解。

（一）"三支柱"战略

世界银行在世界范围内提炼和推荐消除绝对贫困的"三支柱"战略，即劳动密集型的经济增长模式、人力资本投资以及防备挫折的社会保障（Gill et al., 2016）。世界银行推荐的这个战略模式具有一定的普遍意义，不仅中国经验可以视为"三支柱"战略和专项扶贫战略的有机结合，甚至欧盟消除相对贫困的思路也与其相当吻合。[①] 因此，未来中国解决相对贫困也应在根本上遵循这样的"三支柱"战略，但是需要结合国际经验和中国国情进行"中国化"调适和改造。其中，劳动密集型的经济增长支柱可以调整为包容性增长，即在加快发展新经济形态的同时也对有利于底层人口就业的传统经济形态予以必要的保护，同时健全有利于更充分、更高质量就业的促进机制；人力资本投资支柱可以调整为基本公共服务均等化，这是因为底层人口的人力资本投资需求都包含在国家基本公共服务制度之内；[②] 社会保

[①] "Europe 2020: A strategy for Smart, Sustainable and Inclusive Growth", European Commission, https://ec.europa.eu/eu2020/pdf/COMPLET% 20EN% 20BARROSO% 20% 20% 20007% 20 - % 20Europe% 202020% 20 - % 20EN% 20version. pdf.

[②] 《"十三五"推进基本公共服务均等化规划》（国发〔2017〕9号）。

障支柱可以调整为社会保护底线制度,即依据国情为国民提供最基本的社会保障,即所谓的社会保护底线,该底线应依法建立,成为国家正式制度,并逐渐按照国家经济和财政能力及国家政策目标进行扩展。①农村扶贫、社会救助都属于典型的社会保护底线制度。目前,中国的社会救助已实施暂行的行政立法,而农村扶贫并不包含在内。②下一步将农村防止贫困救助以及发展型贫困救助纳入社会救助体系将是一个可行的发展方向。

(二) 常规化战略

2020年前的中国农村扶贫具有鲜明的专项扶贫特色,而且实施了两轮"攻坚战",充分发挥了中国"集中精力办大事"的政治优势和制度优势,从而具有鲜明的"超常规"特点(檀学文,2020)。随着脱贫攻坚战取得胜利,中国"三农"工作重心将向全面推进乡村振兴转移。乡村振兴以及解决相对贫困都是范围更广、任务更艰巨、周期更长的历史性事业,它们不可能仍采取作为成功经验的"超常规"治理,必须转向常规化道路。常规化的相对贫困治理是指不再依靠强力的行政推动,不再限定目标任务后不惜代价地投入,不再以扶贫工作统揽经济社会发展全局,而是要将解决相对贫困的战略和政策内嵌于乡村振兴战略,将减贫事务分解并纳入民政和各相关政府部门职责范围,向制度化、法制化贫困治理体制转型。未来随着乡村振兴战略以及社会救助制度的完善,对低收入人口的精准帮扶有望成为常规性的乡

---

① "R202 – Social Protection Floors Recommendation, 2012 (No. 202)", https://www.ilo.org/dyn/normlex/en/f? p=NORMLEXPUB: 12100: 0:: NO:: P12100_ INSTRUMENT_ ID: 3065524.
② 《〈社会救助暂行办法〉公布》,中国人大网, http://www.npc.gov.cn/zgrdw/npc/xinwen/lfgz/2014 – 02/28/content_ 1832461. htm。

村振兴工作的一部分,对临时返贫人口的救助有望成为社会救助制度的一部分,产业支持、就业促进、人力资本投资纳入各相关部门的常规性工作。

(三) 差异化战略

相对贫困人口根据其特征和分布是多层级的:贫困程度最为严重的是那些临界贫困人口以及偶然发生的返贫人口,他们距离绝对贫困线最近,甚至会滑落至绝对贫困线之下,从而属于兜底救助的对象;其次是缺乏足够劳动能力、需要社会保障支撑的兜底保障对象,社会保障转移支付资金是他们收入来源的必要组成部分;再次是处于收入最底层的、具备劳动能力的一般低收入户,尽快提高他们的收入水平具有紧迫性和可能性,能起到抬高社会收入底线的作用;最后是相对贫困线之下的人口,包含前几类人口,但贫困程度及能力缺口相对要轻一些。从而,相对贫困人口内部是分层的,需要实行差异化战略,其支持机制和政策目标都是有区别的。以防止返贫为目的的救助标准因随平均收入增长速度而调整,将会略高于过去的绝对贫困标准,但是应当在一定程度上低于农村低保标准,这是因为后者基数更高,而且可能增长速度更快。这样设置的目的主要是筑牢防止贫困的底线,同时避免"养懒汉"效应。对于低收入户由于要完成增收目标,因此需要采取类似于精准扶贫的送政策上门措施。对于一般的相对贫困户,则可以更多地采取补足能力和机会"短板",使其有能力参与市场经济活动。

(四) 分阶段战略

中国消除绝对贫困用了近 40 年,经过了多个继起的阶段。

缓解相对贫困也同样需要经过多个阶段逐步渐进解决。相对贫困即使在当前世界上的最发达经济体也都仍然是现实的社会问题，所以即使到2050年建成社会主义现代化强国时，也不能期待"完全解决"相对贫困。与2050年基本实现共同富裕目标相对应，可设定城乡统一的相对贫困明显缓解的目标。从而到2035年农村相对贫困明显缓解是面向2050年基本实现共同富裕的一个阶段性目标。在此目标框架下，从2021年到2035年，也需要分阶段实施本报告提出的多元性、差异化反贫困战略。其中，从2021年到2025年，重点是巩固拓展脱贫攻坚成果，主要包括四方面任务：一是以根据收入增长速度调整的贫困标准为底线，在全国层面构建防止贫困的长效机制，对临时性返贫或新生贫困提供不低于该标准的收入救助以及"三保障"服务；二是以省为单位，合理设置农村低收入标准，识别大约5%有劳动能力低收入农户，开展综合性精准帮扶，力争5年内实现收入达标；三是完善新的反贫困战略、体制机制和政策设计；四是建立发展型贫困和比例型相对贫困的指标体系、标准体系、政策体系以及相应的工作体系。从2026年到2035年，防止贫困长效机制的历史使命完成，防止贫困的救助标准可与最低生活保障标准并轨，减缓相对贫困战略基本成熟，将主要实行低收入标准、比例型标准和发展型标准，并分别实施差异化战略。

四 实施缓解相对贫困战略的对策和政策建议

从最早的"三西"扶贫试验到党的十八大以来的精准扶贫，

中国的农村扶贫经历了长期的探索和经验积累,这个过程也见证了宏观经济增长、区域经济和城乡经济格局变化、大规模农村人口的城镇化和非农化流动,经受了人才短缺、资源不足、劳动力流失等挑战。未来中国转向解决相对贫困将面临一系列新的风险挑战,需要未雨绸缪,把握形势,分阶段实施梯次性反贫困政策。

(一) 实施缓解相对贫困战略的风险挑战

未来中国实施新的缓解相对贫困战略将面临四方面的风险挑战:一是社会分层和收入差距严重。随着脱贫攻坚的顺利推进,相对贫困程度反而进一步加大(李实等,2020)。底层人口收入水平低下,全国约40%人口人均月收入低于1500元,这意味着国家发展不仅有解决相对贫困的任务,还有促进低收入人口较快增长、扩大中等收入群体的任务。二是城乡关系剧烈变化,农村人口持续减少。全国常住人口城镇化率超过63%,有2亿多人为城乡间流动人口。乡村人口还将继续流出,到2035年乡村人口将下降到4亿人,其年龄和人力资本结构也会相应地继续发生改变;城镇人口将继续增加,预计到2035年将达到10亿人,相对贫困群体将不断向城镇转移。三是经济发展趋势与底层人口人力资本特征发生背离。在新发展阶段,经济增长方式正在发生深刻变化,新经济层出不穷。与此同时,中国新成长劳动力减少,农村劳动力转移速度放缓但人口城镇化还将继续,社会底层人口面临老龄化和人力资本不足挑战。四是重大风险冲击会削弱国家改善底层人口民生福祉的能力。社会底层人口面临的风险冲击包括:家庭是否有合理的就业渠道、收入结构和增收来源,家庭和劳动者在面临失业、收入下降、疾病等风险冲击时是否拥有足够的社会安全网保护；基层社会治理体系是否有能力及时发现和防范化解社会矛盾和隐患等。

（二）实施缓解相对贫困战略的对策建议

上述风险挑战，一方面表明实施缓解相对贫困战略需要良好的宏观条件，主要包括和平发展环境、持续稳定以及高质量的经济增长、一个更为明确的共享发展战略，以及乡村治理体系和治理能力现代化；另一方面意味着应采取一系列针对性措施。

1. 嵌入式实施缓解相对贫困战略

中国解决绝对贫困的战略总的来说都属于专项扶贫，从目标群体到政策措施以及工作机制，都具有针对性和排他性，相对独立于其他农村政策。本报告提出面向2035年的缓解相对贫困战略，但是这个战略未必独立实施。这是因为在全面建成小康社会之后，国家呈现新发展格局，农村工作的重心转向全面实施乡村振兴战略。不仅如此，鉴于中国仍然存在巨大的人群发展差距，缩小收入差距需要实现更大比例社会底层人口（例如，底层40%人口）的更快收入增长，这就需要实施共享繁荣发展战略。防止绝对贫困和缓解相对贫困既是乡村振兴的一部分，也是共享繁荣发展的应有之义。因此，缓解相对贫困不必再是一个像精准扶贫那样的独立行动，而是必然要内嵌于对其有包含关系的乡村振兴战略以及共享繁荣发展战略。

2. 管理职能逐步从乡村振兴部门向民政部门转移

绝对贫困阶段的农村扶贫管理职能由各级扶贫部门负责统

筹，相关政府部门分工负责。在脱贫攻坚期，地方党委、政府成为事实上的扶贫指挥部，扶贫办只是一个办事机构。2021年，国务院扶贫办已经正式变更为国家乡村振兴局，暂时仍承担巩固拓展脱贫攻坚成果职责。可以预期，至少在"十四五"时期，扶贫有关事务仍将由其管理。根据本报告建议的多元相对贫困标准及差异化战略，防止贫困兜底救助职能可以逐渐向民政部门转移，低收入人口增收措施将由乡村振兴局负责，发展型贫困"补短板"事业则如同"三保障"一样，宜仍由各部门负责。总的来看，由于未来促进增收以及"补短板"职能将越来越多地分解到各部门，而保障性职能需要进一步加强和整合，因此建议对于缓解相对贫困的管理和统筹职能在"十四五"过渡期向民政部门转移，民政部门自身职能定位也将由社会福利管理向居民福祉服务转变。

3. 改善住户统计监测，测试多元贫困标准

在消除绝对贫困阶段，中国形成了由统计部门实施的住户调查和贫困监测为基础的贫困统计监测制度，以及由扶贫部门开发出来的"两不愁、三保障"贫困户识别体系。两者理论上应当是一致的，但是事实上有偏差。为了更好地使用多元贫困标准，基于住户调查数据的贫困统计监测需要进一步改进和加强，主要包括：增加样本量和扩大范围，将样本数据的代表性层级由省级扩展到至少地市级；改善对流动人员的监测调查，使住户类型划分更加符合常住或流动特征；完善住户调查内容和方式，降低填报误差，适应相对贫困和发展型贫困监测需要；利用丰富的住户调查及贫困监测数据，测试和确定多元贫困标准。

（三）梯次性缓解相对贫困政策思路

基于相对贫困标准的多元性和相对贫困程度的分层性，为缓解相对贫困，宜构建梯次性政策体系，使政策手段与政策目标保持一致，以结果公平取代受益平等。鉴于相对贫困的长期性和阶段性，需要分阶段实施缓解相对贫困的政策，尤其"十四五"时期是重要的探索期和转型期。

1. "十四五"时期是过渡期，巩固拓展脱贫攻坚成果主要政策

按照中央政策，"十四五"时期是脱贫攻坚过渡期，重要使命是巩固拓展脱贫攻坚成果。根据笔者的研究（檀学文，2021），过渡期可大体上划分为巩固和拓展两个阶段，巩固的使命主要包括建立防止贫困的长效机制以及继续发展具有长周期特征的扶贫措施，拓展的使命主要包括拓展已有脱贫措施、探索建立包括缓解相对贫困在内的共享繁荣发展战略。从而就脱贫攻坚政策的延续和调整而言，"十四五"时期的反贫困政策应主要包括以下内容：①以省为单位，维持精准扶贫主要政策不变，对建档立卡脱贫户采取机会普惠原则而不是实际政策享受普惠原则；②对建档立卡户中的脱贫不稳定户以及其他临界贫困户实施有效的动态监测，对其中有返贫风险的住户及时提供帮扶；③探索建立以农户为中心，以动态调整的贫困标准为基准，以政策集成为特征的制度化防止贫困长效救助机制；④分类梳理已有的产业、就业、教育、健康等行业扶贫政策和措施，分别转化为有条件享受的部门政策；⑤以省为单位，延续精准扶贫模式，确立低收入

标准，识别5%左右农村低收入户，提供精准帮扶措施，追求到2025年低收入户收入全部达标；⑥以脱贫县为单位，以脱贫时间为起点执行5年过渡期政策，过渡期结束后根据对县情的评估纳入欠发达地区支持对象。

2. 2025—2035年减缓相对贫困政策要点

2025年以后，预期巩固拓展脱贫攻坚成果任务顺利完成，防止贫困长效机制得以建立，减缓相对贫困的战略思路得以明确并嵌入乡村振兴战略及共享繁荣发展战略，多元相对贫困标准体系得以确定。在这种情况下，2025—2035年减缓相对贫困政策要点如下：①防止贫困救助标准与各地低保标准并轨，形成统一救助标准；②继续以省级为单位，以5%左右为比例，确立新的五年期低收入增收标准和帮扶方案；③对于识别的低收入户，主要采取人力资本和发展机会"补短板"的扶持思路，鼓励低收入农户通过增强自身能力主动融入市场经济进程。

参考文献

1. 都阳等：《中长期人口发展于老龄化问题研究》，载谢伏瞻主编《迈上新征程的中国经济社会发展》，中国社会科学出版社2020年版。

2. 胡鞍钢、李春波：《新世纪的新贫困：知识贫困》，《中国社会科学》2001年第3期。

3. 李实等：《从绝对贫困到相对贫困：中国农村贫困的动态演化》，《华南师范大学学报》（社会科学版）2020年第6期。

4. 林闽钢：《相对贫困的理论与政策聚焦——兼论建立我国相对贫困

的治理体系》,《社会保障评论》2020年第1期。

5. 刘伟、陈彦斌：《2020—2035年中国经济增长与基本实现社会主义现代化》,《中国人民大学学报》2020年第4期。

6. 沈扬扬、李实：《如何确定相对贫困标准？——兼论"城乡统筹"相对贫困的可行方案》,《华南师范大学学报》2020年第2期。

7. 世界银行：《贫困与对策：1992年减缓贫困手册》,陈胜华等译,经济管理出版社1996年版。

8. 檀学文：《巩固拓展脱贫攻坚成果的任务与过渡期安排》,载魏后凯、黄秉信主编《中国农村经济形势分析与预测（2020—2021）》,社会科学文献出版社2021年版。

9. 檀学文：《走向共同富裕的解决相对贫困思路研究》,《中国农村经济》2020年第6期。

10. 汪三贵、刘明月：《从绝对贫困到相对贫困：理论关系、战略转变与政策重点》,《华南师范大学学报》(社会科学版)2020年第6期。

11. 汪三贵、孙俊娜：《全面建成小康社会后中国的相对贫困标准、测量与瞄准——基于2018年中国住户调查数据的分析》,《中国农村经济》2021年第3期。

12. 魏后凯、王镭：《中国减贫成就、经验和国际合作》,社会科学文献出版社2021年版。

13. 吴国宝等：《解决我国相对贫困问题的长效机制研究报告》,《中国社会科学院农村发展研究所创新工程项目结项报告》,2020年12月。

14. 袁佳：《居民收入与财富分配格局分化及背后的逻辑》,《西部金融》2019年第8期。

15. 张琦、沈扬扬：《不同相对贫困标准的国际比较及对中国的启示》，《南京农业大学学报》（社会科学版）2020年第4期。

16. 中国发展研究基金会组织编写：《在发展中消除贫困：中国发展研究报告2007》，中国发展出版社2007年版。

17. Alkire, S. et al., *Multidimensional Poverty Measurement and Analysis*, Oxford: Oxford University Press, 2015.

18. European Union, *Living Conditions in Europe 2018 Edition*, Luxembourg: Publications Ofce of the European Union, 2018.

19. Foster, James E., "Absolute versus Relative Poverty", *The American Economic Review*, Vol. 88, No. 2, *Papers and Proceedings of the Hundred and Tenth Annual Meeting of the American Economic Association*（May, 1998）: 335 – 341.

20. Gill, I. S. et al., "Grow, Invest, Insure: A Game Plan to End Extreme Poverty by 2030", *World Bank Policy Research Working Paper*, WPS 7892, 2016.

21. Kraay, A., "Methodology for a World Bank Human Capital Index", *World Bank Policy Research Working Paper* 8593, 2018.

22. Lecer, M., "Poverty in the European Union: The Crisis and Its Aftermath", European Union, http://www.europarl.europa.eu/RegData/etudes/IDAN/2016/579099/EPRS_ IDA（2016）579099_ EN. pdf, 2016.

23. Ravallion, M., Chen, S., "Weakly Relative Poverty", *The Review of Economics and Statistics*, 2011, 93 (4): 1251 – 1261.

24. Sen, Amartya, *Development as Freedom*, Alfred A. Knope, New York, 1999.

25. Sen, Amartya, *Poor, Relatively Speaking*, Oxford Economic Papers, New Series, 1983, 35 (2): 153–169.

26. Townsend, P., "The Development of Research on Poverty", in *Department of Health and Social Security, Social Security Research: The Definition and Measurement of Poverty*, London, HMSO, 1979.

27. UNDP, *Human Development Report* 1997, Oxford University Press, Inc., 1997.

产业发展篇

中国农村产业现代化目标、挑战与对策

李婷婷　罗千峰　刘长全[*]

摘　要： 农村产业现代化是实施乡村振兴战略和全面建成现代化国家的基石。本文在定义农村产业现代化内涵和概括其特征的基础上，分析了农村产业现代化的目标与重点任务，然后从人力资本、土地、技术和资源环境等方面探讨了农村产业现代化面临的主要挑战，即农村人力资本不足、小农户为主、土地集体产权改革滞后、先进科学技术和装备难以本土化、生产方式粗放等。针对上述问题，本文进一步提出相关对策建议。

关键词： 农村产业　现代化　内涵和特征　问题和对策

---

[*] 李婷婷，理学博士，中国社会科学院农村发展研究所助理研究员，研究方向为农村产业经济、土地利用转型；罗千峰，管理学博士，中国社会科学院农村发展研究所助理研究员，研究方向为畜牧经济、农村产业经济；刘长全，经济学博士，中国社会科学院农村发展研究所副研究员，主要从事农村产业经济、奶业经济、区域经济研究。

The Goals, Challenges and Countermeasures for Modernization of Rural Industries in China

Li Tingting Luo Qianfeng Liu Changquan

Abstract: The modernization of rural industries plays the fundamental roles in implementing the rural revitalization strategy and building a modern country in an all - round way. Firstly, we define the connotation of modernization of rural industries, summarize its characteristics, and analyze its goals and key tasks. Then we conclusion some challenges in terms of human capital, land, technology, resources and environment confronted with in the process of modernization of rural industries. The specific manifestations are insufficient human capital in rural areas, smallholders dominated, lagging reform of land collective property rights system, difficulty in localization of advanced science and technology and equipment, and extensive production. Regarding to the issues above, we put forward targeted suggestions.

Key Words: Rural Industries; Modernization; Connotation and Characteristics; Problems and Countermeasures

2017年习近平总书记在党的十九大报告中首次提出了农业农村现代化的概念（魏后凯，2019）。2018年习近平总书记在中共中央政治局第八次集体学习时又指出："农业农村现代化是实施乡村振兴战略的总目标。"2020年10月召开的党的十九届五中全会进一步明确提出："全面推进乡村振兴，加快农业农村现代化"，再次强调农业农村现代化在乡村振兴战略中的重要性。《中国农村发展报告（2018）——新时代乡村全面振兴之路》将农业农村现代化界定为农村产业现代化、农村生态现代化、农村文化现代化、乡村治理现代化和农民生活现代化"五位一体"的有机整体（魏后凯、闫坤，2018），与乡村振兴战略提出的"产业兴旺、生态宜居、乡风文明、治理有效、生活富裕"的20字方针相对应。其中，农村产业现代化与产业兴旺相对应，成为实施乡村振兴战略和全面建成现代化国家的基石。

一 农村产业现代化的内涵、特征与目标

（一）农村产业现代化的内涵

顺应经济社会发展水平的提升，乡村产业链条不断延伸，乡村产业体系由传统农业生产拓展到包括农产品加工业、乡村旅游业、乡村新型服务业、现代种业等多种业态。以传统农业为对象的农业现代化已无法满足新形势和建设社会主义现代化国家的要求。农村产业现代化的提出，是支撑乡村振兴战略目标下对农业现代化的拓展和丰富，其更强调地域的概念，以发生在乡村地域

范围内能带动乡村经济发展和促进农民增收的产业体系为对象，更加符合新时代的特点。

随着农业在国民经济比重下降和对农民增收贡献降低，农村产业现代化受到社会普遍关注。魏后凯（2019）对农村产业现代化的内涵做了明确界定，就是要依靠科技进步和制度创新，实现农业生产方式转变、小农户与现代农业有机衔接和农村第一、第二、第三产业融合发展，从而形成兴旺发达、绿色安全、优质高效、具有竞争力的现代乡村产业体系。笔者以此为基础，遵循我国"大国小农"的基本国情农情，针对多种经营主体共担共享对其内涵进一步拓展。中国特色的农村产业现代化是兼顾效率和公平的现代化，在资本、技术等创新要素进入乡村的过程中更注重发挥本土农民推动产业现代化的中坚力量、通过多种途径促进农民分享现代乡村产业体系带来的增值收益。

（二）农村产业现代化的主要特征

一是形成现代化的农村产业体系。具体表现为：农产品加工、社会化服务业、现代种业等与农业高度相关的产业向规模化、专业化、特色化方向发展，通过产业链条的延伸和拓宽提高边际产出和增加附加值；在"绿水青山就是金山银山"发展理念指导下，乡村旅游和康养产业依托农村地区优美生态环境，吸纳城市资本和资源向乡村流动，实现城乡融合和高效生态发展目标。

二是科技进步在农村产业产加销全链条的贡献率提高。具体表现为运用先进科学技术装备乡村产业，在生产和加工环节实现两者的深度融合；依靠互联网技术建立云端营销新生态，实现产品和服务与消费端的精准对接，建立由产品销售到生产过程营销转变的可追溯制度。

三是集约化家庭经营与产业化合作经营相结合的新型双层经营体系。具体表现为家庭经营以有文化、懂技术、会经营的新型农民作为经营主体，在先进科技和生产手段的强有力支撑下增加技术和资本等生产要素投入，提高集约化水平；合作经营则全面联合农户，形成企业、村集体和分散农户的产业链纵向分工和合作，最大限度地协调和平衡各参与主体的利益需求，打通"资源变资产、资产变资本"的转化通道。

四是乡村多功能得到进一步拓展和挖掘。具体表现为由传统农产品供给功能向个性化营养食品供给功能拓展；体验式农业和文化创意农业等的发展对乡村地区农耕文明、文化传承等功能挖掘；乡村休闲、旅游、康养等产业对乡村地区生态涵养功能挖掘。

五是坚持和贯彻绿色低碳的可持续发展方式。具体表现为确保农产品和食品的质量安全，坚持走绿色发展之路；实现由产出导向到可持续导向的转变，发展现代产业的同时更关注生态环境保护和治理；绿色低碳的发展方式可促进乡村旅游、特色产业和乡村民宿等非农产业的发展。

（三）中国农村产业现代化的目标

中国农村产业现代化的最终目标是实现社会效益、经济效益和生态效益的统一。具体指保障国家粮食生产和食品供给能力，应对居民消费结构转型升级带来的结构性扭曲；推进农村产业提质增效，通过"三产"融合发展打造高效益、高附加值的产业链，提升农村产业体系的竞争力；促进农民家庭增收，使农民成为农村产业现代化和乡村发展活力激发后的最大受益者，通过缩小城乡收入差距以解决当前社会发展不平衡不充分的问题；实现可持续发展，坚持开发中保护和保护中开发的理念，积极推动农村生产方式绿色转型。

二 农村产业现代化的重点任务

农村产业现代化是一个系统工程，因此需要加快实现重点转变和重点产业发展。具体来说，要加快现代乡村产业体系构建、经营体系现代化转型、农村产业优化布局等几个方面重点转变，并重点发展农产品加工业、乡村旅游业、乡村新型服务业和现代种业等新业态。

（一）加快实现重点转变

1. 加快构建现代农村产业体系

第一，引导生产要素流向农村。增加技术和资本等新要素的投入是构建现代农村产业体系的基础。要充分发挥市场在生产要素配置中的决定性作用，引导城市生产要素合理、有序流向农村，为现代农村产业体系构建夯实发展基础和积蓄强劲动能；要促进农村产权制度改革，推进生产要素产权交易流转有序顺畅进行，促进农村生产要素优化配置。

第二，推进农村第一、第二、第三产业融合发展。积极丰富拓展农业的内涵外延和农村经济业态，通过多要素聚集、多主体参与、多模式创新等方式对产业进行资源重组和组织重构,形成农村第一、第二、第三产业融合发展新格局。充分拓展和挖掘农村的生产、生态、生活、文化、休闲等多种价值和功能,发展休闲农业、乡村旅游、健康养老、文化体验等新业态,通过第一、第二、第三产业融合发展促进农业提质增效和竞争力的提高。

第三,打造现代农村全产业链。要积极贯通供应链,支持现代农村商贸物流业发展,促进产地批发市场、农产品流通中心、仓储保鲜设施、销售网点的合理布局和科学规划,为供应链的贯通提供加工和流通保障,夯实现代农村全产业链的基础条件;要全力提升价值链,通过要素聚集、业态创新等方式夯实价值链增值基础,强化现代农村全产业链载体平台建设,重点解决小生产和大市场、个性化需求与规模化和标准化供给、关键设备技术突破与科技创新不足、产品总量充足与结构不合理等矛盾,以农业全产业链升级促进全链增值。

第四,提高农村产业的科技进步贡献率。利用现代科学技术武装乡村产业,提升科技创新对农村产业发展的贡献率。重点推进农村产业数字化转型,促进大数据、物联网、人工智能、云计算、区块链等技术与农村产业深度融合发展,在农用地信息管理、农村产业综合监测与监控、农产品质量追溯、线上营销等领域广泛使用,为现代农村产业体系的构建提供技术支撑与保障。

2. 加快实现农村产业经营体系的现代化转型

第一,积极完善新型农村产业经营主体培育体系,提升新型农村产业经营主体的组织化、专业化、集约化程度。要更加突出促进家庭农场与农民合作社两类经营主体发展,加速推进家庭农场培育计划和农民合作社质量提升,强化农业规模经营户发展成为家庭农场的培育力度;提高对规范农民合作社扶持力度,培育各级示范家庭农场、农民合作社示范社,发挥辐射带动作用;促进龙头企业的创新发展,促进企业与农户形成分工协作、优势互补、互惠共赢的协同关系,完善企业创业创新驱动机制和联农带农互动机制。

第二,促进农村产业专业化社会化服务组织发展壮大。大力支持农村产业专业化社会化服务组织发展,支持区域性农村产业服务综合体建设,推进全程托管、多环节托管、代耕代种、联耕联种、统防统治、育秧育苗、肥水管理等农村产业统一服务和社会化服务发展,完善农村产业生产社会化服务机制。

第三,完善现代化的农村人才队伍建设。完善新生代农民工、新型农业经营主体带头人职业技能培训体系,培育高素质职业农民和"双新双创"人才队伍;完善创业环境、财税金融、用地支持等政策体系,吸引返乡入乡就业人才。

3. 加快推进农村产业布局优化

第一,促进农村产业布局优化。推进粮食生产功能区、重要农产品生产保护区和特色农产品优势区建设,按照"粮头食尾""农头工尾"要求优化农村产业结构,促进产区、销区、园区形成生产与加工相配合、企业与农户相合作、产品与市场相匹配的协调发展格局。

第二,推进农村产业向优势区域就近布局。构建和优化县、乡镇、村三级分工科学、功能互补、有机衔接的产业格局;改善当前农村非农产业的散点式布局,引导农村产业向重要农产品主产区、产业聚集区、物流节点、中心村镇等优势区域汇聚，提升农村非农产业集中度和规模效应；积极引导农村产业重心下沉，建设农产品加工专用原料基地，把产业链主体留在县域，让农民更多分享产业增值收益，为农业农村现代化提供有力支撑。

第三，强化农村产业差异化布局。支持引导特色产业发展，积极利用特色农产品打造区域公用品牌、产品品牌和企业品牌，依靠品牌知名度的提升促进产业转型升级。依托资源优势大力推进特色产业集群发展，将特色资源转化为产业，避免产业同质化布局和发展。

（二）加快重点产业发展

1. 农产品加工业

第一，依托农产品初加工产业打造加工强村、强镇和强县。支持龙头企业发展智能化、标准化的农产品加工，引导家庭农场、合作社及农户利用标准化技术和特色方式发展特色加工，促进农产品加工业发展；大力支持和引导农业新型经营主体发展分级、储藏、保鲜、包装等农产品初加工设施建设；聚合区域优势资源打造一批原料供应基地，扩大加工产业规模，提升示范带动作用，增强创新能力。

第二，依托精深加工基地打造农村产业发展高地。支持和引导加工企业升级技术装备和创新发展模式，以企业加工转化增值能力的提升带动农产品精深加工产业的发展，并逐步建设一批原料基地建设完备、配套服务完善、科技支撑扎实、企业带动强劲的农产品精深加工园区，依托农产品精深加工产业的发展促进优势资源要素集聚；大力培育农产品精深加工示范企业，推广精深加工实用技术，推进"老字号"主食加工企业传承与发展。

第三，推进农产品加工副产物综合利用。支持和引导农民合作社、家庭农场、农业企业、农产品加工园区等主体利用提取、分离与制备技术对农产品加工副产物进行循环利用和变废为宝的综合利用，提升对麦麸、稻壳等副产物综合利用率，为新材料、新能源开发提供更广阔原料来源，提升副产物增值空间。

2. 乡村休闲旅游业

第一，打造重点乡村休闲旅游区。在充分考虑自然地理环境、历史人文传统、乡村乡土文化等资源禀赋的基础上，依托自然风景区、传统农区、民族风情区、城郊区域打造乡村旅游区，突出不同乡村旅游区的主题特色，开发精品旅游路线和特色旅游产品，促进乡村旅游多功能的发挥和提升差异化发展水平；大力发展休闲农业，强化基础设施建设、旅游环境美化、休闲创意布局，突出休闲农业的特色和风格，以休闲农业的发展打造一批设施完备、功能多样的休闲观光园区，推动农区向景区转变，促使农业园区景区化。

第二，提升乡村旅游品质。突出乡村旅游的特色化，利用地区特色资源禀赋开发农业农村多功能价值，突出旅游项目的自然优势、地域特点、历史传统、民族特色；突出乡村旅游的差异化，综合考虑区域旅游市场主体的偏好再进行差异化定位和规划，明确不同消费群体的消费需求，为目标市场的细分提供独创性、稀缺性的乡村旅游产品和服务；突出乡村旅游的多元化，根据多元主体、多元模式、多元业态来丰富乡村旅游的层次性，促进乡村旅游的可持续发展；完善乡村旅游的配套设施，集中资金和资源打造知名乡村旅游、美丽乡村、农业园区等精品工程，完善基础设施建设和废弃物综合治理，提升乡村旅游体验和绿色发展水平。

第三，规范乡村旅游服务管理，提升乡村旅游服务水平。通过标准制定提升乡村旅游管理服务水平，在推行现有国家乡村旅游相关标准的同时，结合乡村旅游设施建设情况、旅游管理与服务特点、旅游市场需求的变化等情况，制定符合地方特色的法律法规，规范乡村旅游服务的标准，提高从业人员素质和服务管理的规范性；明确基层政府、文旅部门等的权责界限，促进各部门之间的协同管理，尤其是要加强对乡村旅游经营开发单位的管理考核，规范乡村旅游服务管理；完善乡村旅游产业发展的监督机制，通过成立乡村旅游发展领导小组等方式确保监督责任落实、岗位设置、人员配备、经费保障、考核奖励等工作有效开展，有效衔接社会各界广泛监督，进一步规范乡村旅游服务管理和提升乡村旅游服务水平。

3. 乡村新型服务业

第一，发展生产性服务业。支持和引导农民合作社、农业企业等主体提供土地托管、代耕代种、农资供应、产品营销等多种形式的新型生产性服务及配套服务，积极扩大生产性服务范围。推进生产性服务组织和主体通过扩建营销网点、延伸服务网点、推进配套建设等方式提升生产性服务业服务水平，提高综合服务体验和产销对接水平。

第二，发展生活性服务业。根据乡村生活水平的提升和生活方式的改变来丰富服务内容，积极改造提升零售、餐饮等传统生活性服务业，积极发展信息咨询、养老等新兴生活性服务业，提升服务供给对需求的匹配。积极推进共享服务、智慧服务、体验服务等的创新发展，通过数字技术深度嵌套来提升乡村居民对美好生活的体验。

第三，发展农村电子商务。积极引入电商、快递等相关电子商务主体进行布局配套，完善农村电商终端网点，快速推进农村电子商务主体培育。积极利用数字信息技术推进农村产品和服务向城市输出进程，通过数字信息基础设施完善、电子商务人才培养、电子商务服务中心建设等方式营造良好的农村电子商务环境。

4. 现代种业

第一，立足区域资源禀赋创建现代种业研发中心。依托科研院所、龙头企业等多主体力量建设生物育种创新研究中心，构建和完善多品种种业协调研发创新体系；培育一批育、繁、推一体化和现代化的种业企业，通过提升育种创新能力来延伸种业企业产业链条、提高市场占有率、扩大经营规模，做大做强生物育种产业。

第二，促进现代种业园区建设。支持和引导全国性、区域性、专业性的现代种业园区建设，强化种业的知识产权保护来吸引国内外育种研发机构和企业设立研发中心，并通过线上线下融合缩短新品种推广时间和降低推广成本，加快新品种的市场化推广进程。

第三，强化种质资源利用保护。从系统收集保护、种质鉴定评价、分发共享利用、支持政策体系等方面加强对各地种质资源管理与保护，构建种质资源分子指纹图谱，强化优异基因遗传与育种创新研究，促进综合性状优良、目标性状突出的新种质规模化开发，提升特色品种产业化开发水平，发展一批有特色的地方新品种。

三 农村产业现代化面临的主要挑战

农村产业现代化作为中国社会主义现代化的重要构成部分，关乎中国第二个一百年目标能否实现，关乎人民对美好生活的向往能否实现，具有重大现实意义。当前，我国农村产业现代化建设进程明显滞后，农村人力资本不足、小农户为主、土地集体产权改革滞后、先进科学技术和装备难以本土化、粗放型的生产方式等仍制约着农村产业现代化进程。

（一）农村人力资本不足以及小农户为主的特征成为农村产业现代化的"短板"

现代化的农村产业离不开现代化的复合型人才。农村产业现代化是现代技术与农村产业的融合，将现代化技术应用到生产各个环节并重塑农村产业体系。因此，必须培养一批既懂农村产业又懂技术的专业技术人才和管理人才，只有这样才能实现现代化要求的优质高效、绿色安全的目标。但是，农村人力资源流失、受教育水平偏低以及小农户为主的特征与农村产业现代化对经营主体多元化、高素质、组织化的要求形成尖锐矛盾，成为制约农村产业现代化的"短板"。第一，常住地与户籍地分离导致的村庄空心化意味着农村产业经营主体流失严重。据对全国第三次农业普查数据的分析，2016年年底，全国79%的行政村呈现人口净流出（李玉红、王皓，2020）。2019年年底，全国按户籍地统计的农村人口为77870万人，而按常住地统计的乡村人口为55162万人，这意味着全国约有22709万人离开农村户籍所在地，占农村户籍人口的29.2%。同期，全国从事第二、第三产业的农民工人数达到28961万人，约占农村劳动力人口的59.8%，意味着全国已有约六成农村户籍劳动力转向非农产业就业（叶兴庆，2021）。第二，农村经营主体受教育水平普遍偏低。中国社会科学院农村发展研究所"2020年乡村振兴国情调研"的数据显示，全职务农的劳动力平均年龄超过50岁，受教育年限小学及以下的比例为44.32%，高出非农就业劳动力同比例的3倍以上；高中及以上文化的比例仅为10%，不及非农就业劳动力同比例的两成（苑鹏，2021），限制了对先进科学技术和管理方法的运用。第三，小农户与大市场的矛盾。我国户均不过十亩地的小规模经营格局目前仍然没有改变；小农户"小"和"散"的特征，使小农户在对接大市场时出现"获利能力低、交易成本高、议价能力弱和信息不对称"的矛盾（唐亮等，2020）；小农户的组织化程度低，是我国推动小农户与农村产业现代化衔接的最大障碍（苑鹏，2021）。

（二）土地集体产权改革滞后不适应乡村产业转型升级与多元化发展的需要

农村产业现代化意味着资本、技术、人口、管理等外来创新创业要素下乡兴业，乡村将成为新要素重要的空间载体。但是农村土地集体产权改革滞后造成的结构封闭性与创新创业要素对乡村开放的需求相矛盾，不适应乡村产业转型升级与多元化发展的需要。第一，资本、技术、管理等外来创新创业要素进入乡村，需要实现与土地资源紧密结合才能落地生根。在"三权分置"的制度框架下，获得农用地经营权已无大的障碍，但通过流转获得的农用地经营权的产权强度依然较弱；2019年《中华人民共和国土地管理法》修正后，农村集体建设用地使用权的获得途径大大拓宽，不仅可以获得农村集体经济组织以入股、联营等方式提供的土地使用权，还可以通过出让、出租等方式获得集体经营性建设用地使用权，所获得的土地使用权的产权强度也大大提高。尽管如此，依然面临土地利用总体规划和城乡建设规划与乡村产业散点式布局不相适应、土地用途管制制度与乡村产业融合式发展不相协调等问题。第二，农村宅基地产权结构的封闭性不利于新业态和外来居民的进入。乡村休闲旅游业、民宿改造、康养产业等都需要解决长期居住问题。目前唯一的合法途径是租赁农民现有住房，合同期限不得超过20年。这种期限下无法进行重建，显然不能适应新业态和外来者对居住品质的要求。在"三权分置"制度框架下，新的宅基地使用权可以通过哪些方式流转、流转期限有多长、受让人范围如何确定、此使用权具有哪些权能，到目前为止尚不明确（叶兴庆，2021）。

（三）先进科学技术和装备在乡村的本土化过程遇到障碍

先进的科学技术和现代化的装备将是推动农村产业现代化发展的第一生产力，但其在本土化过程中面临三个方面的挑战。第一，农村数字基础设施发展相对缓慢。数字基础设施是农村产业现代化的基石和保障。即便我国农村通信网络建设已经取得巨大成就，但相较于城市便捷的网络与智能设备的普及程度，广大农村的数字基础设施还存在一定的差距，阻碍了乡村产业智能化、信息化、数字化。第二，小农经济在推动乡村产业科技创新和应用方面依然面临制约"短板"。中国有 2.3 亿承包经营农户，小农经济大量且长期存在是我国的基本国情。小农经济意味着市场容量不足而难以卷入分工经济和现代产业的发展轨道（张露、罗必良，2018），还意味着资本不足且融资能力有限，很大程度阻碍农户对现代化装备和先进技术的使用。此外，小农户采纳技术可能获得的微不足道的个人收益与乡村产业技术创新与推广可能产生的巨大经济社会生态效益的矛盾长期存在，使技术创新与推广的公共品和外部属性被放大，难以依靠市场力量自主发展。第三，软件条件与先进技术不配套。农民传统固有的随意性生产习惯与标准化、规模化的先进装备之间不配套；农民相对较低的文化水平与先进生产技术对高素质人才需求不配套；农村相对封闭的土地产权制度同现代科技和机械装备对库房建设用地的需求不配套（刘汝超，2021）。

（四）粗放型的生产方式带来资源和环境危机并阻碍非农产业发展

乡村粗放型的生产方式带来的资源危机和环境危机已成为农村新产业、新业态发展的严重障碍。第一，乡村非农产业发展往往伴随着资源和环境危机。乡村非农企业由于缺乏长远规划以及经营高度自由，通常以利润最大化来决定企业发展方向。且由于乡村长期处于环保监管的边缘地带,环境监管力度较小,偏向发展对环境污染较大的产业以弥补市场需求,在没有相应除污设备配套情况下给农村生态环境造成巨大污染(刘俊峰,2021)。第二,长期忽视投入报酬和节能减排的农业发展之路已不适应当下对绿色有机食品的需求,并反过来阻碍新型非农产业的发展。我国粮食生产实现了"十七连丰",而产量增加的背后是化肥、农药和水资源的过量使用,由此造成的资源与环境危机愈演愈烈(顾益康,2021)。但是,人们物质生活日益提高后对绿色有机食品需求增加,农产品贸易的绿色壁垒日益抬高,向生产过程输出转变的营销手段对这种粗放型的生产方式提出了新的要求,遭受面源污染的立地条件更是失去了发展有机农业的先天条件。由此带来的资源和环境危机又反过来阻碍农村非农产业尤其是高度依赖乡村优美生态环境的休闲、旅游、康养等产业的发展。

四 加快农村产业现代化的主要对策

基于上述问题,推动农村产业现代化要采取强化乡村人才培育、推进村庄规划和农村土地制度改革、促进先进科技装备与农村产业深度融合、发挥新型经营主体的示范带头作用等措施。

(一)强化乡村人才培育,提升人力资本水平

第一,通过制度创新和专业配套吸引优秀人才流向农村,应对乡村人力资源流失。通过完善农村地区工资增长机制、津贴补贴机制、人才专项基金发展机制等提高基层人才待遇水平,不断

完善和落实人才就业、居住、创新创业等配套政策，提高基层人才的经济社会地位，引导农村产业人才合理流动。突出农村工作履历在完善干部培养选拔机制中的意义和重要性，提升农村对人才干部培养和基层锻炼的价值。加强人才专业配套，明确农村产业现代化岗位职责和要求，提升农村产业现代化过程中人岗匹配度，提升人才专业配套性，最大限度发挥人才价值和激发人才主动性，减少人才浪费现象。

第二，健全新型职业农民培育体系，提升乡村劳动力素质。农业农村现代化需要产业技术创新支撑，这就需要促进传统农民向职业农民转变。构建多层次、多类别、多功能的新型职业农民教育培训体系，确定以职业培训为核心内容，完善培训跟踪、激励和反馈机制，推进职业农民分级分类培训、分阶段培训等精准培训工作，破解农民对提升人力资本需求与职业培训供给不平衡、不充分之间的矛盾（李宝值等，2019）。此外，要注重培养具有党员身份的农民专家，鼓励和扶持其创办农民培训基地、科技示范基地，加快新技术新品种的推广应用，充分发挥其创业致富带头人作用。

第三，通过制度创新引导小农户开展合作，克服小农经济在农村产业现代化进程中的缺陷。正视小农户和现代农村产业发展有机衔接所面临的矛盾，全面推进生产耕作制度、产权制度、收入分配制度等相关制度创新（阮文彪，2019）。因地制宜地以多种合作、联合的组织模式提高小农户组织化程度，通过联耕联种、联户经营等方式引导小农户开展合作与联合，通过保障农户成员的主体地位优化合作社组织小农户机制，通过农村产业的产业化带农惠农机制的完善发挥龙头企业对小农户带动作用，不断提升小农户组织化程度。

（二）推进村庄规划和农村土地制度改革，破解要素进村的"瓶颈"

第一，做好村庄规划和土地综合整治。按照农村产业现代化发展要求做好村庄规划，既要考虑到产业发展和公共服务设施用地需要，又要考虑到农村现有土地安排、历史传统和村民意见，充分论证村庄规划的科学性，科学编制区域内产业发展、生活需要、配套设施等布局规划，以实现土地资源优化配置。强化农村土地综合整治，加强不同部门、项目、规划之间关于土地安排的整合力度，打通产业用地、村庄整治、农村建设之间土地供给的隔阂，完善多部门、多项目、多规划协同整合的土地供给制度，提高土地供给安排的科学性和政策执行效率。

第二，推进农村土地制度改革和完善产业用地监管。完善集体经营性建设用地入市和配套管理制度，引导有条件的农村集体经济组织采取多种形式参与农村产业现代化发展。推进宅基地"三权分置"改革，实现坚持集体所有权和明确集体内涵、分离部分产权、强化公共职能的有机统一（严金明等，2019），从而拓宽农村产业用地供给来源以满足农村产业现代化发展的用地需求。此外，还要完善农村产业用地监管机制，强化土地日常监管和动态监管力度，防止农村产业违法违规用地。

（三）促进先进科技装备与农村产业深度融合，强化科技支撑作用

第一，改善农村产业设施装备水平。数字化信息基础设施是

促进农村产业与科技深度融合的基础条件（温涛、陈一明，2020），要大力支持物联网感知等共性关键技术和重大项目攻关，促进农村产业发展所需要的设施装备系统集成生产和大规模应用，改善农村产业现代化发展的设施装备条件。

第二，促进数字信息技术与农村产业深度融合。加强农村产业经营信息、重要农产品市场信息、农产品质量安全追溯等信息系统平台建设，积极推广和应用现代数字信息技术，提升以数字信息技术为支撑的农村产业大数据对农村产业现代化发展的指导作用。同时，通过农业分工深化和跨区作业服务等方式扩大农村产业的市场容量，进而促进农村产业科技成果应用，并促使科技创新和农村产业发展之间形成良性循环（张露、罗必良，2018）。

第三，提升农村产业经营主体对科技的运用能力。以技术创新和方法创新提高农村产业现代化发展的智能化，降低经营主体的学习和利用成本；以产品创新激发经营主体接受新技术的主动性，提升新技术的采纳意愿，提高农村产业现代化发展的效率和效益；重点推广网络直播带货等技术，降低农村产业经营主体运用科技的门槛，全面提升农村产业现代化经营的网络化和服务的便捷化。

（四）发挥新型经营主体的示范带动作用，促进农村产业绿色高效发展

第一，发挥农村新型经营主体在绿色发展方式的示范带动作用。鼓励种养大户、家庭农场、农民合作社、企业等新型经营主体参与化肥农药减量、生态循环发展、绿色品牌战略等行动，充

分发挥其在贯彻绿色理念、推行绿色生产、发展绿色产业的示范带动作用，进一步促进农村产业绿色发展水平。

第二，促进农村产业发展与资源环境有效匹配。充分发挥农业具有食物及纤维生产、生态服务、可再生资源管理、生物多样性等诸多功能，通过第一、第二、第三产业融合发展来培育融合生产、生活、生态功能的新产业和新业态（陈秧分等，2018），构建一套与当地资源环境禀赋相匹配的绿色高效产业体系，实现土地产出率、资源利用率和科技贡献率提高，并加强该绿色高效产业体系中具有公共物品属性的重点领域的支持（孙江超，2019）。

参考文献

1. 曹璐等：《我国村镇未来发展的若干趋势判断》，《中国工程科学》2019年第2期。

2. 陈秧分等：《乡村振兴战略中的农业地位与农业发展》，《农业经济问题》2018年第1期。

3. 樊杰、赵艳楠：《面向现代化的中国区域发展格局：科学内涵与战略重点》，《经济地理》2021年第1期。

4. 顾益康：《中国特色农业现代化的科学内涵、目标模式与支撑体系》，《中共浙江省委党校学报》2012年第6期。

5. 李宝值等：《新型职业农民培训的收入效应及其差异分析》，《农业技术经济》2019年第2期。

6. 李玉红、王皓：《中国人口空心村与实心村空间分布——来自第三次农业普查行政村抽样的证据》，《中国农村经济》2020年第4期。

7. 刘俊峰：《乡镇企业对中国农村经济影响浅析》，《农村经济与科技》2021年第3期。

8. 刘汝超、阳谷：《农业机械化助力乡村振兴》，《山东农机化》2021年第1期。

9. 阮文彪：《小农户和现代农业发展有机衔接——经验证据、突出矛盾与路径选择》，《中国农村观察》2019年第1期。

10. 孙江超：《我国农业高质量发展导向及政策建议》，《管理学刊》2019年第6期。

11. 唐亮等：《基于全产业链视角的小农户与大市场衔接路径研究》，《宜宾学院学报》2020年第8期。

12. 魏后凯、闫坤：《中国农村发展报告（2018）——新时代乡村全面振兴之路》，中国社会科学出版社2018年版。

13. 魏后凯：《深刻认识农业农村现代化的科学内涵》，《农村工作通讯》2019年第2期。

14. 温涛、陈一明：《数字经济与农业农村经济融合发展：实践模式、现实障碍与突破路径》，《农业经济问题》2020年第7期。

15. 严金明等：《乡村振兴战略实施与宅基地"三权分置"改革的深化》，《改革》2019年第1期。

16. 叶敬忠等：《小农户和现代农业发展：如何有机衔接？》，《中国农村经济》2018年第11期。

17. 叶兴庆：《迈向2035年的中国乡村：愿景、挑战与策略》，《管理世界》2021年第4期。

18. 苑鹏：《推动小农户与现代农业有机衔接》，《红旗文稿》2021年第2期。

19. 张露、罗必良：《小农生产如何融入现代农业发展轨道？——来自中国小麦主产区的经验证据》,《经济研究》2018 年第 12 期。
20. 张勇等:《城市入乡人才推进空心村振兴:生成逻辑、实现路径及其运行机制——基于广东省 W 村的案例分析》,《世界农业》2020 年第 10 期。
21. 卓贤:《重新理解集聚与城市密度》,财新网,2020 年,http://opinion.caixin.com/2020-07-10/101578051.html。

面向 2035 年的中国粮食安全战略

李国祥[*]

摘　要：面向 2035 年的中国粮食安全战略的核心内涵是确保任何情况下粮食等食物供给的充足性和韧性。总体思路是保障粮食和其他食物供给和价格基本稳定，满足居民食物消费升级需要，守住粮食安全底线，藏粮于地、藏粮于技，健全粮食安全社会网。实现国内粮食生产能力由 7 亿吨水平向 7.5 亿吨水平转变，常态下中国粮食供给能力达到 9 亿吨水平。食品安全保障水平进入世界前列。主要举措包括统筹国内国际粮食安全治理，保护调动农民种粮积极性，发挥耕地基础性作用，加快农业科技创新，加强完善粮食市场调控。

关键词：粮食供给能力　食品安全保障　粮食安全治理

---

[*] 李国祥，农学博士，中国社会科学院农村发展研究所研究员，食物经济研究室主任，主要研究方向为农业经济管理。

China's Food Security Strategy towards 2035

Li Guoxiang

Abstract: The core content of China's food security strategy towards 2035 is to ensure the adequacy and resilience of food supplies, such as grain, under any circumstances. The overall approach is to keep the supply and prices of grain and other foodstuffs basically stable, meet people's needs to upgrade food consumption, maintain the bottom line of food security, reserve grain in lands, reserve grain in technology, and improve the social network of food security. China's grain production capacity should shift from 700 million tons to 750 million tons, and China's grain supply capacity should reach 900 million tons under normal conditions. Food safety has reached advanced international standards. The main measures include coordinating domestic and international efforts to improve grain security, protecting and motivating farmers to grow grain, giving full play to the basic role of cultivated land, accelerating innovation in agricultural science and technology, and strengthening regulation and improvement of the grain market.

Key Words：Grain Supply Capacity；Food Safety Assurance；Food Security Governance

到2035年，中国要基本实现社会主义现代化，人民生活要更加美好，城乡居民生活水平差距将显著缩小，这些都对国家粮食安全在需求侧保障方面提出了更高要求。进入新发展阶段，中国将统筹发展和安全，加快形成新发展格局；全面推进乡村振兴，加快农业农村现代化，以及为应对气候变化在碳排放达峰后加快农业发展绿色转型，这些都对国家粮食安全在供给侧保障方面提出了新挑战新机遇。

一　粮食安全战略界定与中国粮食安全面临的新形势新任务

粮食安全，简单理解，就是粮食的多少问题；复杂地理解，包含食物数量质量及其结构、卫生安全甚至治国安天下等一系列大问题。粮食安全的内涵决定了粮食安全相关问题往往就是战略问题。回顾中国百年历史，粮食安全及其战略选择是不断演进的。

（一）粮食安全战略的界定及其选择的历史演变

在探讨如何选择国家粮食安全战略目标和确定国家粮食安全战略思路等之前，对中国的国家粮食安全战略进行界定，是十分必要的。中国的国家粮食安全战略，主要内涵应是：不以损害他国或地区的粮食安全为前提，不以牺牲子孙后代粮食安全为要求，不以牺牲资源环境为代价，以确保任何国人在任何时候任何条件下可获得健康营养食物为目标而选择的满足国内居民食物，特别是粮食消费需求的供给保障目标、途径和措施的总称。

世界上不同的国家，尽管有的粮食安全战略清晰，有的粮食安全战略不十分清晰，但一般都会选择相适应的目标和政策保障措施。结合国际组织，特别是联合国粮农组织对粮食安全的界定，以及多数国家结合自身国情而选择的粮食安全战略和政策措施，中国粮食安全战略也宜选择大食物口径，以满足人们食物消费需要（不是需求）作为国家粮食安全出发点和落脚点。考虑到国家粮食安全战略的全局性和长远性，以及中国在世界地位的变化和当代中国确保国家粮食安全面临的新挑战和新机遇，需要设置保障当代中国粮食安全的前提条件。

2021年是中国共产党成立100周年。回顾百年中国，按粮食形势变化和中国共产党或者国家选择的粮食保障策略来看，经历了从前80年的千方百计寻求摆脱粮食危机困境到近20年来可主动地选择国家粮食安全战略的历史性转变。1921—1949年，受粮食生产能力低下和战乱等影响，积贫积弱的中国始终无法解决人们温饱问题。尽管如此，中国共产党在根据地推行土地改革，开展大生产运动，主要靠发展粮食生产来有效解决人们吃饭难题。1949—1978年，中国动员和组织社会力量开垦荒地，扩大粮食种植面积，实行统购统销，在发展粮食生产的同时，注重粮食分配，基本保障了全民的粮食供给。1978—2012年，中国推行家庭联产承包责任制，推广以杂交稻为代表的先进农业科技，健全粮食市场机制，取消农业税，建立粮食支持保护制度，彻底告别了粮食短缺时代，实现了粮食供求基本平衡和丰年有余，这一阶段主要依靠农业科技创新和市场化改革等制度创新解决粮食供给保障面临的各种难题。2012年以来，进入粮食高质量发展阶段，推进农业绿色转型，建设粮食产业强国，粮食连续增产丰收，实施新阶段国家粮食安全战略。

回顾过去，饥馑之国"帽子"的摘除，粮食短缺时代的结束，粮食新台阶的不断迈进，粮食供给和粮食安全保障持续改善，为中国经济社会发展和人民生活福祉提高作出了卓越贡献。立足当前，展望未来，筑牢粮食安全这个根基有了更高要求。中国综合国力跃升世界前列，当今世界正经历百年未有之大变局，中国正在加快推进以国内大循环为主体、国内国际双循环相互促进的新发展格局形成，保障粮食安全要继续为经济平稳运行提供坚强支撑，为居民食物消费升级提供更好保障，还要守住国家粮食安全底线，积极参与全球粮食安全治理，需要更加有效地选择和实施新阶段国家粮食安全战略。

（二）保供稳价是保障粮食安全的常规任务

基本实现现代化，新阶段粮食保供稳价时刻不能放松。2020年，中国粮食总产量6.7亿吨，国内粮食净进口1.4亿吨，中国还动用了几千万吨的粮食储备，粮食供给创造历史新高。这也就是说，2020年，中国粮食总供给估计已经超过8.5亿吨。尽管如此，2020年，中国粮食价格呈现出上涨态势，其中，谷物生产者价格同比上涨4.1%，涨幅为2013年以来最大。分季度来看，秋粮上市后，玉米和大豆等价格上涨幅度呈现出扩大态势，第四季度玉米和大豆生产者价格同比上涨17.3%和17.1%。

粮食供求关系及其价格走势，既是国民经济运行的重要组成部分，又对其他行业、部门和产业产生广泛影响。以稻谷和小麦为代表的供给保障状况及其价格水平，直接影响人们生活水平和工资水平。以玉米和大豆为代表的供给保障状况及其价格水平，直接影响养殖业成本，关系到居民的"菜篮子"和食品消费的经济负担（恩格尔系数）。粮食价格还是形成其他农产品及其加工品比价的基础。

食品消费的经济负担及其食物消费结构是反映居民生活水平的重要指标。根据国际经验，发达国家居民食物消费支出所占比重普遍在10%以内，少数发达国家食物消费支出所占比重甚至在5%左右。

受城乡居民收入和生活水平存在明显差距等影响，城乡居民食品消费水平也存在一定差距。根据国家统计局对城乡住户的调查数据，2019年，城乡居民人均食品消费支出分别为4819元和2885元，农民人均食品消费支出相当于城镇居民的59.9%；城乡居民食品消费支出所占比重分别为17%和22%，两者相差5个百分点。

按照基本实现现代化目标任务，城乡居民生活水平差距明显缩小，应首先反映在食物消费的经济负担上；结合党的十八大以来农村居民食品消费支出较快增长的历史以及国际上其他国家人均GDP与食品消费支出比重经验值，到2035年，中国城乡居民人均食品消费支出水平基本相当，全国居民食品烟酒消费支出在全部消费支出中所占比重降到20%以下，其中，城镇居民食品烟酒消费支出所占比重降到15%左右，城乡居民食品烟酒消费支出所占比重的差距在3个百分点以内。

（三）居民食物消费升级对粮食安全保障工作提出新要求

新发展阶段保障国家粮食安全，不能完全局限于底线目标任务，必须要更好地满足居民食物消费升级需要。近年来，中国粮食供求关系有了明显变化，由2015年到2018年的结构性相对过剩向偏紧转变。经济发展，现代化推进，居民食物消费升级，粮食消费和需要不仅总量将会增加，而且结构还会发生深刻变化，用于粮食生产的农业资源不能减少，至少要稳定；在粮食增产和丰收中贡献潜力巨大的现代农业科技和物质装备还需要进一步发挥作用。

多年来，中国粮食产需缺口总体上不断扩大，粮食生产结构又滞后于粮食消费升级，造成粮食供求结构性矛盾，而且中国对粮食供求结构性矛盾认识不足，全国性的结构调整（甚至局部性结构调整）虽然有时会缓解粮食供求结构性矛盾，但往往又会带来粮食供求关系整体性改变。

中国发展进入新阶段，要掌握粮食消费升级规律，依据粮食消费格局演变趋势，主动优化粮食生产结构和资源配置，持续维护粮食供求宽松关系。在粮食政策上，不仅要提高粮食综合生产能力，而且要优化粮食生产结构，甚至也要优化粮食供给结构，促进粮食价格的稳定，更好地满足居民食物消费升级需要。

（四）节粮减损成为保障粮食安全新任务

粮食浪费和损失，事关国家粮食安全和人们公共健康以及资源环境保护。对高收入群体甚至特定场合的参与群体来说，粮食浪费给他们个人带来的经济损失可能微不足道，但对社会和生态等负面影响大，会加剧农业生产、食物供应保障和资源可持续利用压力，丢弃的粮食还会污染环境，处置需要花费社会成本。饮食过多，带来的隐性粮食浪费也会损害身体健康，加重医疗社会负担。中国农业面临的资源环境约束越来越紧，粮食产需缺口越来越大，肥胖等营养不平衡问题已经越来越突出。保障粮食安全，迫切需要节粮减损。反对粮食浪费，也是增加粮食供给的一种方式，可以减轻中国农业生产的压力，降低农业资源环境污染，减少食物供给与消费相关的垃圾处置难度和费用；反对因过度食物消费而带来的隐性粮食浪费，不仅具有重要的社会意义，也可以降低营养不良、心脏病、肥胖和糖尿病等患病风险。

总体上看，党的十八大以来，中国反对粮食浪费的风气越来越浓厚，公款餐饮招待中的食物浪费基本得到控制，光盘行动取得成效。中国正在加快反对粮食浪费立法进程，《中华人民共和国反食品浪费法》开始实施，国家粮食安全保障法强化了节粮减损相关条款。主要行政主管部门快速行动，研究确立节粮减损目标，出台政策措施。特别地，近年来各地各部门以制止餐饮浪费为重点，充分运用广播电视、报纸等传统媒体和网络等新兴媒体，以及群众喜闻乐见的标语、警语、提示牌、展板、宣传材料等现场宣传方式，倡导勤俭节约、反对铺张浪费，着力营造珍惜粮食、反对浪费的社会氛围，影响个人用餐行为的效应不断显现。

开源节流成为新形势下保障粮食安全的重要途径。从全产业链来看，流通和消费环节粮食浪费和损失最严重，一般估计都在70%左右。但是，农业生产环节的粮食损失浪费现象绝不可忽视。因机械播种和收割质量问题、农田基础设施不配套、粮食收获后干燥设施设备不足、储运粮食设施设备简陋老化、粮食加工工艺落后、缺乏副产品综合利用技术装备,是造成粮食损失浪费的重要技术性原因。农民播种收获时机把握不当,播种收获因作业人员操作技术不熟练,相关主体缺乏节粮意识和责任,是造成粮食损失浪费的主要人为因素。加工企业为了迎合消费者不合理需要而过度加工粮食的问题一直没有得到有效解决,过去稻谷出米率和小麦出面率都在70%以上,现在甚至下降到50%以下。在每个环节推进节粮减损,显得极其迫切。

2010年以来,国际组织特别是联合国粮农组织十分重视粮食浪费和损失问题。2011年5月,联合国粮农组织启动实施了粮食节约行动。2015年9月,联合国可持续发展峰会通过的21世纪可持续发展议程,确定到2030年在零售和消费环节实现全球人均粮食浪费减半以及在农产品生产及供应链每个环节粮食损失明显减少等目标。中国实施粮食节约行动,是落实联合国21世纪可持续发展议程的需要。

(五)保障国家粮食安全与参与全球粮食安全治理息息相关

消除饥饿是人类社会发展的重要目标。联合国21世纪可持续发展议程确立了2030年要实现"零饥饿"目标。尽管中国提前10年实现了这一目标,其他国家2030年能否实现"零饥饿"目标,特别是低收入缺粮国家能否实现"零饥饿"目标,确实存在很大的不确定性,但是,国际社会绝不会放弃全人类追求消除绝对贫困和实现"零饥饿"目标。

中国经济实力不断增强，负责任的言行正是国际社会实现可持续发展所需要的。构筑人类命运共同体，中国不会推卸，也无法推卸肩负全球粮食安全治理重任。新发展阶段，中国要为全球粮食安全和全人类消除饥饿、营养不足和营养不平衡承担责任，积极参与全球粮食安全治理。

中国经济实力增强带来国际市场上粮食购买力的大幅度提升，但这并不意味着中国将威胁其他国家粮食安全。20世纪90年代，国际上有学者预言中国经济发展到一定水平后会将国际贸易中的粮食全部进口到国内，让缺粮国家无粮可吃。中国粮食安全战略和解决国内粮食问题的做法，都充分表明事实并非如此。中国不仅通过研究和宣传来解除"谁来养活中国"提出者和支持者的忧虑，而且通过制定国家粮食安全战略并采取切实行动强化以我为主和立足国内提高粮食综合生产能力来不断提高国家粮食保障水平。

中国鼓励企业进口粮食来源多渠道多元化，既是管控国家粮食安全风险的需要，也是不对世界缺粮国家粮食安全造成威胁的体现。缺粮国家中，很多是欠发达国家，购买力不足是消除饥饿的最大经济约束。中国绝不会把世界某个国家可供贸易的粮食全部进口完，也不会掌控其他国家的粮食国际贸易。这样，每个粮食有剩余的国家都可以为国际粮食援助发挥作用。中国也不例外，尽管国内粮食产需缺口较大，但通过提供资金给国际组织间接地参与粮食援助，或者直接地提供国内有结构矛盾的阶段性过剩粮食作为援助，缓解低收缺粮国家的粮食危机。

二 面向2035年国家粮食安全战略目标与思路

随着中国经济发展和形势的变化，国家粮食安全战略目标选择不断演进。国内粮食产能和总产量的要求，一直是中国粮食安全战略的重要内容。在1996年的《中国粮食问题》白皮书中，中国提出立足国内资源解决粮食供需问题是基本方针，确定在正常情况下的粮食自给率不低于95%和净进口量不超过国内消费量5%的目标。《国家粮食安全中长期规划纲要（2008—2020年）》明确的主要目标包括：粮食自给率要稳定在95%以上，到2020年，耕地面积保有量不低于18亿亩，粮食综合生产能力要达到5.4亿吨以上。实际上，2020年，中国的耕地面积约20亿亩，粮食总产量6.7亿吨。粮食生产能力显著地高于国家粮食安全中长期规划纲要的目标值。

党的十八大召开之后，中国在2013年年底召开的中央经济工作会议和中央农村工作都明确提出新形势国家粮食安全战略，即"以我为主、立足国内、确保产能、适度进口、科技支撑"。2013年12月中旬召开的2014年中央经济工作会议，首次提出的新形势下国家粮食安全战略中，强调了"要依靠自己保口粮，集中国内资源保重点，做到谷物基本自给、口粮绝对安全"。

2019年10月发布的《中国粮食安全白皮书》高度强调提高国内粮食生产能力的战略地位。2021年《政府工作报告》则将"粮食综合生产能力保持在1.3万亿斤以上"作为"十四五"时期主要目标任务。

2021年全国"两会"发布的《中华人民共和国国民经济和社会发展第十四个五年规划和2035年远景目标纲要》将实施粮食安全战略作为强化国家经济安全保障的首要任务。面向2035年,中国将统筹发展和安全,强化国家经济安全保障,实施粮食安全战略,按照坚守粮食安全底线,适应居民食物消费升级需要,选择分品种保障策略,确保口粮绝对安全、谷物基本自给、重要农副产品供应充足。

考虑到中国基本实现现代化以及国家粮食安全面临的国内国际新形势新任务,结合中国粮食安全战略的实践以及"十四五"国家规划的具体内容,中国面向2035年的国家粮食安全战略目标必须在粮食和其他食物供给总量上具有充足性和韧性,选择弹性空间。这一空间底线目标是确保任何人在任何情况下可获取基本营养的食物,即在任何时候对任何人都要保障可满足基本营养需要的食物供给。在此基础上,选择尊重个人食物消费偏好基础上的营养健康导向的国家粮食安全战略目标。

新发展阶段,中国统筹发展和安全,必然带来国家粮食安全战略目标的区间化,即既要守住底线,又要更好地满足人民生活美好生活对食物消费更高层次的需要。新发展阶段国家粮食安全战略目标既不能因坚守底线目标而放弃发展目标,又不能因发展目标而放弃底线目标。在国家层面要确保在任何情况下能够提供满足人民食物需要的粮食供给。为此,粮食等食物供给必须要有充足的供给和足够的韧性。

从供给来源看,特定时期内粮食供给有生产、进口和库存三大途径。从国家层面说,生产、进口和库存三大供给来源对粮食供给的充足性和韧性存在不同影响。国内粮食产能和产量与粮食供给充足性和韧性的正向关系最明显。国内粮食产能越强，粮食产量越高，国家粮食供给越充足，韧性越大。粮食进口对粮食供给充足性和韧性的影响方向并不一致。粮食进口规模大，有助于增强粮食供给充足性，但可能会削弱粮食供给的韧性。粮食库存与粮食供给充足性和韧性的关系也不简单。特定时期内，增加粮食库存，可能会削弱粮食供给充足性，但有助于改善粮食供给的韧性。

随着中国居民食物消费不断升级，中国粮食供给能力和水平必须不断提高。同时，国内粮食生产能力也必须相应提高，"十四五"期间要建成7亿吨以上的粮食生产能力，2035年要建成7.5亿吨以上的粮食生产能力。之所以把提升粮食安全能力与提高粮食生产能力紧密关联起来，这主要是考虑到各种极端情形下必须守住粮食安全底线，即任何情形再也不能出现温饱都不能保障的问题；也考虑到居民食物消费水平提高和承担促进全球粮食安全责任而必须也能够实现的粮食生产能力目标。

从逻辑上说，粮食进口无疑是粮食供给的重要来源。从长期来看，受国内农业资源约束和发挥农业推动可持续发展积极性作用影响，特别是粮食主要净出口国家和地区对扩大中国粮食市场要求下，中国粮食进口规模会越来越大。2013年年底召开的中央经济会议将适度进口作为新形势国家粮食安全战略的组成部分。按照中国粮食口径，多年来中国粮食进口量超过1亿吨，2020年中国粮食进口量超过1.4亿吨。粮食进口通常情况下已经成为中国粮食市场供给的来源之一。粮食进口无疑会对粮食供给韧性产生影响。选择国家粮食安全战略，必须处理好国内粮食生产和进口之间关系。粮食进口规模越大，对粮食供给韧性影响也越大。考虑到2035年中国需要具有9亿吨粮食总供给保障能力才可满足居民食物消费升级的需要，以及国内粮食生产能力7亿吨到7.5亿吨的区间，那么到2035年中国粮食进口规模在常态情形下应达到1.5亿—2亿吨。

国内粮食生产因受天气等不确定因素影响而会对粮食供给保障产生冲击。比较而言，粮食进口受国际环境等不确定性影响更大，因而对粮食供给保障产生的潜在冲击也更大。对于14多亿人口的大国，增强粮食供给保障韧性的途径之一是增强有效的库存和储备。

大体来说，粮食储备包括粮食生产者库存和农民家庭储备、粮食加工流通企业的商业化库存和政府的粮食储备。随着专业化的发展和粮食市场稳定性的不断增强，农民家庭对粮食储备的规模越来越小。发挥农民家庭粮食储备对粮食供给韧性的余地总体趋于缩小。粮食生产者库存和粮食加工流通企业的商业化库存，受市场波动预期影响较多，对粮食供给韧性可能会产生负效应。粮食供给趋紧，粮食价格预期上涨，粮食生产者和粮食流通企业会倾向于增加库存，结果可能导致粮食供给进一步趋紧和粮食价格进一步上涨。未来真正能够发挥储备对粮食供给韧性正向效应的应主要是政府储备。

中国政府粮食储备主要有政策性收储和轮储。为了防止谷贱伤农和农民普遍卖粮难，更为了增强粮食供给保障的韧性，中国对小麦和稻谷实行最低收购价预案制度。这样，当粮食供给过于宽松而启动小麦和稻谷最低收购价政策时，就会带来政策性粮食储备的增加；当粮食供给趋紧而不需要启动小麦和稻谷最低收购价政策时，不会造成政策性粮食储备的增加。客观地说，国家粮食轮储对粮食供给韧性往往是中性的。每年出库多少粮食，相应地就收储多少新粮，入库和出库规模基本相当。因此，要发挥国家粮食储备对粮食供给韧性的积极作用，关键是增加政策性粮食收储规模。

到2035年，社会救助和居民养老保险能够提供可以满足健康营养需要的基本食物。2020年，中国消除绝对贫困，建成全面小康社会，彻底解决了所有人的温饱问题。到2035年基本实现现代化，从底线保障粮食安全必然要升级。借鉴发达国家的经验，经济发展，国家保障脆弱特殊群体的粮食安全会由提供基本食物向促进健康营养食物提供转变。因此，到2035年，中国应建立健全保障脆弱特殊群体健康营养的基本食物需要，按脆弱特殊社会群体粮食安全保障确定社会救助范围，不断提高社会救助标准，稳步提高居民养老保险水平。

到2035年，食品安全得到根本保障。食品安全标准水平进入世界前列，食品安全风险管控能力达到国际先进水平，农产品产地环境污染有效治理和控制，产地主体责任落实到位，农业投入物和食品加工添加物严格按标准使用，从农田牧场到餐桌全过程监管体系建立健全并高效运转，区域性、系统性重大食品安全风险得到根本控制。

三 保障国家粮食安全对策建议

在确保国家粮食安全战略目标和总体思路后，关键的是要将其落实到位。采取积极措施保障粮食安全，是各国普遍做法。有的国家主要采取措施支持农业发展,有的国家直接给予需要帮助的群体配给或者发放食物,或者销售经过财政补贴的食物,有的国家直接给予现金转移支付,限定必须购买食物。中国历来重视农业发展粮食安全,出台了一系列政策措施。到2035年,中国应进一步健全完善保障国家粮食安全政策和农业发展支持措施。

(一)保护调动农民种粮积极性

让种粮农民获得政策性补贴实现合理收益是保护调动农民种粮积极性的核心。中国已经逐步建立起了保护调动农民种粮积极性的政策体系,主要包括补贴、价格支持和保险。实施面向2035年的粮食安全战略,要完善玉米、大豆生产者补贴,坚持并完善稻谷、小麦最低收购价政策,扩大稻谷、小麦、玉米三大粮食作物完全成本保险和收入保险覆盖范围。

深化农业保险改革应以保障粮食生产投劳均衡稳定收入为核心。农业发展进入新阶段,尽快形成农业以国内循环为主,国内国际循环相互促进的双循环新发展格局,国家必然会加快农业支持保护制度改革。近年来,中国在放弃或者弱化与WTO农业规则不相容的"黄箱"政策措施基础上,在全国有选择地开展了农业完全成本保险和收入保险试点,估计"十四五"期间农业保险改革与试点将会进一步扩大。尽管中国粮食耕种收机械化水平越来越高,但是粮食生产总还是需要一定量的劳动投入。在城乡一体化劳动力市场建立起来后,再考虑到国家举全党全社会力量全面推进乡村建设将带来大量的就近就业机会和农村非粮就业机会,通过政策性保险保障农民种粮投入的劳动力均衡收益稳定增长,对于持续提高中国粮食生产能力和把住国家粮食安全主动权具有决定性意义。

探索建立职业种粮农民津贴制度。影响农民种粮积极性的关键因素是投劳的机会成本。建议由财政通过直接支付或者奖励的方式，向适度规模的职业种粮农民事后发放津贴，让种粮农民在经济上不吃亏，更好地保护和调动农民种粮积极性，确保国家粮食安全有稳固的基础。同时，建立职业种粮农民津贴制度，这一支持措施更适应世界贸易组织农业规则要求。

（二）藏粮于地、藏粮于技，守住粮食安全底线

实施藏粮于地战略，必须坚持最严格的耕地保护制度，强化耕地数量保护。严守18亿亩耕地红线，遏制耕地"非农化"、防止"非粮化"。严守耕地总量不减少，农地农用相关法律法规执法力度只能加强而不能削弱，粮食安全党政同责考核只能强化和完善而不能"走过场"和搞形式主义。除此之外，还必须从占用耕地的源头上加强控制和疏导。为了从长效机制上守住耕地红线，应界定好城镇建设用地边界，不能无限扩张，约束住城镇政府用地需求；为了满足农业农村发展合理的用地需求，要在深化农村集体建设用地制度改革上做足文章，盘活农村土地资源，适度满足农民用地需求。严管和疏导有机结合，才能从根本上杜绝大棚房和在耕地上建房等事件反复变形的出现。

实施藏粮于地战略，必须不断提升耕地质量。要规范耕地占补平衡，加强督察和惩戒力度，严禁占优补劣。以集中连片高标准农田建设和智慧水利建设为重点，构建国家粮食安全产业带，增强粮食生产功能区和重要农产品生产保护区可持续发展能力。实施黑土地保护工程，统筹冬闲田绿肥植物和油料作物种植，切

实保护和提升耕地地力。加强土壤污染治理，改善耕地与地下水匹配度，有序实施休耕和轮作计划。

藏粮于技，关键要提高农业科技和物质装备现代化水平。做好种质资源普查工作，建设多层次多元化种子库体系，夯实国家级种子库在种质资源保护和利用中的基础地位。加强良种技术攻关和种源"卡脖子"技术联合攻关，有序推进生物育种产业化应用。强化高端智能、丘陵山区农机装备研发创新，促进农业物质装备制造升级。持续推进农业绿色转型发展，支持研发推广高效肥料和药物，促进化肥农药减量化施用的同时提高农业质量效益和竞争力。

（三）完善粮食市场调控

保障主要食物供给及价格稳定，要增加储备，健全调控体系，提高调控能力，发挥市场机制决定性作用的同时更好地发挥政府作用。要加强市场预期引导。粮食等消费和需求多元化，市场供给主体必将多元化。金融发展，农产品金融化难以避免。加强粮食市场监测，及时发布有效信息，有助于克服粮食市场供给主体多元化和粮食等重要农产品金融化带来的市场波动加剧风险。要发挥信息科技作用，整合粮食市场供给主体和服务主体各类信息资源，建设粮食市场供给信息平台。在此基础上，对相关信息开发，健全预警体系。

（四）提高食品安全保障水平

多年来，中国高度重视食品安全工作，食品安全标准体系逐步健全，检验检测能力不断提高，全过程监管体系基本建立，重大食品安全风险得到控制，食品安全治理成效显著。但是，中国食品安全风险仍然存在。微生物和重金属污染、农药兽药残留超标、添加剂使用不规范、制假售假等问题时有发生，环境污染带来的食品安全风险始终存在，农产品和食品国际贸易带来的食品安全风险不可忽视。食品安全工作仍然存在薄弱环节。食品安全风险监测评估预警等基础工作薄弱，基层监管力量和技术手段滞后的问题尚未根本解决。一些农产品及食品生产经营者唯利是图、主体责任意识不强。一些地方对食品安全重视不够，责任落实不到位。

面向2035年，食品安全治理要着力建立健全体制机制、完善法律法规、制定产业地规划、加强监督管理。借鉴和转化国际食品安全标准，加快制修订农药残留、兽药残留、重金属、食品及其包装污染物、致病性微生物等食品安全标准。强化标准实施，确保农产品产地环境安全、农业投入品规范和程序使用。

（五）做好保障特殊群体和脆弱群体粮食安全保障工作

保障义务教育阶段学生营养基本需要是新形势粮食安全工作的重要使命。中国已经对义务教育阶段学生实施营养膳食补助政策实施多年，取得一定成效。对家庭经济困难学生发放生活费补助，在全国实施农村义务教育学生营养改善计划。由各级财政对家庭经济困难学生生活费补助和实施农村义务教育学生营养改善计划给予补助。这些政策措施有效地满足了义务教育阶段学生这类特殊群体的基本营养需要。面向2035年，国家应扩大学生营养补助范围，提高营养补助标准，发挥公共财政在保障学生等特殊群体健康营养方面的积极作用。

社会救助和保障体系要强化粮食安全保障。中国基本建立了社会救助体系。社会上，始终会存在一些生活困难群体，一日三餐要么短时间内无法得到保障，要么需要依靠外界干预才能得到保障。经过多年探索，中国已经能够对城乡特殊群体实施社会救助，发挥财政民生兜底保障作用，主要通过最低生活保障向困难群众发放现金，向特困人员提供救助供养，对自愿受助的生活无着落流浪乞讨人员无偿提供救助，满足特殊群体和脆弱群体基本生活的食物消费需要。无论是困难，还是特困人员，以及流浪乞讨人员，中国已经为这些脆弱群体解决温饱问题提供了制度保障。中国已经建立起城乡并轨的居民养老保险制度。与职工养老保险相比，一些地方的居民养老保险标准还比较低，尚不能保障居民健康营养的基本食物需要。社会救助和保障体系，要将保障基本健康营养需要的食物供给作为首要任务。

（六）深入推进节粮减损

开展粮食节约行动，要着力解决中国粮食浪费和损失突出问题，总结中国各地有效做法，借鉴国际经验，实施好粮食节约行动。从产业链环节上明确粮食节约的技术装备创新方向和源头监管重点，要把节约粮食的思想，贯穿于从田间到餐桌的整个过程和全产业链的每个环节；通过多种手段综合实施将粮食节约具体化为行动；从明确相关主体义务方面来压实粮食节约责任。

要将粮食节约作为农业科技创新和改善监管的动力源。农产品收获前或者上市前的浪费和损失重在农业科技创新、强化生产环境和现代投入物监管。培育和推广耐储存和适宜加工粮食品种，有助于粮食节约。不符合质量卫生标准的粮食，生产越多，浪费和损失则越多。农业生产环节不仅可能产生质量卫生不合格的粮食，直接造成浪费，而且还可能对食物产业链和供应链其他环节浪费与损失带来影响。化肥施用要有助于提高粮食品质和营养，药物施用要确保不影响粮食质量卫生安全。收获前施用钙肥等叶面肥，可能会降低储运环节的破损率，也可能会延长有效储存期，从而达到粮食节约效果。健康的土壤、干净的动植物生长环境、标准化的化肥农药施用及兽药使用，才能生产出符合质量安全标准的食物。节约粮食，必须加强土壤污染治理，加强动植物生产环境卫生建设，加强化肥农药兽药等监管，从源头上确保食品质量安全，避免重金属超标和药物残留超标及病菌病毒超标。研究制定粮食收获最佳时机标准，避免因成熟度不合适造成营养损失和质量降低。

强化公共服务和社会化服务促进粮食节约。播种收获季节，农业和气象部门要及时发布适宜播种收获时机和注意事项，避免农民不当播种收获时机造成损失。要强化公共服务，为农机服务人员提供培训，提高作业熟练程度，减少机械作业损失。普及粮食收储运环节节粮知识，进一步压实政策性粮食收储运环节，杜绝浪费和减少损失责任。

从国际上看，针对大量的粮食浪费和损失及其广泛深远的危害，主要是通过法治规范和政策措施以及营造反对粮食浪费的浓厚氛围等，鼓励消费者和其他市场主体在观念上和行动上自愿反对和抵制粮食浪费和损失。否则，对造成可避免的粮食浪费和损失的行为，就要受到全社会的批评、谴责和行政的惩戒以及法律的处罚。

（七）积极参与全球粮食安全治理

中国参与全球粮食安全治理，不仅要积极参与和支持联合国粮农组织和世界粮食计划署工作，而且要积极推动新一轮世界贸易组织谈判，将保障全球粮食安全和各国粮食安全纳入构建的国际贸易新秩序中，彻底解决改善粮食安全与扩大国际贸易之间的冲突，重建世界贸易组织农业新规则。

中国要参与和主导全球粮食安全治理，还需要对国际社会提出的基于健康长寿目标的未来人类粮食安全理念充分理解和深入研究，更好地与国际社会对话和沟通，共同推进可持续粮食消费理念的树立和平衡足量全面营养粮食消费行为的养成，更加注重粮食生产的绿色转型。

参考文献

1. 《关于下达2021年城乡义务教育补助经费预算的通知》，财政部网站，2021年5月17日。

2. 《中共中央关于制定国民经济和社会发展第十四个五年规划和二〇三五年远景目标的建议》，新华网，2020年11月3日。

3. 《中国的粮食安全白皮书》，国务院新闻办公室网站，2019年10月14日。

4. 《中华人民共和国国民经济和社会发展第十四个五年规划和2035年远景目标纲要》，新华网，2021年3月13日。

5. 李克强：《政府工作报告——2021年3月5日在第十三届全国人民代表大会第四次会议上》，新华网，2021年3月12日。

6. 新华社：《2014中央经济工作会议》，新华网，2013年12月

13 日。

7. 叶兴庆:《国家粮食安全战略的新变化及其实现路径》,《中国党政干部论坛》2014 年第 2 期。

8. 中华人民共和国国务院新闻办公室:《中国的粮食问题》,《人民日报》1996 年 10 月 25 日。

新时期农村集体经济的现代化之路

陆 雷 赵 黎[*]

摘 要：在加快完善社会主义市场经济体制的过程中，农村集体经济的现代化是农村经济体制改革的重要组成部分，也是破解"三农"问题的重要途径。改革开放以来，全国各地探索农村集体经济现代化之路的改革层出不穷。近年来，国家通过土地确权和构建新型农村集体经济组织等方式，意在通过市场化改革实现农村集体经济的现代化。但这一改革进路受制于农村集体经济的本质特征，难以取得决定性的进展。农村集体经济与市场经济之间的内生冲突严重阻碍着农村经济现代化的进程。随着经济社会的迅猛发展，国家与农村集体经济组织的关系已经发生了根本性的转变。锚定2035年远景目标，把握历史契机，通过对历史形成的农村集体经济的制度设计做出根本性的变革，有计划、分步骤地重构农村集体经济组织股权结构和治理结构，可以稳步推进农村集体经济的现代化转型。

---

[*] 陆雷，管理学博士，中国社会科学院农村发展研究所副研究员，主要研究方向为农村组织与制度；赵黎，社会科学博士，中国社会科学院农村发展研究所副研究员，主要研究方向为农村组织与制度、社会治理、合作经济研究。

关键词：农村集体经济　现代化　成员权　土地确权　村级组织

The Modernization of Rural Collective Economy in a New Era: A Roadmap

Lu Lei　Zhao Li

Abstract: In the process of accelerating the improvement of China's socialist market economy, the modernization of rural collective economy is an important part of the reform of rural economy and an important way to tackle the problems which relate to the development of agriculture, rural areas and farmers. Since the reform and opening-up, numerous reforms have taken place nationwide with the purpose of exploring the modernization of rural collective economy. In recent years, the central government has implemented sweeping reforms aimed at modernizing rural collective economy through market-oriented reforms. However, these efforts have been constrained by the essential characteristics of rural collective economy, running into obstacles rooted in endogenous conflicts between a rural collective economy and a market economy. Along with rapid economic and social development, the relationship between the state and rural collective economic organizations has undergone a fundamental transformation. With projections to 2035, in an effort to modernize rural collective economy, China can make fundamental changes in its institutional design that is historically determined. Through a planned and steady process of organizational restructuring in their ownership structure and governance structure, rural collective economic organizations will be likely to modernize and transform to accommodate a new era.

Key Words: Rural Collective Economy; Modernization; Membership Right; Land Titling; Village Organization

现代化是后发国家以先进、发达国家所具有的若干社会特征为目标而经历的一系列社会和文化变迁的过程。中华人民共和国成立伊始，党和政府就提出了现代化的奋斗目标。70年来，我国在诸多方面取得了巨大成就。毋庸讳言，在某些领域，改革与变迁的过程却曲曲折折，甚至在一些方面与现代化的目标渐行渐远。究其原因，都多是在道路选择上出现了偏差。

本报告在分析农村集体经济发展历程的基础上，围绕农村集体经济发展现状、集体经济现代化转型中面临的困境及破解之策展开分析。本报告提出，锚定2035年远景目标，针对农村集体经济发展现状与其内在功能定位和外部市场环境不相适应的问题，通过把握新时期集体经济改革与创新的历史契机，有计划、分步骤地推进农村集体经济的现代化转型，可以加快实现农业、农村和农民的现代化，助力实现乡村振兴和城乡融合发展。

一 问题的提出

中国特色的农村集体经济的产生存在某些"必然性"。中华人民共和国成立之前,以毛泽东为首的中国共产党人就已经把在中国实现社会主义,即建设生产资料公有制的社会作为中国革命的终极目标,认为生产关系的变革与所有制结构的提升必然带来生产力的提高,是形成现代化经济基础的有力保障。虽然中华人民共和国成立之初的《共同纲领》提出在向社会主义转变之前,中国会经历一个10—15年甚至更长时间的允许资本主义在一定程度发展的新民主主义时期,但随着国民经济的恢复,当国家掌握的工商业经济成分占据优势,在"左"倾思想的笼罩下,中国仅仅用三年的时间就决定转入向社会主义的过渡时期。通过施行统购统销、抑制,直至取消市场;实现"三大"改造,构建公有的所有制体系;全面学习苏联模式,一步步走上了计划经济的社会主义现代化道路。1962年正式颁布《农村人民公社工作条例》(人民公社六十条),将包括农民宅基地在内的全部农村土地规定为集体所有。1982年颁布的《中华人民共和国宪法》(第四部)明文指出,农村土地归农村集体所有。从此,农村土地集体所有制上升到宪法层面。

虽然中华人民共和国成立以来,经济、社会取得了一些进步,但相较同时期其他现代化进程中的国家和地区,中国的发展是缓慢的、落后的。在当时生产力水平很低的条件下,以建立社会主义公有制为依归的现代化道路的探索是失败的。它令中国的

新时期农村集体经济的现代化之路

国民经济到了濒临崩溃的边缘。20世纪70年代末，多地农民为了求生存，冒着极大的政治风险，探索实行包产到户、包干到户等农业生产责任制。其后，党和国家逐渐认识到之前人民公社制度的错误和教训，一步步向实践妥协——在农村集体所有制不变的框架下，以农民拥有全部集体农地承包权为核心的、农户重新取得生产的剩余索取权的联产承包责任制逐步得到认可并迅速在全国推广。以农村改革为契机，中国开始推行改革开放，中国终于走上了从计划经济向社会主义市场经济变革的现代化道路。

当其时，"包产到户、包干到户"的办法也许只被认为是某种权宜之计，但其后各项市场化改革实践结出的丰硕成果，使党和国家逐渐认识到，只有产权明晰、高效运行的市场经济体制才是实现我国现代化目标的明智选择。2013年，党的十八届三中全会通过了《中共中央关于全面深化改革若干重大问题的决定》，指出要"紧紧围绕使市场在资源配置中起决定性作用深化经济体制改革"。这个决定表明在经历了各种体制、机制的尝试之后，国家顶层设计层面终于明确市场导向的改革是中国实现现代化的道路选择，市场化才是保证实现生产力提高、经济增长、人们生活改善和国家富强的改革方向。

此时此刻，当我们检视改革的先行者——农村集体经济的性状时，蓦然发现相较其他领域，它反成为市场化改革的落伍者。虽然农业在国民经济中的地位不断降低，农民收入中农地经营的贡献比例大幅下降，同时，农村相较城市作为生活区的重要性持续走低，但缺少了农业、农村和农民的现代化，中国的现代化之路就难言成功。改革农村集体经济仍然是破解"三农"问题最重要的内生动力。只有彻底去除农村集体经济现代化转型的体制机制束缚，才可能有"三农"的终结，才可能有中国经济社会全面的现代化。

二 农村集体经济的发展现状

农村集体经济的制度设计初衷是其成员利用所有的资源要素，通过合作与联合的方式，发展经济、实现共同富裕。经过大开大合的改革，当下的农村集体经济大致可分为两种形式：以农村集体土地所有权实现为主要收入来源的集体经济和以利用农村集体"三资"（资金、资产和资源）从事生产和服务等经营性活动的集体经济。

（一）农村集体经济的类型

农村集体经济主要包括两大类型：第一类是以农村集体土地所有权实现为主要收入来源的集体经济，即文件中提出的"统分结合的双层经营体制"中"统"的部分。

近年来，在土地确权过程中，很多地区出现实际测量的耕地面积大于之前二轮土地承包登记面积的情况。在大多数情况下，这类"多出的耕地"被确权归属原承包村民。但村庄"四边"地，以及之前未承包到户的"四荒"地、果园、养殖水面等资源，通过本次确权，多被归于农村集体经济组织名下。村集体通过直接经营或出租这部分土地资源取得收入，是近年来农村集体经济收入增加的一个重要来源。而此类农地经营和管理费收入仍然是我国农村集体经济组织最普遍的经济来源。

第二类是指通过管理、盘活农村集体所有的"三资"，开展各项生产和服务等经营活动的集体经济。改革开放以来，很多具有区位优势的农村集体经济组织通过利用闲置的各类集体非农建设用地、房产、设备和基础设施等，以自主开发、合资、合作等方式发展租赁物业，快速向非农集体经济转型，形成了以"吃瓦片"为典型特征的集体经济发展模式。

近年来，各级政府不断加大政策和资金扶持力度，引导支农、扶贫、产业等各类项目向村级集体经济发展项目倾斜，形成了大量农村集体经济的经营性资产。特别在实施精准扶贫战略的背景下，发展村级集体经济更是被作为脱贫攻坚的有效途径。不同地区统筹整合各类资产和资源，利用集体积累资金、政府帮扶资金等，借助产业项目扶持、财税减免优惠、土地优先安排等各项政策措施，通过企业参股、村村合作、村企联建等多种形式，在增加集体经济当期收入的同时，极大地增强了集体经济组织收入的来源基础。

（二）农村集体经济组织的收支情况

近年来，在推进农村综合改革和脱贫攻坚工作过程中，村集体经济收入保持平稳增长。农业农村部统计数据显示，截至2019年年底，全国农村集体经济组织总收入5683.39亿元，村均收入已超百万元（102.52万元），比2018年增长13.8%。从收入来源看，经营性收入、各级财政补助收入、发包及上交收入、投资收益收入分别占集体经济总收入的31.2%、26.2%、15.3%、3.5%。2019年，农村集体经济组织本年实现和上年结转的可分配收益总额为2801.76亿元，村均50.5万元，比2018

年增长19.9%;其中,本年收益2020.53亿元,村均36.5万元,比2018年增长19.4%。从经营收益规模看,经营收益5万元以上的村23.5万个,其中,经营收益5万—10万元、10万—50万元、50万—100万元、100万元以上的村分别为10.0万个、9.4万个、1.9万个、2.3万个。从区域分布看,2019年,东部、中部、西部地区农村集体经济组织总收入分别为3742.40亿元、1202.46亿元、738.53亿元,村均收入分别为164.5万元、70.5万元、47.2万元;东部、中部、西部地区获得补助收入分别为747.5亿元、476.7亿元、264.5亿元,村均分别为32.8万元、28.0万元、16.9万元。[①]

2019年,全国农村集体经济组织总支出3662.8亿元,村均66.1万元,比2018年增长13.7%。从支出用途看,经营支出、管理费用支出、其他支出分别占村均支出的22.7%、31.4%、45.9%。从管理费用构成看,干部报酬和订阅报刊费分别占村均管理费用的39.0%和1.2%。与2018年相比,管理费用、干部报酬和其他支出分别增长12.1%、8.1%和22.7%。可见,农村集体经济组织仍然承担着各类社区公共服务供给的职能,公益性支出负担较重。这一特征从中国社会科学院农村发展研究所(2021)在全国10个省、市、区开展的乡村振兴综合调查中可以得到印证。调查数据显示,样本地区农村集体经济组织经营性支出占比只有16.3%。而对这一特征的解读,是理解我国农村集体经济组织性质和明确今后改革方向的关键。

---

① 农业农村部政策与改革司:《2019年农村集体经济组织收支情况》,《2019年中国农村政策与改革统计年报》,中国农业出版社2020年版。

（三）农村集体经济组织的资产及经营状况

统计结果显示，当前我国农村集体经济组织直接经营的资产总量庞大。[①] 截至 2019 年年底，全国农村集体所有土地总面积 65.5 亿亩，其中未承包到户的耕地、园地、林地、草地等土地资源共有 15.5 亿亩。我国农村集体经济组织账面资产价值 6.5 万亿元。其中，经营性资产 3.1 万亿元，占账面资产总额的 47.4%；非经营性资产 3.4 万亿元，占 52.6%。在全部固定资产中，用于教育、科技、文化、卫生等公共服务的非经营性资产占 2/3，而预期可带来收入的经营性固定资产刚刚超过 1 万亿元。2019 年的清产核资后，集体资产总额增加 0.8 万亿元，增幅达到 14.2%，其中，固定资产增加近 7500 亿元，主要是近年来财政项目投入集体经济组织形成的非经营性固定资产。少数农村集体开办经营性企业，全国农村集体所属全资企业有 1.1 万家，资产总额达到 1.1 万亿元。[②]

近年来，我们在各地调研中发现，多数村集体农业产业经营能力非常有限，集体经济经营性资产收益水平仍有待提高。例如，中国社会科学院农村发展研究所（2021）的调查结果显示，多数调查村庄的集体经济主要收入来源并非经营性收入，企业上缴收益、投资收益两项仅占 23.1%，远小于政府补助收入（33.8%）。可见，多数村集体经济更多依赖政府奖补收入或其他收入。然而，当获得政府的支农资金和支农项目后，由于缺少

[①] 农业农村部新闻办公室：《扎实开展全国农村集体资产清产核资工作》，2020 年 7 月 10 日，参考农业农村部网站：http://www.moa.gov.cn/xw/zwdt/202007/t20200710_6348455.htm。

[②] 农业农村部新闻办公室：《扎实开展全国农村集体资产清产核资工作》，2020 年 7 月 10 日，参考农业农村部网站：http://www.moa.gov.cn/xw/zwdt/202007/t20200710_6348455.htm。

技术人员和专业知识，村集体大多会将项目转包给专业企业或专业大户，通过收取手续费、管理费或分成的形式取得收益。这相当于把政府补助和社会扶持的资金化整为零，分配给村集体成员或贫困农户。这也表明，在这些地区，农村集体经济组织尚未成为一个能产生经济效益的单元。

从地域分布看，农村集体资产大体呈"6、2、2"的分布格局，东部、中部和西部地区资产总额分别占总资产的64.7%、17.7%、17.6%。村庄之间资产分布不均衡，有超过75%的资产集中在14%的村。[①] 2019年农村政策与改革统计年报数据显示，村均集体资产868.3万元，其中东部、中部和西部地区村均集体资产分别为1414.0万元、504.4万元、477.3万元，而广东、浙江、山东、北京、江苏五省市农村集体资产总额占全国的53.4%，村均1767.0万元，而其他各省区市村均资产仅为548.4万元。[②] 与此类似，中国社会科学院农村发展研究所（2021）的调查结果也显示，在东部地区和城市郊区，农村集体经济发展水平更高。全国村均集体资产规模为897.71万元，其中东部地区为1633.9万元，远高于中部（605.93万元）、西部（560.99万元）和东北地区（516.66万元）；城市郊区的村均集体资产规模为1086.6万元，明显高于非城市郊区（848.6万元）。

[①] 农业农村部新闻办公室：《扎实开展全国农村集体资产清产核资工作》，2020年7月10日，参考农业农村部网站：http://www.moa.gov.cn/xw/zwdt/202007/t20200710_6348455.htm。

[②] 农业农村部政策与改革司：《2019年农村集体经济组织资产情况》，《2019年中国农村政策与改革统计年报》，中国农业出版社2020年版。

（四）农村集体经济的治理结构

调查发现，尽管一些村完成了清产核资和集体成员身份确认工作，部分村成立了集体资产股份合作组织，但村民缺少行使权力的机会，对农村产权制度改革参与度不高，不能对农村集体资产进行有效监督。不少村庄进行集体资产产权制度改革时，不重视村民的广泛、有效参与，导致村民对该项改革不知情、不参与。中国社会科学院农村发展研究所（2021）调查结果显示，虽然90.82%的样本村庄已经完成或正在进行集体产权制度改革，然而，56.8%的受访村民未听说过此项改革，63.3%的村民不知道本村正在进行此项改革。

调研中还发现，大部分村民没有参加过股东大会，即使参加也不享有发表意见的权利。究其原因，主要是当前农村集体资产股份合作制普遍采用现有的村民委员会的治理模式，以村民委员会或村民代表大会的形式参与到集体资产的管理。大多数农村集体经济组织每年仅召开一两次会议，村民参加股东大会只是被动听取负责人的报告和决策，投票表决流于形式，他们很少能发表反映自身诉求的意见。这种形式不能体现出农民直接参与集体资产的管理和监督。村民作为集体经济组织成员，其权益很难得到充分、有效的保障。

（五）农村集体经济的收益分配情况

以往研究显示，一些地区农村集体经营性资产普遍存在资产归属不明、经营收益不清、分配不透明、成员收益分配权缺失等问题。特别在部分城中村、城郊村和经济较发达村，往往存在数额较大的经营性资产，但成员对集体收益的分配权缺乏保障。截至2019年年底，完成集体产权制度改革的村设立股东6.66亿人（个），比2018年增长173.3%。其中，集体股东453.12万个，成员股东5.6亿人，分别占股东总数的6.8%和84.6%。完成产权制度改革的村累计股金分红达2427.62亿元，当年股金分红为350.78亿元，平均每个股东累计分红364.3元。[①]

另外，调查结果显示，虽然大部分调研地区开展了清产核资和农村集体成员资格界定，然而在分红环节，很多地区并未按照集体成员所持有的股份份额进行分配，而依然沿用过去数十年来集体经济固有的分配原则进行分配。受访村民所获集体经济分红少，降低了改革带来的"获得感"。在设置了集体经济股权的村庄样本中，已进行集体股金分红村庄的比重仅为21.1%，成员农户获得村集体经营性资产股份分红的比重仅为16.3%（中国社会科学院农村发展研究所，2021）。

三 农村集体经济现代化的困境

在目前土地集体所有制的语境下，农村土地不仅仅是农村集体的资产，也是一个地域辖区的概念，因此农地所有权实际上是上市无法转让的。这就使原本市场价值很低的农地，其金融价值也大打折扣。而集体所有制组织作为一种特殊的法人，其破产重组不具有可操作性。因此即使在少数地区，在地方政府的大力扶

[①] 农业农村部政策与改革司：《2019年农村集体产权制度改革情况》，《2019年中国农村政策与改革统计年报》，中国农业出版社2020年版。

植下，被工商注册为经济法人，也难以被其他市场主体所认可。由于集体经济通常以租赁经济、征地补偿等为主要收入来源，当集体资源消耗殆尽或者宏观经济形势不好导致资产收益下降时，集体经济的可持续发展面临挑战。

随着联产承包责任制的制度红利消耗殆尽，自20世纪80年代中后期以来，全国各地探索农村集体经济现代化之路的改革层出不穷。最终在21世纪初，国家明确通过土地确权、明晰各类产权、构建新型农村集体经济组织等改革，希望走市场化的道路，实现农村集体经济的现代化。十多年来，虽然改革取得了很多成果，但离最初的目标却仍存在较大差距。改革目标、路径与底层基本制度安排之间存在的不可逾越的鸿沟，令改革陷入两难之地。

（一）集体经济与市场经济之间相容性问题：土地确权引发内生性矛盾

中国的改革开放始于家庭联产承包责任制在广大农村地区的推广。土地经营权与所有权的分离，责权利关系的改善很好地调动了农民的生产积极性，极大地促进了农业生产力的提高。从此，明晰产权成为中国改革的经验和特色。

土地确权是近年来农村工作的一项重要内容。其目的是希望将农民的土地承包权彻底物权化，使零碎的土地资源成为可以有效配置的市场要素；促进土地流转，为大势所趋的农业规模经营创造必要条件；保护离村农民的经济利益，助力城市化进程。

将农民的土地承包权彻底物权化，将农村产权改革推向了极致。然而，农村土地集体所有制所确立的天赋地权原则和土地确权希望确立的"生不增，死不减"的产权原则的矛盾是无法化解的。农民的承包权一旦彻底物权化，农村集体经济组织的所有权就没有了立足之地；反之亦然。因为农地确权希望确立的是农民对土地的用益物权，是一种财产权，一种经济权利；而现行的农村土地集体所有制保护的是农民的集体成员权，是一种社会政治权利。在现行制度下，农民对土地承包经营权的取得与灭失以其对集体经济组织成员权的取得和灭失为条件和结果，这种权利得以确立的原则显然不同于因产权而取得经济利益的原则，是一种与生俱来的不可剥夺和让渡的社会政治权利。农村土地集体所有制所确立的天赋地权原则与土地确权所要确立的农民土地产权原则在根本上是矛盾的：一个在取得和保有上要求"生增、死减"，另一个特色却恰恰是"生不增、死不减"（陆雷，2017）。因此，既要保留农村集体所有制，又希望能够"确实权、颁铁证"在理论上是行不通的。

例如，成都市是较早开展并完成了全域农村土地确权工作的先行试点地区。其土地确权的特色包括：明确将过去二轮的"30年"变成了现在的"长久"，明确标注地块四至等信息，规定发包后新增人口不再是集体经济组织成员，确权之后的征地按照"征谁补谁"的原则进行，且不再进行新一轮的土地调整。并严格履行了以村民代表会议和村民大会的形式对确权方案和结果给予确认的法律程序。这种做法相当于依靠地方政府的权威终止了农村集体经济组织的发包权和农民基于集体经济组织成员身份取得的承包权，而代之以农户对农地的用益物权。其做法比温州和全国其他地区普遍实施的确权方案更为激进和彻底。然而，多宗调查发现，一旦遇到牵涉征地补偿等土地利益陡升的情况，虽然当初确权颁证的工作比较扎实、可靠，且政府三令五申，以红头文件的形式明确新征地执行"征谁补谁"的政策，但农民往往仍然会依据《中华人民共和国宪法》《中华人民共和国土地承包法》和《中华人民共和国村民委员会组织法》赋予的权力，通过召开村民会议和投票表决的方式，要求征地补偿在集体经济组织内部全体成员中均分，再重新分配剩余土地的所谓"血战到底"的方式来解决问题。此时，地方政府颁给的四至清晰的土地证倍显苍白。

同样，在广东南海里水的跟踪调查发现，其在20世纪90年代土地股份制改造中实行了股权固化的4个行政村，经过十余年的演变，最终又全部重新回到边界开放的股份制状态（张晓山等，2019）。虽然在村民会议上，绝大多数股东的利益因新股东的加入而摊薄、受损，但他们还是选择承认集体经济组织新成员的股东资格。究其缘由，也许是他们清醒地意识到，在今天的法律框架下，将新出生和新加入的村民长期排斥在集体之外的做法是行不通的。从法理上讲，现实中农地的初始占有权属于农村集体经济组织，而不是农户家庭和个人。否定集体成员权本位的土地确权缺乏基本的法律依据。

然而，土地确权不能落到实处、真切完成，农村集体经济就没有明晰的产权基础，农村经济的市场化、现代化就无从说起。

（二）集体经济组织与其他村级组织之间的关系性问题：职能交织导致边界不清晰

20世纪80年代，随着农村生产关系发生飞跃性变化和人民公社的解体，村级组织从生产大队转变为村民委员会，从村一级的政社合一的组织转变成村民自治组织。回溯过往，在当时的宏观政治框架下，组织建构不是依制度惯性向下延伸——建立村一级的行政单位或在行政村设立派出机构，而是选择了村民自治这种特别的制度安排。可以说，从政体一统的角度出发，确立村民委员会这一基层自治组织在村级组织中的核心地位，对国家而言是不得已的选择，是权宜之计，是没有办法的办法。而在政府财政完全无力支撑组建、运作80万个村一级行政单位的时代，新组建的村委会的运作只能依靠同级集体经济组织的支持。

然而，随着联产承包制施行，农村村级组织的经济职能大幅弱化，在一些地方甚至消失，但它之前承担的社会、政治等职能不仅没有减少、消解，反而事项不断增加，内容、领域不断拓展。村级组织俨然一个承担综合职能的准行政单位，而不是一个单纯的经济组织。于是，长期以来，加强集体经济、消灭空壳村等一系列政府的号召举措不断出台，大量政策资金、项目支持向村级集体经济倾斜。因为只有夯实集体经济，才能稳固农村基层组织的经济基础，村级组织才能完整、高效地履行政府交办的各项事业；才能够在不增加政府财政负担的前提下，提升本地农村的各项社会事业，如村庄环境、公共卫生、治安等。正如本报告第二部分所示，当前农村集体经济组织非经营性支出占比仍然很高，管理费支出与其他（公益性）支出合计占总支出的比例达到近八成。农村集体经济对公共事业的各项投入，直接与政府投入压力的减轻相对应，是此消彼长的关系。进入21世纪以来，特别是实施精准扶贫战略以来，要求发展、壮大农村集体经济的呼声和举措越来越多，但各地政府积极响应之中对现实经济利益的考量仍然是重要的一个方面。

新时期农村集体经济的现代化之路

当下的农村基层治理脱胎于人民公社时代留下的政社合一的管理体制,多是村党组织、自治组织和经济组织"三位一体"——"三驾马车"交叉任职,实际是"一套班子"在负责运作。村民自治组织和集体经济组织之间形成了相互交织的关系。[①] 2018年,在全国58.3万个行政村中,以村委会代行集体经济组织职能的村有29万个,占比达49.7%。[②] 而村"两委"干部直接负责经营活动,普遍存在管理不规范、经营不专业的现象。

近年来,随着农村集体产权制度改革的不断深化,不同地区通过组建以农村股份合作制为主要形态的农村集体经济组织,实践探索剥离村"两委"对集体资产经营管理的职能,并按照现代企业的法人治理结构,设置股东会或股东代表大会、董事会、监事会,试图完善农村基层党组织领导的村民自治组织和集体经济组织运行机制。农村集体经营性资产股份合作制改革的目的,除了要解决农村集体经营资产收益分配的问题,更重要的是要建立符合市场经济要求的集体经济运行新机制,明确村党组织、村民委员会、村务监督机构、农村集体经济组织的职能定位及相互关系。总的来看,改制后的农村集体经济的管理和运行方式并未发生变化,原有的村级管理和组织结构被平移到股份合作社这一新的组织之中,董事会和监事会的负责人仍然由村主要领导兼任。这种形式上的改革难以产生实质性的功效(陆雷、崔红志,

---

[①] 正如中共中央办公厅、国务院办公厅在2015年印发的《深化农村改革综合性实施方案》中所指出的,"在土地集体所有基础上建立的农村集体经济组织制度,与村民自治组织制度相交织,构成了我国农村治理的基本框架"。

[②] 农业农村部农村合作经济指导司、农业农村部政策与改革司:《中国农村经营管理统计年报(2018)》,中国农业出版社2019年版。

2018)。在股改前集体经济组织的管理和分配中,村"两委"干部处于支配地位。改制后,有些村干部并无动力改变原有企业管理和运行方式。因此,集体经济组织依然没有实现组织机制创新,其治理结构和人民公社时期相比并没有实质的进步,计划经济时代责权利分离、不清的弊端依然存在。

四 农村集体经济改革与创新路径

在加快完善社会主义市场经济体制的过程中,农村集体经济的现代化是农村经济体制改革的重要组成部分。目前,农村集体经济的发展状况与其功能定位不相适应,也与推进农业农村现代化和实现乡村振兴的要求不相适应,亟待通过政策引导和体制机制创新加以改变。锚定2035年远景目标,我们认为,通过把握新时期集体经济改革与创新的历史契机,以建立健全适应社会主义市场经济体制的、享有完备自主经营能力和市场主体地位的新型农村集体经济体制机制为改革方向,有计划、分步骤地重构农村集体经济组织股权结构和治理结构,可以稳步推进农村集体经济的现代化转型。

(一) 农村集体经济改革与创新的历史契机

21世纪以来,各地开展的农村土地确权改革实践经验上升为国家统一的政策文件,在全国推广。试图通过推进以土地确权到户——产权明晰为目标的改革,为农村经济建立起市场化的微观基础。但正如上文所述,由于确权希望确立的产权原则(经济权力）与农村集体经济基于成员权而确立的天赋地权原则（社会政治权力）存在内生冲突，改革成果往往只有一代人左右的有效期。长远而言，集体本位决定了成员权本位，组织的成员因时而异，决定了集体经济组织的产权基础变动不拘。集体经济组织有经济组织之名，却无其实，其市场经济主体也就难以真正落实。农村集体经济缺乏产权明晰的微观基础，因此难以模仿现代企业制度优化其饱受诟病的治理结构，其现代化转型的设想就难以实现。

现在的农村村级组织利用了人民公社遗留下来的组织架构，利用党的组织体系和因施行承包制而激发起的农民政治参与的热情，村民自治的村民委员会得以确立。但在上级政府财政支持捉襟见肘的条件下，村委会的运作高度依赖同级经济组织产生的有限的经济资源。集体经济组织除了发挥集体资源开发利用、集体资产经营管理、集体产业发展等经济职能以外，长期以来还承担保障村级组织运作、农村基本公共服务和基本社会保障供给的功能。

20世纪90年代施行税费改革以来，国家财政、财政收入相对于GDP长期保持高速增长。中国经济的高速增长，工业化、城市化水平的稳步提高和政府财政的大幅改善，使中国进入工业"反哺"农业、城市"反哺"农村的新时期。展望2035年，国家在财政上已经完全具备了建立村一级农村行政组织的能力。随着农村老龄化、空心化、社区边界开放等一系列农村社会特征的变化，村民自治制度的优越性与其对现实的不适性会同时彰显。高效、稳妥地开展乡村治理，在行政和组织上实现城乡一体化的要求和呼声会日益高涨。

目前，各地大量出台针对农村组织的改革举措，为集体经济改革与创新提供了新的历史契机。一是村"两委"干部选任制度改革，对村干部提出专业化、年轻化、知识化的要求，包括第一书记、大学生村干部等新村干部大量加入到村两委干部队伍中来。行政编、事业编的人员向乡村倾斜，在行政村、联村和社区等各个层级任职。二是村"两委"干部薪酬制度改革，村干部薪酬与村级经济收入脱钩，由财政统一托底保障，通过划分岗位工资、综合补贴、绩效工资三部分，与上级年度考核挂钩。三是县乡政府对村级组织办公经费大量投入，改善办公条件，提高办公场所标准。这些举措说明基层组织社区化、行政化改革已经在不断深化，农村集体经济作为村民自治经济基础的必要性大幅下降。

对新的情况、新的利钝得失的认识都有一个过程。随着时间的推移，越来越多的改革者会认识到发展村级集体经济所形成的小共同体本位，与政府推进的村级组织行政化所要强化的大共同体本位，存在必然的冲突。对这一内在矛盾的认识有可能会帮助决策者最终冲破旧思想观念的束缚，改变对农村集体经济的态度。那时，存在先天不足的农村集体经济改革就真正有了现代化改造的政策环境，即真正通过确权将土地承包权绝对、彻底地落实到农户，使农民的土地财产权成为真正受《中华人民共和国民法典》保护的物权。而新的农村集体也不再是因时而异的成员集合体，而是自由人的联合。人民公社以来形成的大量集体"三资"，将由经过改造形成的社区股份合作社、合作经济组织等各种产权明晰的市场经济组织持续运作。唯其如此，农村集体经济的现代化才能真正实现。

（二）农村集体经济改革与创新的推进策略

针对目前农村集体经济现代化转型中面临的困境，可以将改革进程分为两个步骤。

一是按照《深化农村改革综合性实施方案》中提出"在进行农村集体产权制度改革、组建农村股份合作经济组织的地区，探索剥离村'两委'对集体资产经营管理的职能，开展实行'政经分开'试验，完善农村基层党组织领导的村民自治组织和集体经济组织运行机制"的要求，积极推进"政经分开"的改革。将村民委员会改组为村公所（派出机构）或社区委员会，承接原村集体的各项经济以外的职能。明确其行政或准行政的组织定位，经费完全由上级政府拨付。唯其如此，才能跳出当下各地流于表面的改革，跳出村级组织，"几块牌子、一套人马、交差任职、权属难分"的制度陷阱，实现根本性的变革；才能在此基础上，将现有的农村集体经济组织从实际承载农村基层政治、社会、经济、文化和生态等多项职能的综合性组织中分离出来；才能将其按资产性质、按经营方向等重组为产权明晰，治理有效的市场经济主体；才能最终实现切实保障农民财产权的保值、增值。

二是在农村土地确权到户后，明确长期不变。以政府文件的形式，设置极高的调整承包关系的门槛条件，弱化集体的发包权，从而真正从根本上保障农户的土地承包权。土地产权的明晰和永久化必将大大推进土地流转，并形成农地市场。待改农村集体归成员所有为归农户股东所有，农村集体经济组织持有的农地和非农建设用地——作为单纯的资产而不再是具有辖区的性质土地资源——其经济和金融属性被其他市场主体认可和接受。如此一来，那些承序运作历史形成集体"三资"资产，经重组产生的各种后集体时代的农民经济组织具有市场主体地位才顺理成章。那时，不必中央文件三令五申"明确集体经济组织市场主体地位"，其定位不言自明。当一个经济组织的产权明晰之后，比照既有的现代企业制度，完善组织的治理结构也就不再是一个需要政府花大力气还未必效果显著的难题了。

果如其然，农村"三变"改革才能真正实现，农业、农村和农民的现代化才可能拥有真切的制度保证。

参考文献

1. 陆雷：《深化农村土地制度改革的思考与建议》，《中国发展观察》2017年第22期。

2. 陆雷、崔红志：《农村集体经济发展的现状、问题与政策建议》，《中国发展观察》2018年第11期。

3. 张晓山等：《农村集体产权制度改革论纲》，中国社会科学出版社2019年版。

4. 中国社会科学院农村发展研究所：《中国乡村振兴综合调查研究报告》，内部报告，2021年。

中国小农户的前景及其现代化转型

芦千文*

摘　要：新时代加快农业农村现代化，必须优先解决小农户发展问题。本文基于农村改革以来小农户的实际演变过程，界定并提出了小农户的识别标准，并对其分化的动态特征和发展的情境选择进行了比较分析、前景判断。一是小农户将在总量减少的趋势下，朝着农业在家庭层面的副业化、在劳动力层面的专职化、代际分工向代际传递转型的方向演变，部分小农户渐进性退出农业，部分小农户则发展成新型农业经营主体和服务主体；二是在农村市场化改革过程中，小农户已经形成了专职化、组织化、服务化、产业化的情境选择，为具有不同分化特征的小农户提供了衔接现代农业的多元路径；三是政策上推动小农户与现代农业发展有机衔接，要优先支持小农户沿着规模化、专业化、服务化的方向发展壮大，为小农户选择不同发展情境提供制度支持和服务支撑，帮助小农户参与现代农业产业链、供应链、价值

---

* 芦千文，管理学博士，中国社会科学院农村发展研究所助理研究员，研究方向为农业生产性服务业、农村组织与制度。

链。促进小农户与现代农业发展有机衔接,必须注重动态特征与情境选择的相互匹配,制定策略性、系统性、协同性、整体性的衔接路径组合。

关键词：农业农村现代化　小农户　中国特色农业现代化道路

The Dynamic Characteristics, Situation Selection and Policy Matching of Small Farmers Connecting with Modern Agriculture

LU Qianwen

Abstract：To speed up the modernization of agriculture and rural areas in the new era, the development of small farmers must be given priority. Based on the evolution process of small farmers since the rural reform, this paper defines and puts forward the identification standard of small farmers, and makes a comparative analysis and prospect judgment on the dynamic differentiation characteristics and the development situation selection. First, under the trend of total amount reduction, small farmers will evolve in the direction of agricultural sideline at the family level, sole duty at the labor level, and inter-generational division to inter-generational transmission. Some small farmers will gradually withdraw from agriculture, while some small farmers will develop into an important source of new agricultural operators and service subjects. Second, in the process of rural market-oriented reform, small farmers have formed the situation choice of specialization, organization, service and industrialization, which provides diversified paths to connect modern agriculture. Thirdly, the policy should give priority to support small farmers to grow along the direction of scale, specialization and service, provide institutional support and service support for them to choose different development situations, and help them participate in the modern agricultural industrial chain, supply chain and value chain. In a word, to promote the organic connection between small farmers and modern agricultural development, policy design must pay attention to the matching of dynamic characteristics and situation selection, and formulate a strategic, systematic, collaborative and holistic combination of connection paths.

Key Words: Agricultural and Rural Modernization; Small farmers; Agricultural modernization with Chinese characteristics

2020年全面建成小康社会目标如期实现后，中国进入了从全面小康迈向共同富裕的新时代，必须加快农业现代化进程，补齐农业农村发展"短板"。把小农户引入现代农业发展轨道是中国实现农业现代化必须重视的关键问题和核心任务。在长期的发展进程中，由文化、习俗、制度等特殊因素塑造了中国小农户的独特特征，既表现为小农户应对外部冲击行为响应的路径依赖，也表现为经济结构、制度环境、外部约束等营造的小农户发展的情境选择。这使中国农业现代化道路呈现出与欧盟、日韩等明显不同的特点。同时，相对一致外部环境塑造的不同分化类型的小农户群体，在时间维度上呈现出生命周期的阶段性演变特征。中国小农户演变的独特性与阶段性，共同构成了小农户演变的动态特征。要实现小农户与现代农业发展有机衔接，必须以其动态特征为基础，结合所处的情境选择，科学合理地设计衔接策略及政策措施。这对于认识中国小农户演变规律具有理论价值，对促进小农户与现代农业发展有机衔接也具有现实意义。

一 小农户的界定

小农户的基本特征是以家庭为生产经营单位，以家庭成员为主要劳动力来源，进行小规模生产经营。但哪些是小农户，与新型农业经营主体的边界是什么，尚不清楚。目前，关于小农户的认定已经有一些初步讨论，如把小农户认为是不流转土地的家庭承包户，小农户和规模化的新型农业经营主体之间还存在"中农户"。这些讨论有助于认识小农户"小"的特征，但却忽视了小农户动态的、分化的、发展的特征。研究小农户，首选是需要一个简单易识别的统计标准体系，来反映小农户的数量、结构和特征。目前，在统计上尚没有对小农户进行明确界定，研究中提出的小农户概念、分类等多数不易识别，也难以量化为统计指标，亟须建立专门针对小农户的统计指标。要在统计上准确识别小农户，需要从规模特征、从业范围和收入结构上进行重新厘定。

一是重新认识小农户的农业规模特征。常用"人均一亩三分地""户均不过十亩田"来形容小农户"小"的特征。土地规模小是中国小农户的典型形态，也是统计和研究中最常用的小农户特征指标。但随着高值农业的发展，仅以土地规模不能反映小农户的规模特征。土地规模仅对粮食作物及产出价值相当的大田作物有规模特征的表征意义。对高价值或高附加值的农产品，以及设施农业、特种种养、高端农业来说，土地规模已经失去了对农户规模的衡量价值。从事这些领域的农户，"一亩三分地"上产出的价值有可能超过种粮大户的产值或收入，如果按经营土地面积算，仍会归入小农户范围，实际上他们已经是新型农业经营主体。要准确衡量小农户的规模特征，就应该以农产品产值或者销售收入替代土地面积，来判断农户经营规模大小。如果家庭农场或种养大户算作新型农业经营主体，其他农户算作小农户的话，就应该以粮食种植领域认定家庭农场或种养大户最低经营规模对应的产值或销售收入作为基准，来衡量其他领域农户是否属于小农户范畴。当农产品产值或销售收入小于基准值时就可认定为小农户。

二是重新认识小农户的农业收入来源。从事农业是小农户的必备条件，农业收入是小农户的必然收入来源，更是农户规模的重要反映指标。统计中主要用农业经营总收入或净收入来反映农户农业收入水平。但对农业经营的范围限定在种养生产环节。随着农业分工分业的深入和农业产业链的拓展，越来越多的农户进入农业产业链的第二、第三产业环节，特别是农业生产性服务领域。农户在农业的从业领域扩大到农业全产业链后，如果再仅以农业经营收入衡量农户的农业收入，就会导致遗漏农户的部分收入和部分农业产业链范围内的农户。因此，需要扩大农业收入统计范围，把农业生产性服务，农业产业链第二、第三产业环节，农业新产业新业态等考虑进来。这样既能准确反映农户收入水平的动态特征，也能客观呈现农户从业范围的动态变化，及其在农业产业链、供应链、价值链中的动态发展状态。简单理解，农户的农业收入来源统计应以农业产业链为范围。调整范围后的农业收入水平，就可以作为农户规模的重要指标，界定小农户的边界。

三是重新认识小农户的农业从业形态。小农户具有明显的分化特征。通常把是否兼业作为分化的主要反映维度。统计上，常用农业经营净收入占农户家庭收入的比重，把农户划分为纯农户、两类兼业户和非农户。这种划分方法已经与现实明显不符。除了上述提到的农业收入来源需要调整外，单按收入比例来衡量已经不能客观反映农户的从业形态。其中，非农收入占比大于80%的纯农户，既包括了收入过少的老龄农户，也包括了种养大户、家庭农场。农业收入占比20%—80%的为两类兼业户。这也与实际明显脱节。农户兼业已是普遍形态，并深入家庭内部务农劳动力的兼业和代际分工，农业收入总体上占比已经非常低，按照农业收入占比划分两类兼业户已经失去了实际意义。农业收入占比小于20%的非农户，实际上也包括相当多种地的小农户。因此，要反映农户的农业从业形态和分化发展特征，应主要看农户农业劳动力的从业形态，才能客观反映农户兼业状态和发展形态。这就为界定小农户提供了新的维度。是否兼业并不是区别小农户和规模经营主体的标准。应该以当地非农行业就业平均收入为参照，以农业劳动力务农收入水平来识别小农户。当农户农业劳动力收入低于当地非农行业就业平均收入时，就可以认为是小农户；大于时就可以认为是规模农户或新型农业经营主体。

综上，界定小农户边界的基本思路是，将农户的从业范围和收入来源扩大到农业全产业链，再以农产品产值或销售收入、农业经营净收入或农业劳动力务农收入等不同维度的指标替代以土地规模为主的农户规模衡量指标。依据上述提出的界定方法，选择规模较小的标准来界定小农户。这样既便于设置易于统计的指标，也可以全面客观反映小农户真实的发展动态。同时，把对小农户分化特征的客观描述，从用农业收入占家庭收入比重为主要维度，转变为农业劳动力从业领域、从业形态等。如根据农业劳动力的从业范围，将小农户分为种养经营户、服务经营户；根据农业劳动力是否兼职从事农业，来判断小农户是否为兼业农户。

二 小农户演变的动态特征

中国小农户具有独特性，这源于数千年农耕文明积淀形成的耕作传统、经营习惯、行为风俗，与中华人民共和国成立后农村建设、改革、发展过程相互作用，从而塑造了由小农户行为逻辑、从业分化和不同规模、从业范围等结构转型共同构成的动态特征。中华人民共和国成立后，在中国共产党领导下迅速完成了土地革命，建立了农民土地所有制和小规模自耕农为主的农业经营体系。随后，20世纪50年代的社会主义改造过程中，经过互助组→初级社→高级社→人民公社的组织制度演变，农业基本经营制度转变成农民土地集体所有制和以生产队（大队）为基本核算单位、生产单元。农村改革启动后，农业家庭经营方式重新确立。以家庭承包制普及为标志，在以生产队（大队）为基本单位内的土地规模上均分、等级上切割形成的同质化小农户为起点，重新开始了小农户的发展演变过程。在农村渐进的市场化改革、城乡二元体制变迁、城乡发展差距扩大、城乡要素流动（农民工）、农村产业结构演变等外部因素形塑下，诱导小农户沿着兼业化、专业化、规模化、服务化、非农化等方向形成了多元化演进路径。这些多元演进路径相互作用，使未来小农户呈现如下动态演变特征。

（一）收入结构视角：以农业为主业或副业的双重演化格局

未来，对于大多数小农户来说，如果他们不扩大农业经营规模，很难再以农业支撑家庭收入的持续增长，必须通过从事第二、第三产业或务工就业来实现家庭收入的持续增长。小农户家庭收入来源已经实现多元化，农业收入的地位持续下降，已呈现出农业副业化持续稳固的态势。1985—2019年第一产业经营纯收入或净收入占农村居民纯收入或可支配收入的比重从66.4%下降到23.3%，未来收入比重还会持续下降。[1]这意味着，农业只能作为绝大多数小农户的副业，不能成为收入增长的主要来源。当然，有部分小农户沿着规模化或专业化的方向成长，实现

---

[1] 有关年份《中国农村统计年鉴》。

了农业经营收入的增长并以农业为主业。但这部分农户占小农户的数量比重很低，主要是从事规模经营、畜禽养殖、特色种养等领域的农户。据第三次农业普查数据，2016年全国有20743万农业经营户，其中只有398万户为规模农业经营户。实现小农户与现代农业有机衔接，需要重视但不应依赖农业的增收作用。未来，部分小农户会在农业领域创业，向规模户、专业户成长，农业增收功能的体现主要集中在这部分小农户。

表1　2013—2020年农村居民人均可支配收入构成变成情况

年份		2013	2014	2015	2016	2017	2018	2019	2020
可支配收入（元/人）		9429.6	10488.9	11421.7	12363.4	13432.4	14617	16021	17131
构成（%）	工资性收入	38.7	39.6	40.3	40.6	40.9	41.0	41.1	40.7
	经营净收入	41.7	40.4	39.4	38.3	37.4	36.7	36.0	35.5
	第一产业	30.1	28.6	27.6	26.4	25.2	23.9	23.3	—
	第二产业	2.7	2.5	2.4	2.3	2.4	2.6	2.6	—
	第三产业	8.9	9.3	9.4	9.6	9.8	10.2	10.1	—
	财产净收入	2.1	2.1	2.2	2.2	2.3	2.3	2.4	2.4
	转移净收入	17.5	17.9	18.1	18.8	19.4	20	20.6	21.4

资料来源：历年《中国农村统计年鉴》。

（二）从业形态视角：部分成员专职兼业或专职专业的双向演化格局

在只有少数小农户以农业为主业的情况下，兼业已经成为中国小农户普遍意义上的从业形态特征。农村住户的家庭劳动力转移进城或非农领域务工，形成了庞大的农民工群体。2008—2019年，农民工总量从2.25亿人增加到2.91亿人，增长了29%。多数农民工只是家庭部分成员的外出务工或非农就业，2008—2014年，举家外出农民工数量占外出农民工数量、农民工总量的比重分别从20.4%、12.7%提高到21.3%、13.3%,比重保持稳定。农民工随着兼业程度深化,小农户兼业形态已经发生悄然变化。在小农户家庭层面兼业普及基础上,向家庭内部农业从业劳动力专职化、兼业化二元分化方向转变。小农户家庭成员中,青壮年劳动力外出务工或非农就业后基本脱农,农业生产经营活动集中在老弱家庭成员或劳动力。2019年,外出农民工17425万人,比上年增加159万人,增长0.9%;年末在城镇居住的进城农民工13500万人,占外出农民工数量的77.5%。[①]小农户家庭成员中的务农者基本不再从事离土离乡的务工就业或非农经营,而是以专职的形式从事农业生产经营活动。专职务农并不意味着专门务农,其仍要利用剩余劳动力从事就近的务工就业或非农经营。这实现了小农户的从业形态从不在地农户向在地农户的转变,并成为未来小农户务农的常态。

(三)生命周期视角:务农活动代际分工向代际传递的单向演化格局

小农户的演变具有生命周期特征。在农民工大量形成的早期阶段,以季节性流动为主,小农户家庭成员在务农上未显现分工。当农民工流动进入常年外出务工为主的阶段,小农户家庭成员就出现明显的分工,老弱劳动力留守务农、青壮劳动力外出务工经商。大部分农民工不能被市民化,当年龄到一定岁数就会返回村庄继续务农,而农村新进入劳动力和青壮年劳动力则会持续外出务工就业。随着时间的推移,小农户家庭成员外出务工就业

---

① 本部分农民工数据根据国家统计局公布的历年《农民工监测报告》整理。

或非农经营人员进入新老更替阶段，家庭内部的农业从业人员相应进入了代际分工向代际传递的转变阶段。目前，农民工群体的动态变化已经呈现回流和新一代农民工持续外流的趋势。外出农民工数量占农民工总量的比重由2008年的62.3%增长到2010年的63.3%后开始趋向性降低，到2019年下降到60%；1980年后出生的新生代农民工数量占农民工总量比重2017年超过50%，达到50.5%，2018年达到51.5%。新生代农民工已经成为农民工的主体。小农户进入一种早期留守务农的家庭成员逐步退出、长期外出务工家庭成员回乡务农的动态演变阶段后，与通常理解的小农户呈现很大的不同。返乡务农人员具有较开阔的眼界、较先进的理念，但对务农比较生疏或根本就没有务农经验，使得他们农业生产经营技能缺乏，更需要依赖专业化的农业生产性服务。整体上看，小农户代际分工的格局已经相当普遍，代际传递的端倪已经显现，未来会成为重要的演变趋向甚至是小农户演变的主流。

（四）要素升级视角：成长路径由单维扩张向多元发展的渐进演化格局

他们始终处于农业内部分工和产业之间分业的发展演化状态。宏观上农业现代化或慢或快的进展，都是微观上小农户要素升级的外部表现。在中国农村迅速发展及城乡互动过程中，兼业化、专业化的发展逻辑和规模化、服务化的分工逻辑[①]，共同形

---

① 兼业户化、专业化，是小农户对兼业从事农业和成为规模经营主体的二元选择，是发展路径的选择；规模化、服务化，是对专门从事农业经营还是农业服务的二元选择，是农业生产经营中经营管理与作业服务的分工。

塑了中国小农户的多元化内生的接近农业现代化的发展路径。理论上对这些发展路径的认识，开始是强调生产经营规模的扩张，即发展成新型农业经营主体，在中央明确提出"实现小农户与现代农业发展有机衔接"后，又强调以购买服务方式卷入分工经济的成长路径。这种强调单一维度的小农户成长路径都是对其发展历程和分化特征的忽视。实际上，中国农村改革以来，小农户从相对同质的状态，通过分工分业的相互作用，已经形成了规模化、专业化、服务化的三条成长路径，形成了种养大户、家庭农场、设施农业或特色种养户、农业服务户等多种发展形态，构成了新型农业经营主体和新型农业服务主体的重要来源。2018年年底，全国家庭农场60万家，经营土地面积1.62亿亩；截至2020年6月，数量已经超过100万家。① 还有大量农户没有纳入家庭农场名录，但从事设施农业、特色种养、经济作物等，实现了务农劳动力的充分就业。数量更多的小农户则从事农业生产性服务，如农机作业、农资零售、农产品经纪等。这些都是小农户发展现代农业的自发努力和内生路径，是发挥小农户农业领域优势的外在表现，未来发展趋势会得到不同程度的增强。

（五）数量缩减视角：退出过程由行政推动向诱导分化的渐进演化格局

在城镇化和老龄化双重作用下，部分小农户会不同程度地退出农业生产经营领域。目前，中国小农户数量已经呈现数量下降

---

① 《中国进入名录的家庭农场达60万家》，2019年9月18日，中国新闻网，http://www.chinanews.com/cj/2019/09-18/8959389.shtml；《数字》，2020年8月25日，中国农村网，http://journal.crnews.net/ncjygl/2020n/d8q/yw/138637_20200825101002.html。

的趋势,未来会保持数量缩减态势且缩减的速度会缓慢提升。2002—2019 年,乡村第一产业就业人员从 2.66 亿人减少到 1.94 亿人、减少了 27.1%,占乡村就业人员的比重从 76.1%减少到 58.5%。① 小农户退出农业生产经营领域,可分为三种情况:一是以市民化为契机主动或被动地退出土地承包权;二是为便利家庭成员常年外出务工经商,或在地方政府推动下,保留土地承包权而把土地经营权流转出去;三是以生产托管或其他购买服务的方式,保留土地承包权和土地经营权,实现家庭内部的农业要素配置优化。前两种方式,是土地规模经营路径的主推方式;后一种是服务规模经营路径的主推方式。在加快推动城镇化的背景下,前两种方式更符合政策需求。但在实现小农户与现代农业发展有机衔接的背景下,政策上更需要保留小农户前提下的服务规模经营道路。不管以何种目的、何种需求推动小农户退出农业生产经营领域,小农户的自发退出过程始终都存在。这种渐进性的历史过程,呈现出购买服务从随机到稳定、从环节到全程,然后是土地经营权转出由季节到全年再到多年,最后是退出土地承包权的阶段性演化特征。当前,多数小农户正处于服务外包从环节到全程的发展阶段。随着时间的推移,农业老龄化、农民市民化加快推进的背景下,农业生产从环节到全程服务外包的小农户会迅速增长,同时土地长期流转甚至退出土地承包权的小农户也会加速增多。这一新的分化趋势,已经不是以往对土地规模经营或服务规模经营的行政推动,而是小农户新的演化阶段的自发过程,是促进小农户衔接现代农业的政策思路由行政推动向循势诱

---

① 有关年份《中国农村统计年鉴》。

导转型的现实基础。

三 小农户发展的前景展望

实现小农户与现代农业发展有机衔接，意味着现代农业的生产要素、生产方式和生产关系导入小农户农业生产经营过程。可以将小农户衔接现代农业的过程分为三个维度，即生产要素衔接、生产方式衔接以及生产关系衔接。三个维度的衔接，既可以单独突破也可以组合进行还可以同步推进，最终都是实现小农户农业生产经营的现代化。全面实施乡村振兴战略，为小农户发展创造了多种情境选择。体现三个维度衔接的路径主要有以下几种。

（一）专职化：自我成长的内生发展道路

小农户衔接现代农业首选的应该是通过其自身发展壮大，实现农业生产经营过程的现代化。这种发展壮大要同步实现农业现代化，必须使农业成为固定从事农业的家庭成员的"主业"及其主要收入来源。主要有三种发展机会可以实现。一是流转入土地从事规模化种养；二是从事特色种养或设施农业；三是购买农业设施装备从事农业生产性服务。小农户选择这三种发展机会的初始阶段都是实现农业从业人员的充分就业。不管选择哪一机会，小农户进入成长轨道后，最终演变结构都是规模化、专业化的农业经营户或服务户。这一过程伴随着新型农业经营主体和服务主体的不断生成。但小农户选择农业专职化的成长道路不会一帆风顺，期间要受到农民合作社、种养企业、农业服务公司的竞争甚至挤压，在政府过度干预尤其是支持工商企业进入农业的政策影响下，会被排挤出具有优势的种养或服务领域。这会阻碍小农户的自我成长进程。如支持工商企业下乡租地，抬高了土地流转租金，阻碍了农户间的正常流转秩序；支持服务企业进入产中环节，挤压了农业服务户在产中环节的发展空间。必须明确，支持小农户自发成长为现代农户，乃至新型农业经营主体和服务主体，是最具价值的衔接现代农业路径。

（二）组织化：以小聚大的实力提升道路

小农户分散生产导致的标准不一、质量不高与现代农业要求不符。他们参与市场竞争，处于明显的竞争弱势地位，也不具备与其他市场主体开展合作的相对称的规模实力。以某种方式把区域内或同类型小农户组织起来，统一生产经营，形成可观的规模实力，有助于平等参与市场竞争或合作。中国农村改革实践过程中，形成了集体经济组织、农民合作社、承担中介作用的个人或组织等多种小农户组织化方式。理论研究中最强调小农户自发组织的合作社。以同质化的小农户为基础组织农民合作社，会面临集体行动的困境，容易出现两种演化结果：一是组织的低效率、低效益致使合作缺乏实质内容，二是差异分化导致的少数人控制、不规范运营问题。近年来，各级政府大力推进农民合作社发展，虽然数量大幅增长，但不少是空壳社、虚假社和不规范社，制约了农民合作社功能的发挥。同时，不少新型集体经济组织、农村发展带头人和新型经纪人，却成为小农户值得依靠的力量。从集体行动的逻辑出发，提高小农户组织化水平有多种方式，关键是为"骨干"提供激励，解决集体行动的困境，进而解决小农户组织化的难题。可见，小农户组织化的障碍不在于组织形式的选择，而在于组织化本身的难题。这些难题主要是小农户的组织成本、规范运营成本高，组织起来的加总规模小，"骨干"激励缺失等。不解决这些难题，任何小农户的组织化方式都会出现少数人控制、不规范运营等问题。解决了这些问题，农民合作社、集体经济组织、承担中介作用的个人或组织都能在一定范围内显现适应性，并能成为小农户组织化道路的竞争性选择。

（三）服务化：导入要素的迂回发展道路

设施、装备和技术等现代农业生产要素，大都具有明显的规模"门槛"，远远超过小农户的规模水平。小农户直接兴建设施、购买装备、采纳技术，往往不具备经济性和适用性。为解决现代要素导入难题，在农村改革过程中，政府推动建立和完善农业社会化服务体系，发展农业生产性服务业，为小农户以购买服务方式"迂回"使用先进设施、装备和技术提供了机会，也为小农户开辟了服务成长路径。农业生产性服务业已经成为推动农业现代化的战略性产业，使小农户可以沿着生产要素、生产方式、生产关系的不同维度，"迂回"但有效地进入现代农业发展轨道。一是为兼业深化的小农户平滑过渡提供支撑。处于兼业化过程中的小农户，把家庭内部的优质要素配置向务工就业或非农领域，农业生产处于萎缩和粗放经营的状态。农业生产性服务市场的存在，可以使这部分小农户通过购买服务，维持农业生产的效率效益和转型升级，同时渐进性地退出农业生产经营，实现与市民化过程的协调联动。二是为代际分工的小农户顺畅接续提供支撑。进入代际传递阶段的小农户,老一辈务农人员逐步退出,需要购买服务来弥补劳动能力的缺失;新一代务农人员进入,需要购买服务来弥补经验技能的缺失。以全方位的农业生产性服务,能够有效保障处于代际传递状态的小农户实现农业生产的顺畅接续。三是为专职专业的小农户成长壮大提供支撑。农业生产性服务业是服务规模经营的载体和依托。小农户通过购买服务转入分工经济,就能跨越现代农业要素的规模门槛。依托农业生产性服务市场,小农户既可以更有效地转入土地从事规模经营,又可以购买设施装备提供农业生产性服务。可见,对于各类小农户来说,农业生产性服务业都可以扮演其衔接现代农业的桥梁纽带作用。但这并不意味着农业生产性服务业就是小农户衔接现代农业的唯一路径,不能因此弱化甚至否定其他路径的作用。

(四)产业化:增值提能的产业融合道路

务农收入的持续增长,才能激发小农户衔接现代农业的动力和活力。保持持续增收的方法有,扩大主业经营规模、横向拓展经营范围、纵向延伸产业链条。前两个办法在小农户成长初期较易实现,但主要是简单扩大再生产,增收明显但增效不明显。随着经营规模扩大到一定程度,小农户的优势迅速弱化,继续扩大面临多方面的瓶颈制约。这就需要参与现代农业产业链、供应链、价值链,走增值增效的产业融合发展之路。一直以来,推动农村第一、第二、第三产业结合发展是中央农村产业政策的重要理念,如从中华人民共和国成立初期的农工商综合经营,到农村改革初期的农工商一体化、贸工农"一条龙",再到20世纪90年代以后的农业产业化。2016年1月,国务院办公厅发布了

《关于推进农村一二三产业融合发展的指导意见》，国家层面推动农村产业发展的理念升级为农村第一、第二、第三产业融合，更强调农民实质性地参与到农业产业链第二、第三产业环节、分享增值收益。实践中出现的一些做法值得关注：一是农业产业化龙头企业与农村发展带头人、农村集体经济组织、新型农业经营主体和服务主体等合作创办农民合作社，吸引小农户入股、签订订单，向小农户二次分红；二是农业产业化龙头企业联合区域内的新型农业经营主体和服务主体，吸纳小农户，组织农业产业化联合体；三是少数规模实力强、发展质量较高的农民合作社，发挥农业产业化龙头作用，统筹整合新型农业经营主体和服务主体，协力带动小农户发展现代农业。这些做法在带动小农户发展现代农业方面显现出较好的效果，但并未从根本上解决小农户参与现代农业产业链第二、第三产业环节的障碍。其中的组织创新、利益联结均是以相对较低的组织成本化解了较高的交易成本，并不意味着组织成本就低，而且对小农户农业生产的干预、利益捆绑、吸纳就业等，还只是表面上的增量利益重新分配，容易造成小农户的人格依赖，尚未触及存量利益的再分配和小农户发展能力的提升等深层次问题。要充分认识到农村产业融合发展是小农户衔接现代农业的重大机遇，但也要注意到小农户参与农村第二、第三产业发展的困难障碍以及潜在风险，要着重从实质参与和能力提升的角度出发，突破以生产干预、利益捆绑的"替代"小农户参与产业融合发展的简单做法，把小农户真正培养成现代农业产业链的共建者。

对于具有不同分化特点的小农户来说，往往最为突出地面对其中一种情景选择，同时也会面对不同维度、不同程度组合方式表现出的集成式情境选择。如处于成长过程中的小农户，既需要转入土地经营权或提供农业生产性服务，也需要通过组织化、产业化参与农业产业链，还需要购买服务以获取现代农业生产要素。这就需要既针对小农户衔接现代农业的不同情境选择明确针对性的策略措施，也要根据小农户的分化特点和多元需求增强不同衔接策略措施的系统性、协同性，以形成协同推动小农户衔接现代农业的整体合力。

四 推进小农户现代化的路径思考

促进小农户与现代农业发展有机衔接，必须准确把握小农户演变的动态特征，从他们面对的不同情境选择出发，制定策略性、系统性、协同性、整体性的路径组合和政策措施。要注重小农户发展的动态特征和衔接现代农业情境选择的相互匹配，优先支持小农户沿着规模化、专业化、服务化的方向发展壮大；要为小农户渐进性退出农业生产经营提供接续性和弥补性的要素投入，诱导小农户的有序退出；要为小农户实现代际分工向代际传递的转型和代际传递的顺利进行提供全方位服务保障；要为小农户组织化提供制度支持和服务支撑，帮助小农户参与现代农业产业链、供应链、价值链，提高现代农业发展能力，共享产业融合增值收益。为此，要调整现有政策措施，创设更多有效政策。

（一）顺畅小农户多元化成长路径

要把小农户作为培育新型农业经营主体和服务主体的重要来

源。优先支持小农户扩大农业经营规模、从事农业生产性服务、提升专业发展水平。鼓励工商资本下乡进入农业领域，要注意处理好与扶持小农户的关系，避免过度替代和挤压小农户发展空间。土地流转支持政策要向小农户倾斜，把原有支持工商企业、农民合作社、种养大户流转土地的政策，转向支持小农户转入土地扩大规模，着力恢复农村土地流转秩序，平抑虚高的流转租金。农业社会化服务政策，在产中环节要加强对小农户的支持，鼓励小农户从事具有优势的产中作业服务，引导小农户成长为新型农业服务主体，并适时转型为新型农业经营主体，成为生产与服务功能兼备的现代农业骨干力量。支持小农户从事特色种养、设施农业、生态农业、康养农业等，提高小农户专业化发展水平，成为农业多功能彰显的重要载体和乡村产业振兴的推动力量。

（二）创新小农户组织化推进策略

提高小农户组织化程度，搭建小农户衔接现代农业的组织载体，要把着力点放在化解小农户组织化的难题上，便于小农户扩大规模实力、参与市场竞争、维护自身利益。首先，尊重现实基础，因地制宜地选择小农户组织形式。不能盲目强调某一种组织形式，要形成竞争性的制度安排，引导农民合作社、集体经济组织、承担中介作用的个体或组织充分发挥作用。要着力培育新型集体经济组织、农村发展带头人、农村经纪人等，提升农民合作社规范发展水平。其次，建立健全小农户组织化的服务保障体系。县级和乡镇政府，要结合新型农业经营主体服务体系、小微企业服务体系建设，加强面向小农户组织化的服务体系建设，帮助化解规范运营成本、增强资源整合对接能力,实现高质量发展。目前,广东、重庆等正在探索实践的农民合作社服务中心,值得关注。最后,加强对小农户组织化骨干人才的培养。要客观理性地看待小农户组织化过程中出现的"少数人控制"现象,把"少数人"培养成小农户组织化骨干人才和农村发展带头人,形成合理的晋升和成长渠道,引导他们成为小农户利益的守护者。

(三) 增强小农户服务化保障水平

为小农户多元化演变路径提供针对性农业生产性服务,弥合不同分化特点小农户与现代农业的差距,是小农户衔接现代农业的共性要求。要着力发展农业生产性服务业,大力培育新型农业服务主体,建设新型农业社会化服务体系,满足小农户衔接现代农业的多元化服务需求。第一,要为小农户的多元化成长路径提供服务支撑。主要是推动面向新型农业经营主体和工商企业的农业生产性服务,向重点面向小农户延伸,帮助小农户化解土地流转、要素导入、产业对接的"瓶颈"障碍。第二,要为小农户渐进性退出农业生产经营领域提供服务支撑。主要是着重发展灵活多样的农业生产托管服务,为处于不同演变阶段的小农户提供适应的托管服务业务。第三,要为小农户顺利实现代际传递提供服务支撑。主要是拓展面向返乡务农人员或在农业领域创业就业返乡人员的农业生产性服务业务,尤其是"新农人"培养培训、创业辅导、务农指导等方面的新型业务。第四,要搭建面向小农户的综合性服务平台。可以与其他涉农服务平台建设相结合,主要是发挥整合区域内服务资源、降低面向小农户服务成本的作用。

（四）健全小农户产业化参与机制

让小农户实质性地参与现代农业产业链第二、第三产业环节，需要改变简单的组织联结、利益捆绑、务工就业做法，着力提升小农户在现代农业产业链中的地位、能力和作用。政策上要着力扭转"代替"或排挤小农户的倾向，让小农户成为现代农业产业链、供应链、价值链的共建者。一是将相关支持政策与扶持带动小农户挂钩。把扶持带动小农户作为相关主体获得农业产业化支持政策的前置性条件和考核性要求。对于农业产业化项目资金形成的固定资产等可以量化为小农户的股份，作为小农户获得保底性收益分配的依据。二是密切农业产业化利益联结机制。综合利用组织联结、股份合作、就业机会、职务晋升、技能培养等多种手段，稳固基于产业链的利益共同体，为小农户持续增收和能力提升提供保障。三是推广普及农业产业化联合体，健全吸纳小农户的联合体运营机制，完善产业链共商共建共享治理机制，不断提高小农户在现代农业产业链中的地位。经过一个较长时期的努力，要逐步推动小农户成为现代农业产业链、供应链、价值链的中坚力量，让小农户真正成为乡村产业振兴的主导力量。

参考文献

1. 赵佳、姜长云：《兼业小农抑或家庭农场——中国农业家庭经营组织变迁的路径选择》，《农业经济问题》2015年第3期。

2. 陈军亚：《韧性小农：历史延续与现代转换——中国小农户的生命

力及自主责任机制》,《中国社会科学》2019 年第 12 期。

3. 罗必良:《小农经营、功能转换与策略选择——兼论小农户与现代农业融合发展的"第三条道路"》,《农业经济问题》2020 年第 1 期。

4. 苑鹏、丁忠兵:《小农户与现代农业发展的衔接模式:重庆梁平例证》,《改革》2018 年第 6 期。

5. 芦千文、吕之望:《农户对农业供给侧结构性改革政策的响应》,《经济与管理》2019 年第 3 期。

6. 芦千文、高鸣:《农业生产性服务联结机制的演变与创新》,《华南农业大学学报》(社会科学版)2019 年第 6 期。

7. 阮文彪:《小农户和现代农业发展有机衔接——经验证据、突出矛盾与路径选择》,《中国农村观察》2019 年第 1 期。

中国农作物种业现代化：
前瞻、路径与对策

靖 飞 王绪龙 宁国强[*]

摘 要： 农业现代化必先种业现代化。研究农作物种业现代化的前瞻、路径和对策，对于加快实现农业现代化、促进农业长期稳定发展、保障国家粮食安全具有重要意义。首先，在分析了我国农作物种业发展现状、特征，全球农作物种业发展特征，中国农业现代化需要的基础上，阐述了中国农作物种业现代化的重要标志；其次，指出了中国农作物种业现代化必须坚持走创新驱动、市场主导、深化改革和对外开放的发展道路；最后，从强芯、松绑、壮骨三个角度提出了推进中国农作物种业现代化的对策，包括加强不同育种机构分工和合作的种业科技体制改革，提高行业准入标准、放宽品种审定权限和完善行政管理体系的种业管理体制改革，加大重点领域和繁育基地建设、出台鼓励政策、加强金融支持的种业支持体系改革。

关键词： 种业现代化 前瞻 路径 对策

---

[*] 靖飞，管理学博士，渤海大学管理学院教授，主要从事农作物种业经济研究；王绪龙，管理学博士，渤海大学管理学院副教授，主要从事农户决策行为研究；宁国强，管理学博士，渤海大学经济学院副教授，主要从事农村金融研究。

中国农作物种业现代化：前瞻、路径与对策 ◆

Modernization of Crop Seed Industry in China: Prospect, Path and Countermeasure

Jing Fei　Wang Xulong　Ning Guoqiang

Abstract: Seed industry modernization is the foundation of agricultural modernization. It is of great significance to study the foresight, path and countermeasures of the modernization of crop seed industry for accelerating the realization of agricultural modernization, promoting the long – term and stable development of agriculture and ensuring the national food security. Firstly, on the basis of analyzing the development status and characteristics of crop seed industry in China, the development characteristics of crop seed industry in the world and the needs of China's agricultural modernization, this paper expounds the important symbols of the modernization of crop seed industry in China. Secondly, the paper points out that the modernization of crop seed industry in China must adhere to the development path of innovation – driven, market – led, deepening reform and opening to the outside world. Finally, the paper puts forward the countermeasures of promoting the modernization of crop seed industry in China from three angles of strengthening the core, relaxing management, and strengthening the main body, including seed industry science and technology system reform which is strengthening the division and cooperation among different breeding institutions, seed industry management system reform which is raising the standards for industry access, relaxing the authority to examine and approve varieties and improving the administrative management system, seed industry support system reform which is increasing efforts to develop key areas and breeding bases, introducing encouraging policies and increasing financial support.

Key Words: Seed industry modernization; Prospect; Path; Countermeasure

一 中国农作物种业现代化的前瞻

粮安天下，种筑基石。农业现代化，种子是基础。农作物种业现代化对农业现代化具有十分重要的基础支撑作用。

（一）中国农作物种业现代化前瞻定位的依据

1. 中国农作物种业的发展现状

（1）农作物供种保障能力不断提升。农作物供种保障面临两个风险：一个是自然风险，另一个是市场风险。农作物种业是自然生产的过程，其供种保障能力与气候等自然条件密切相关，克服自然条件的影响最有力的办法是加强农作物种业基地生产基础设施建设。农作物种业开展市场化改革，不可避免地要面临市场风险。市场风险主要是制种环节的劳动力成本、用工成本、租地成本等都在上升，当农作物制种比较收益降低，对制种农户的生产积极性产生影响，进而影响种子供给数量。克服市场风险的影响同样需要从种子生产基地建设和扶持角度入手。基于此，为保证农作物供种保障能力的稳步提升，我国采取了很多具有针对性的措施。

一是加强顶层设计，不断完善农作物种子生产基地布局，到2020年，甘肃、四川、海南三大国家战略制种基地、52个杂交水稻和玉米制种大县、100个国家区域性良种繁育基地的种子基地建设格局基本形成。

二是加大支持力度，不断提升种子生产基地基础设施水平，2015—2018年，中央财政实施首轮制种大县奖励政策，对农业农村部认定的粮食作物制种大县（农场）给予奖励，2018年新增对大豆良繁基地实施奖励，2019年将马铃薯种薯基地纳入奖励范围。中央不断加大投资规模，深入实施现代种业提升工程，支持海南、四川、甘肃、广东、湖南建设5个以种业为主导产业的现代农业产业园，国家高标准农田建设资金优先支持种子基地建设。

三是提高支持广度，建立健全种子生产和收储政策体系，对农作物种子的收购加大政策性银行贷款的支持，银保监会加快了推动三大粮食作物制种保险的进程，将制种机械纳入农机具购置补贴，通过这些政策的落实，对冲农作物种业生产面临的自然风险和市场风险，增强我国农作物供种保障能力。

（2）农作物种子企业市场活力不断增强。农作物种业的核心主体是种子企业，经过20余年的市场化改革，我国农作物种子企业的活力不断增强，突出表现在以下三个方面。

一是结构优化。从最具代表性的"育繁推一体化"企业来看，经营区域为全国的"育繁推一体化"企业达到97家，其中蔬菜等经济作物种子生产企业增至40家，经济作物、特色作物企业开始崛起，玉米、水稻、小麦三大作物种子"一统天下"的结构被改变；从中小企业变化来看，开始从过去的"小而全"向育种、繁制种、销售专业化分工方向发展，这种变化既可以从整体上形成企业间合理的分工体系，又可以使单个企业集中自己的资源投入自己的优势领域，有利于形成企业的核心竞争力，从而提升我国种业的基础竞争力。

二是实力增强。据《2020年中国农作物种业发展报告》显示，2019年全国种子企业资产总额达到2479.47亿元，比2018年增加406.75亿元；种子企业净资产总额1478.72亿元，比2018年增加253.2亿元；全国种子企业共实现种子销售收入742.91亿元，比2018年增加36.57亿元；全国种子企业实现种子销售利润58.33亿元，比2018年增加4.93亿元，实现种子销售净利润42.49亿元，较2018年增加4.16元（见图1）。从最新公布的主要上市种子企业2020年销售收入情况来看，12家企业中9家实现销售收入正增长（见图2）。

三是创新加速。根据《2020年中国农作物种业发展报告》资料信息，2019年，我国农作物种子企业越发重视科研创新，自主科研投入不断加大，已经成为种业科研投入的主导力量。规模企业科研投入达36.05亿元，占规模企业商品种子销售额的8.12%，比2018年升高0.98个百分点，再创历史新高。大量科研经费的投入，吸引了大批高水平育种人才加入种业研发队伍。

中国农作物种业现代化：前瞻、路径与对策

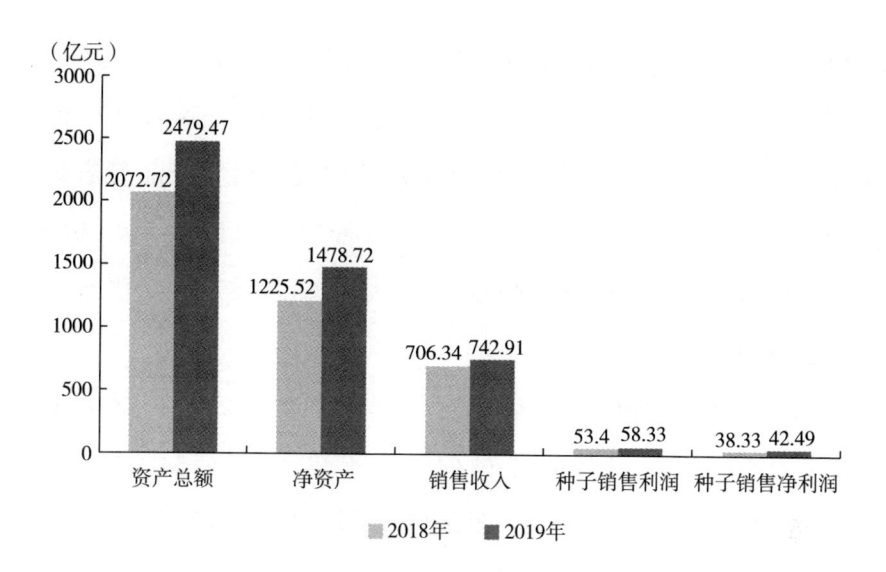

图1 中国农作物种子企业主要财务指标变化情况

资料来源：《2020年中国农作物种业发展报告》。

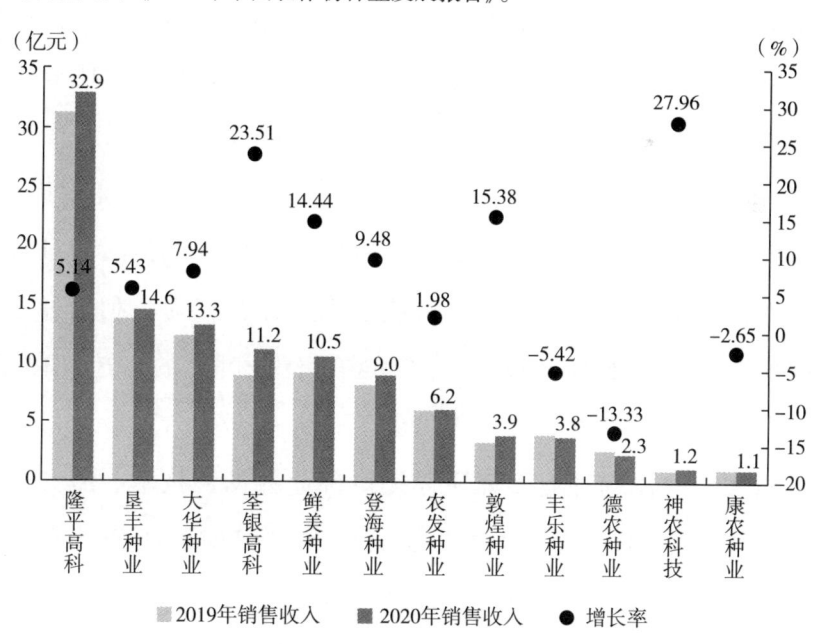

图2 中国主要农作物种子上市企业销售收入变化情况

资料来源：相关上市企业2020年年度报告。

2019年种子企业通过国家审定品种占总数的80%以上，通过省级审定品种数占总数的65%以上，超过科研单位和其他机构的总和；种子企业申请植物新品种权数量和授权植物新品种数量均占总数的50%以上；种子企业登记品种数占总数的70%以上，为种业发展的可持续提供绿色优质新品种和高质量种子供给奠定了坚实基础。

（3）农作物种业治理体系与能力不断优化完善。适应市场化发展方向要求，我国农作物种业逐步建立起以《中华人民共和国种子法》为主体，以管理条例、部门规章和配套规章为辅的涵盖育种科研、质量安全等产前、产中、产后管理全过程的法律法规体系。农作物种业行政改革更加彻底，行政许可审批大幅精简审批材料和审批环节，加快推进网上审批，采取承诺备案、留存备查等方式，减少企业负担，提高审批效率，同时全面清理、取消在外商投资准入负面清单以外领域针对外资设置的准入限制。农作物种业市场监管更加全面，农业农村部统筹国家、省、市、县四级种业监管力量，开展种业市场专项整治和日常监督检查，严厉打击种业领域各类违法生产经营行为，利用种业大数据平台，建立来源可查、去向可追、责任可究的可追溯体系。服务农作物种业发展的手段更加创新，大数据平台建设取得新突破，能够为农作物种业多元主体提供种业数据、技术、服务、政策、法律等方面的"一站式"综合服务，实现种业公共服务信息便捷查询，辅助种业各方主体科学决策。

2. 中国农作物种业的发展特征

我国农作物种业经过20年市场化改革，已经从最初的粗放式增长向高质量发展转变，农作物种业发展表现出以下四个方面的特征。

（1）市场化发展方向明确。我国农作物种业市场化发展以2000年《中华人民共和国种子法》颁布实施为起点，从目前的发展趋势来看，市场化的发展方向已经非常明显。种子企业正在成为市场的主体，企业育种机构已经超越科研机构成为创新主力，市场经营行为正在按照市场需求不断调整，适应市场能力不断加强。政府机构已经从过去的行业主导地位转为服务企业的配角，按照市场经济规律不断为种业发展创造良好的市场环境，法律体系不断得到健全，市场监管手段不断丰富。

（2）创新驱动呈现全面性。按照新的发展理念要求，创新是第一动力。农作物种业创新表现为多领域、多视角、多层次的全面创新：从价值链角度来看，农作物种业创新已经不再仅仅局限于原来的种业产业链上，其外延更广，既渗透于包括种业科研、种子生产、种子物流、种子使用技术服务等传统种业价值链环节，也渗透于包括农产品收获、加工、销售等种植业价值链环节；从创新内容来看，创新既包括企业内部的产品创新、技术创新、服务创新、制度创新，也包括跨企业间和跨产业的协同创新、解决方案创新。

（3）农作物种业产业结构呈现合理性。农作物种业产业结构需要从产品和企业两个角度来认识。产品结构是从种植业品种应用角度来看，合理化表现为两个方面：主导品种地位突出，从全国层次或者从生态区域层次来看，各主要农作物都有主导品种，形成合理的梯次结构；更新换代发展稳定，品种更新换代是动态变化，体现的是新品种的替代能力，进而体现出产业创新的整体水平，从全国层次或者从生态区域层次来看，每年均保持稳定的品种更换率，品种更新换代的周期缩短。企业结构的合理化表现为三个方面：科研创新主体结构合理，从品种审定和品种保护的情况来看，企业正在逐渐成为育种创新的主导；市场推广主体结构合理，主要的领军型种子企业引领产业发展潮流，形成分工合理的企业结构；内外资企业比例关系合理，农作物种业发展必须贯彻开放理念，要在国内种子市场形成与外资企业的竞争关系，从"把中国人的饭碗牢牢端在自己手中"的角度来看，主要的领军种子企业具备与外资企业竞争的实力，从全国层次或者从生态区域层次来看，在主要农作物种子市场，国内种子企业均处在主导地位。

（4）农作物种业产品质量呈现整体性。当前农作物种业产品质量已不再局限于产品的性能、为消费者带来的使用价值，其外延更广，是由质量、价格、服务、文化、环境等因素构成的一个整体概念，渗透于研发设计、田间制种、种子加工、物流、售后服务等各个价值链环节。随着种业服务不断地向种植业环节渗透，提供综合的以种子为核心的解决方案成为主流的发展趋势，种业产品质量的内容更加丰富，是种子实体产品质量和延伸服务产品质量的统一，农作物种业发展逐渐演变成种子实体产品高质量和延伸服务产品高质量协同发展。

3. 全球农作物种业的发展特征

发达国家农作物种业发展代表着全球种业未来的发展规律、发展方向。近些年，全球种业发展呈现以下明显的五个特征。

（1）全球种业市场化。从全球种业的整体发展趋势来看，种业市场化的特征非常明显,包括种业研发、投资、市场供给等诸多方面,私人机构所占的比重越来越大。欧美地区发达国家不必多说,巴西、阿根廷、印度等种业后发地区,通过不断改革,目前也已经发展成私人机构占主导地位、传统育种科研机构作为补充的合理的分工体系。巴西和阿根廷种业的全面开放,全球主要跨国种子企业已经基本主导这两个国家的种子市场。

(2) 市场结构垄断化。伴随各国种业市场化改革进程的加快,跨国种子企业参与全球竞争的趋势非常明显,从全球种子市场主要国家的种子市场结构来看,都表现出典型的寡头垄断特征,特别是主要跨国种子企业巨头新一轮并购重组结束以后,这种趋势越发明显,目前全球种业市场的基本格局就是拜耳、陶氏杜邦和先正达三个寡头的"三足鼎立"。

(3) 垄断能力多元化。跨国种子企业垄断能力的形成来自三个方面:种子业务多元、互补产品多元和延伸服务多元。从种子业务来看,拜耳、陶氏杜邦等多数大型跨国种业巨头均在产业内部拓展其他种子业务,实现多元化经营。从互补产品来看,种子使用需要与杀菌剂、杀虫剂、除草剂配合,农化产品成为最主要的互补产品,拜耳、陶氏杜邦、先正达等主要的跨国种业巨头既是种业巨头,又是农化巨头。从延伸服务来看,多元化的特征也比较明显,过去专注于做好互补产品的供给,现在延伸到精准农业、天气气候服务等多方面,为农户提供综合解决方案已经成为主要跨国种业巨头垄断势力的新来源。

(4) 多元业务精准化。依靠生物技术、互联网、大数据等现代技术手段,跨国种业巨头提供的多元业务越来越精准。从育种技术来讲,转基因技术已经成为传统技术,基因编辑成为最新技术，通过直接"修改"植物基因编码，让植物更加营养、更能应对不利条件。从农化业务配合来讲，使用同一跨国种业巨头产品的约束能力越来越强，农化产品与种子对应，不可分割，如孟山都研发的抗除草剂种子，必须使用它研发的草甘膦除草剂。从服务业务来看，依靠数据科学的发展来进一步释放农业生产的潜力。典型案例是孟山都提供的天气、土壤信息等数据服务，采集了大量的相关数据，才能够给其客户提供更精准的服务。

（5）精准创新持续化。主要跨国种业巨头能够提供精准服务是建立在强大的科研实力和资本实力之上的。主要跨国种业巨头在持续的市场竞争中已经形成基本的运营规律，持续多年拿出约销售收入的10%开展研发，在这种情况下，才有了跨国种业巨头持续发展的动力。另外，跨国种业巨头还依靠强大的资本实力，通过并购的形式快速补足创新能力的"短板"，使企业业务单元构成得到持续改进。这些都推进了跨国种业巨头形成持续的创新能力。

4. 中国农业现代化的需要

农业现代化，种子是基础。从产业链角度来看，农作物种业处在农业产业链的上游，可以说其现代化程度决定了农业现代化的高度；从生产作业的内容来看，农作物种业与农业存在诸多相似，农业现代化的特征就是农作物种业现代化的特征，甚至农作物种业现代化是先行先试的环节，要率先实现现代化。

（二）中国农作物种业现代化的重要标志

2035年，在中国初步实现农业现代化的背景下，中国农作物种业现代化将表现出以下特征：市场在农作物种业资源配置中发挥决定性作用，以合理分工为表征的农作物种业产业结构优化基本完成，农作物种业引领农业现代化不断迭代升级。

1. 市场在农作物种业资源配置中发挥决定性作用

在公平、规范的市场竞争环境下，发挥市场对种业资源配置的决定性作用的第一个表现是由市场决定生产什么样的种子品种，市场对种业资源配置的决定性作用的第二个表现是由市场决定如何生产种子，市场对种业资源配置的决定性作用的第三个表现由市场决定各个制种企业为谁生产种子。市场对种业资源配置的决定性作用的前提性标志条件包括整个种业市场制度规则统一和技术标准统一，各级公共资源交易平台实现全面互联互通和信息共享，通过公共资源交易平台开展种子资源和种业科技成果交易实现资源配置的市场化和价值化，市场机制完成种子企业优胜劣汰、适者生存，种子行政管理工作也要以保障公平、规范的种子市场竞争环境为首要目标。

2. 建立合理化的种业分工体系

种业现代化必须在科研机构与种业企业间建立科学的合理化分工体系。合理化的种业分工体系包括：其一，科研单位作为国家的公益性研究机构理所当然要承担起基础性研究的任务，加大种质资源收集和鉴定力度，不断提高种质资源转化利用率；创新农作物分子改良与技术应用体系，完善杂交优势利用、双单倍体育种、全基因组选择等育种关键技术，强化具有自主知识产权转基因、基因编辑等技术研究开发，取得突破性重大种业科研成果，为育繁推一体化商业化育种提供可靠的技术支撑。其二，企业主要负责应用性研究，以市场需求为导向。其三，对于一头连着基础研究另一头连着企业需求的应用型科研攻关项目，需建立科企合作共同开发研究。科研机构和种业企业在明确分工的基础上，还要加强科研机构间、科研机构与种业企业间、种业企业间的多模式、多主体的全方位合作。

3. 农作物种业现代化引领农业现代化进程

种子作为重要的科技载体，除可以提高农产品品质、增加农作物产量、丰富农产品种类外，对加快农业现代化建设也至关重要。适宜机械化品种的大范围种植，引领农业机械化水平提高；优质种子推广，引领耕作制度变革；品种的多样性，引领栽培模式创新；品种的需水肥特性，引领化肥等施用比例和数量，推进配方施肥。农业现代化的加速推进，突出了种业在农业发展中的先导性和引领性地位，要实现农业高质量发展、培育农业发展新动能、推进农业现代化，必以种业实现优先发展和率先突破为前提。

二　中国农作物种业现代化的具体路径

（一）坚定不移走创新驱动发展道路

1. 以新发展理念引领科技与产业创新，实现发展方式与发展动能转变

当前，大数据、云计算、人工智能等科技与产业发展日新月异,全球科技革命为我国农作物种业科技创新发展提供了新机遇。抓住新机遇,走创新驱动发展道路,关键是贯彻落实新发展理念。新时代,我国农作物种业发展要从注重速度和规模转变为注重质量和效益,不断优化产业结构,实现绿色发展、可持续发展。

2. 以生物质工程为支撑动力,以生物基因育种为资源基础

植物生物育种借助植物基因编辑、分子设计、杂交、诱变、多倍体、细胞工程等生物技术手段,对植物成分及性状进行设计、改造,增加其抗病虫害、抗逆性功能,从而获得高质量、高产量、高抗性的植物种子,使产品向需求方向定向生长。通常来说,农业育种相较其他环节更容易技术物化和商业化。尤其是生物基因育种中的无性繁殖技术,不仅能天然地保护其知识产权,还能够无视水源、土地等资源限制,自动调节农作物繁育以及再生长能力,使生产状态达到理想培育状态。可以说,生物基因育种通过开发更有效作物遗传转化方式,使其合成方向和速度更精细化和准确化,进而增强农业生产效率和作物品质,为农业现代化可持续发展提供不竭的资源基础。通过种子基因编辑对目标基因进行删除、替换、插入等操作,以获得新的功能或表型,改良植物品种,提供高产、优质、安全的食品,在技术的持续拓展及延伸下,基因编辑技术将带来巨大的社会价值与经济价值。基因编辑不涉及伦理,历史经验充足,基因编辑技术将成为未来生物育种技术的主要创新方向。

3. 融合数字技术与农作物种业全产业链条，深度激活数据资源价值

数字技术是多种数字化技术的集称，包括区块链、大数据、云计算人工智能等。在种植选种环节，借助现代数字技术，收集农业市场需求及发展趋势数据，并根据相应分析结果合理选择农业产品种植种类。同时，依据现代化技术，检测市场上的产品种子，确认种子质量以进行良种选择。另外，通过数字技术构建一个更加直接高效的种业全产业链条网络，打破过去种子企业和种子企业之间、农户和农户之间、农户和种子之间的平面连接，建立起种业全产业链立体的、折叠的、交互式的架构。在此架构下，实现的点对点、端对端的交互式连接将更直接，省去中间节点，进一步提高效率。此外，叠加以区块链为基础的数学算法建立数字信任，将使整个种业的运行实现更低成本、更高效率，带动种业的迅速发展。

（二）坚定不移走市场主导发展道路

1. 建立并维持市场公平竞争环境，推行有效的种子管理执法方式

通过维系公平的市场竞争环境，为实现市场结构的优化提供市场保障，提高市场配置资源的能力；大力推进行之有效的执法方式，自下而上制止种业竞争中的不正当行为。县级以下的末端市场是种子管理最为薄弱的区域。如县级种子管理站是种子市场管理的主力军，但是经费短缺，编制不足，队伍素质不高，成为影响管理效果的最主要原因。基层种子市场的鱼龙混杂与捉襟见肘的监管形成强烈的反差，再加上行政审批造成的事实主体缺位，迫切需要形成符合实际又行之有效的执法方式，这是实现"保护种业知识产权，促进现代种业正当竞争"的关键。

2. 通过市场手段，壮大"育繁推一体化"种子企业

通过促进中等规模企业专业化发展、发展中等规模以下与小型企业成为服务型代销商，以形成合理企业的层级梯次，改变现有种业市场结构。兼并重组是种子企业做大做强的重要途径，随着国家粮食收储政策的进一步调整，种子行业的竞争会进一步加剧，大型种子企业的兼并重组步伐将进一步加快。兼并重组可以使企业积极发展育繁推一体化，打破品种供给"瓶颈"，也可使企业更好地进行融资，解决资金问题，促进产业升级，可以促使企业通过创新提升现代管理水平，进行更好的发展或转型，改变我国种子企业"多、小、散、弱"局面，重塑我国种业价值链体系，提高下游种子产品加工水平，延长产业链条，促进产业升级，以改善种子市场竞争的有效性。

3. 明确商业化育种分工机制，稳步推进科研主体转移

市场化发展必然涉及育种商业化，商业化育种使新品种的选育、繁殖、推广有机衔接，进而形成高投入、高产出、高回报的完整育种体系，我国种业体系需以政府、企业、科研院所三个维度，从品种的选育与改良、审定与监管、推广与应用三个阶段，进一步明确商业化育种全产业链分工机制，推动我国种业"育繁推一体化"进程。品种是种子企业的核心竞争力，决定着种子企业的生存与发展，在计划经济时期，我国农作物育种资源主要集中在国家农业科研院所,进入市场化发展阶段,种子产业面临科研主体从科研院所向企业的转移,只有让企业掌握更多育种研发自主权,才能使企业有更多动力更好地研发出具有自主知识产权和广阔商业化前景的优良品种。

(三) 坚定不移走深化改革发展道路

1. 推进体制机制创新

习近平同志强调,"要全面推进体制机制创新,提高资源配置效率效能,推动资源向优质企业和产品集中,推动创新要素自由流动和聚集,使创新成为高质量发展的强大动能"。这一重要论述,深刻阐明了体制机制创新对创新驱动发展的重要意义。为此,通过完善相关立法,加强执法监督,切实保护育种知识产权,形成创新探索自由包容、种业创新人才和育种资源自由流动的创新环境,形成统一开放、竞争有序、公平透明的市场环境;建立以种子企业为主体、市场为导向、产学研深度融合的种子技术创新体系;深化种业科技体制改革,在种业创新资源配置、收益分配等方面形成新机制。

2. 优化种业发展方式

从依靠自然资源和资本等要素驱动转变为依靠科技、体制、管理、业态和文化等创新驱动;从依赖资源和劳动密集型传统产业的规模扩张转变为去落后产能,加快传统产业的绿色化、数字化、网络化、智能化、定制化转型升级;从依靠产业规模和低价格竞争优势转变为依靠创新产品设计、发展先进工艺、提供个性化服务,从而提高产品和服务的品质,引领新需求、开拓新市场、创造新价值。

3. 围绕"有效市场"做"有为政府",为种业改革创新护航

政府与市场的关系,是现代经济社会发展中最重要的关系。对管理者来说,既考验着决策执政的智慧,也考量着自我变革的勇气,种业管理职能围绕产业发展转型,成为推动新一轮改革的重要保障。主管部门紧盯产业发展而转型,管理退居幕后,监管和服务走上前台,为"有效市场"的健康运转做保障。农作物种业管理工作领域要由管许可、管品种、管质量、管市场,向抓改革、抓科技、抓政策、抓机制拓展。我们要走的道路,不应该是一种替代式的改革,而应该是嫁接式的改革。

(四) 坚定不移走对外开放发展道路

1. 继续放宽外商投资农作物种业市场准入

农作物种业既是国家战略性基础性核心产业,也是保障国家粮食安全的根本。扩大种业对外开放是构建国家全面开放新格局的重要组成部分,体现了中国主动扩大对外开放的坚定决心。扩大种业对外开放是深化农业供给侧结构性改革的客观需要,有利于加快引进国外名特优新品种,加快特色作物产业快速发展,满足广大人民群众对特色农产品的需要。围绕种业重点领域,继续深化现代农业对外开放,取消或放宽种业领域外资准入限制。按照中央决策部署,农业农村部坚定不移推进种业对外开放,以高水平开放推动种业高质量发展。进一步扩大种业对外开放,大幅放宽种业外商投资准入限制,大幅提升种业对外开放水平。

2. 继续放宽外商投资禁止领域和限制领域

目前，我国种植业领域的稻、大豆现阶段仍属禁止外商投资领域，通过修正在全国适用的《外商投资准入特别管理措施（负面清单）》和在自贸试验区范围内适用的《自由贸易试验区外商投资准入特别管理措施（负面清单）》，逐步放开外商投资农作物转基因品种选育及其转基因种子（苗）生产。在限制领域，提高两个负面清单对外商投资股比。尤其是在《自由贸易试验区外商投资准入特别管理措施（负面清单）》中，逐步放开"小麦、玉米"种业的外商投资比例。

3. 从事前许可向事中事后监管转移

贯彻党中央、国务院部署，依据《中华人民共和国种子法》《农作物种子生产经营许可管理办法》等法律法规及外商投资准入负面清单要求，进一步简化审批程序，转变管理方式，从事前许可向事中事后监管转移，加强知识产权保护，严厉打击侵权行为，落实相关政策，优化种业发展环境，欢迎外商投资种业，依法开展种子生产经营活动。同时，进一步完善种业相关法律法规，建立健全种业信息监测与安全预警机制，确保国家种业安全，打造种业开放发展的新格局。

三 中国农作物种业现代化的推进对策

（一）强芯：深化种业科研体制改革

1. 明确龙头种企的主体地位，加强种质资源保护

面对种业发展的新形势，我们要着力培育一批大规模的"育繁推一体化"种子企业。国家要出台相关政策，支持龙头企业做大做强，鼓励大中型种子企业对中小型种子企业兼并和重组，同时，引导弱小型种子企业转型升级或逐步退出种子市场。品种选育要以大中型种子企业为龙头，带动种业企业开展技术进步和创新，逐步实现育种的规模化、商业化和市场化。

国家和省级政府要尽快摸清种质资源底数，加强种质资源保护。改变大量种质资源分散保存在科研院所、育种专家和种子企业手中的现状，通过建立国家和省级种质资源库，实现对种子资源的保护。通过种子信息的网络共享和种质资源的有偿使用，助力企业提升新品种研发水平、提高研发效率。同时，引导种子企业加强标准化繁育基地建设，提高标准化选育管理水平，形成质量追溯和保障体系，进一步健全良种繁育体系，提高良种化水平。

2. 准确定位公益性育种机构的职责，改革科研评价机制

要明确高校和科研院所等公益性育种机构与企业育种机构的区别，准确定位公益性育种机构的职责。公益性育种机构主要开展基础性、探索性和前瞻性研究，重点承担短期内不能产生经济回报的研究和少量特定植物品种的研究。基础性研究主要包括种质资源收集与创新、种质扩增与改良、基因工程、育种方法和技术创新等。少量特定植物品种的研究主要关注企业育种机构不愿开展研究的农作物育种研究，特别是谷类粮食的植物育种。对研发周期长、不容易量化考察的育种领域必须由国家指定公益性育种机构来完成。

改进种业科研的评价机制和标准。育种是实用科学，属于方法学，对相关科研人员的评价，既可以代表性论文、科研项目的难度、社会反响为标准，也可以选出优良品种数量和选出优良品种推广面积大小作为重要指标。此外，针对种业研究周期长、不容易量化的特点，对种业科研的评价要实行弹性考核周期，纠正科研人员浮躁和急功近利的心理，使科研人员轻装上阵，担负起科学研究的使命，潜心开展高质量的研究。

3. 加大经费投入，鼓励人员流动与合作

引导大中型种子企业加大研发投入力度，建立企业间股份制联合研发机构，明确研究任务和研发结果的共享、分配和使用，提高研究效率、扩大研究成果推广范围。鼓励种子企业科研机构与公益性育种机构联合设立科研攻关团队，明确各方权责和利益分配方法，实现互惠共赢发展。

各科研单位要出台相关政策，明确科研人员发明的育种材料、新品种和技术成果等在申请知识产权、转让成果和作价投资入股企业时，原单位和科研人员等相关各方的利益分配标准，最大限度地激发科研人员的科研积极性。同时，允许育种科研机构的工作人员通过兼职、挂职、签订合同等多种方式到种企开展工

作，原单位保留其人事、编制、福利和退休待遇等，支持科研人员的合理流动和合作研发工作。

（二）松绑：深化种业管理体制改革

1. 提高行业准入条件，引导弱小型种企转型

在现有种子行业准入条件的基础上，分阶段提高行业准入标准，促进种子企业的重组和兼备，加快种子企业的优胜劣汰，加速完成种业企业结构调整。具体行业准入标准由农业部门组织行业专家通过调研论证后确定，然后由农业主管部门对外公布并逐步实施。

针对弱小的种子企业，要出台相关政策，因地制宜地引导他们与大中型企业合并或转型。一方面，利用原有销售渠道和销售网点建设，弱小的种子企业可以与大中型种子企业合并后，转型为母公司的销售子公司；另一方面，可以发挥原有种业公司的优势，可以提供转型为托管型、种苗销售型、作物种植示范型、田间管理型、农业资料代购型等农业生产服务型企业。

2. 放宽品种审定权限，提高引种自有度

降低采用"绿色通道"制度的企业准入门槛。为提高品种审定效率，减轻省级农作物品种的审定压力，要允许更多的大中型种业企业对自主研发的品种通过"绿色通道"自行开展试验。省级主管部门要及时对种子企业的育种和试验行为开展事前、事中和事后的监督和检查，发现问题要及时提出针对性的整改措施，对采用造假手段骗过审定的品种，要及时开展处罚，并要求种子企业依法赔偿种子使用者和相关经营者的损失。

提高省级审定品种的引种自由度，最大限度地打破省际品种审定樊篱。通过省级审定的主要农作物品种，在相邻省份属同一适宜生态区的引种，只要提供该生态区适用性种植证明，即可在相邻省份完成引种备案工作。通过放宽品种审定权限，促进种子在同一生态区甚至多个生态区之间合理流动，逐步在全国范围内形成良好的竞争环境。

3. 加强种子知识产权保护，确保种业安全

国家要一步完善知识产权相关法规，实行知识产权保护制度，保护我国种质资源安全。为防止外资企业窃取我国种质资源或侵占知识产权，重点加强涉外种企的知识产权和人才的管理和监管，防止知识产权和人才流失。对种业科研单位产生的知识产权采取强制保护。对转化效益不大，但关系种业安全的知识产权，实行公益保护。建立种子产业生物遗传资源权属管理制度，保护新品种。

建立种子产业重大科技项目知识产权工作机制，对知识产权的获取和运用全过程开展跟踪管理。建立种业知识产权的利益分享制度，明确相关利益方对种质资源权益的分享规则，完善农民对土种子的保护和创新激励机制，对涉及农民权益的种质资源研发，要坚持农民优先原则，切实保护农民利益。

4. 统一种子标签，完善现代种业行政管理体系

针对种子标签内容涉及面广，标签材料和形式多的特点，要对同一品种的种子标签实现全国统一，并在地市级种子管理部门实行种子标签备案制度，备案后的种子才可以在该地市销售。统一标签可以方便种子管理部门执法监督，减少违法行为发生，保护种子生产企业的利益，减少农民损失。

现代种业行政管理体系建设要以职能管理为中心。省级政府要出台相关政策和法规，按照种子管理执法体制，调整执法机构，整合执法人员，保障执法经费。省级管理部门要制定全省统一的违法事实认定标准、处罚标准、自由裁量幅度、证据保存措施及程序，保障种子管理工作的公开化和透明化。此外，还要注重种子管理队伍素质建设，加强人员培训，提高执法能力和执法水平，严格责任追究制度。

（三）壮骨：深化种业支持体系改革

1. 加大对重点领域和繁育基地建设的投入

对于有利于藏粮于技战略落实的重点领域，如育种创新、良种繁育、种子资源保护和品种测试等，国家要加大资金投入力度，支持推进现代种业提升工程，保障国家主要农产品种子供给安全。除可以对公益性育种机构提供支持外，国家还允许公益性育种机构将基础性研究成果与种企共享，并根据企业对应用研究的投入情况给予资金支持，实现国家对种子企业研发的"比率"支持。此外，政府还可以对高科技种子企业给予税收优惠，或对实验设备投入给予补贴支持。

国家要支持甘肃、四川、海南等省份种子繁育基地建设。一方面，国家要增加在种业重点省份繁育基地基础设施建设的投入，提高基地抵御自然风险的能力，保证种子质量，保障供种安全；另一方面，对开展规模化、标准化、集约化、机械化种子繁育示范基地建设的种企，国家财政和地方财政要给予补贴支持，帮助企业提高种子生产效率，加速实现"育繁推一体化"。

2. 出台鼓励政策，保障种业生产

政府要出台种子补贴、农机补贴、减少税收、贷款利息补贴等精准支持政策，鼓励企业购买农机、申请信贷，保证种企安全高效地开展生产。地方政府还要帮助企业协调好企业和用地农民的关系，保证土地和劳动力的充足供给。引导土地和劳动力加速向种企、合作社和制种大户等自由流动，推动种子生产示范基地向大型种企集中，鼓励种子企业与合作社和制种大户建立长期战略合作关系，保证良种生产。

3. 提高对种业的金融支持力度

出台相关政策，继续鼓励农村信用社、中国农业银行、中国邮政储蓄银行、中国工商银行等多家银行持续为"三农"服务同时，还要将信贷资源向整个种业产业链倾斜，加大对种业的金融支持力度。结合种业行业特征，各银行要采取固定资产抵押、专利权质押、设备抵押、仓单质押、应收账款担保、订单担保、公司担保或联保等多种抵押担保模式发放贷款。鼓励保险公司拓展业务到整个种子产业链，借鉴发达国家经验，结合我国国情，设计适合种子行业的多种保险产品，利用社会力量分散种业生产和经营风险，保障种企、农户利益，维护种业健康稳定发展。

参考文献

1. 郭冬：《我国现代种业调查及分析》，《西北农林科技大学》2016年。

2. 李万君、李艳军：《种业科技创新能力提升路径探析——政府支持体系优化视角》，《管理现代化》2018 年第 1 期。

3. 吕小瑞：《甘肃省现代农作物种业存在问题与发展对策研究》，《农业科技与信息》2015 年第 13 期。

4. 贺利云：《从中美育种体制比较谈种业体制改革》，《中国种业》2014 年第 5 期。

5. 高磊等：《提高现代种业发展金融支持力度的几点建议》，《中国种业》2012 年第 4 期。

6. 王圆荣：《现代种业是农业现代化的战略核心》，《中国种业》2013 年第 6 期。

7. 黄亿红、鲁春光：《"十四五"时期中国农业现代化技术发展的创新驱动路径》，《青海社会科学》2021 年第 1 期。

8. 王茂林：《创新驱动是实现中国梦的重要支撑》，《中国经贸导刊》2018 年第 18 期。

乡村建设篇

实现乡村治理体系与治理能力现代化的对策

谭秋成　曾俊霞[*]

摘　要：乡村治理的中心内容便是为农村地区居民提供更多的公共物品。实现乡村治理体系与治理能力现代化，近中期应改革乡镇管理体制；理顺村级自治组织与基层政府、党组织的关系；加强自治组织体系建设；继续推进"放管服"改革，将部分政务下放至乡镇政府和村自治组织，取消部分管制；建立稳定的农村公共品投入机制；整合农业农村发展项目资金，建立透明的可预期的项目申请程序；开展农村公共文化建设，提升农村社区社会资本。

关键词：乡村治理　公共服务　自治组织

---

[*] 谭秋成，经济学博士，中国社会科学院农村发展研究所研究员，研究方向为乡村治理；曾俊霞，管理学博士，中国社会科学院农村发展研究所助理研究员，研究方向为农业农村人才。

Countermeasures to Modernize the System and Capability of Rural Governance

Tan Qiucheng　Zeng Junxia

Abstract: The critical content of rural governance is to provide more public goods for residents in rural areas. To modernize the system and capabilities of rural governance, we need to reform the management system of the township, straighten out the relationship between autonomous organizations at village – level and grassroots governments and party organizations, strengthen the construction of the system of autonomous organizations, continue to push forward with reforms that "delegate power, improve regulation, and upgrade services", decentralize to township governments and village self – government organizations, abolish some of the controls, establish a stable mechanism to invest in rural public goods, integrate agricultural and rural development project funds, set up a transparent and predictable process of project applications, carry out constructions of rural public culture, and enhance the social capital of rural communities in the near and mid – term.

实现乡村治理体系与治理能力现代化的对策

Key Words：Rural Governance；Public Services；Autonomous Organizations

乡村治理体系和治理能力现代化，是完善和发展中国特色社会主义制度、推进国家治理体系和治理能力现代化的重要内容，也是走中国特色社会主义乡村振兴道路的具体路径之一。党的十八大以来，乡村治理体系和治理能力现代化建设取得了明显成效，积累了丰富经验。但是，在建立"自治、德治、法治"三治相结合的较为完善的乡村治理体系过程中，也面临一些问题和困难，其中最典型的是村级组织越来越行政化，农村居民参与社会治理明显不足。此外，随着城市化和社会转型，农村社区社会资本出现流失，城乡居民在公共产品获得上仍然存在较大差距。为实现乡村治理体系与治理能力现代化，近中期应改革乡镇管理体制；理顺村级自治组织与基层政府、党组织的关系；加强自治组织体系建设；继续推进"放管服"改革，将部分政务下放至乡镇政府和村自治组织，取消部分管制；建立稳定的农村公共品投入机制；整合农业农村发展项目资金，建立透明的可预期的项目申请程序；开展农村公共文化建设，提升社会资本。

一 乡村治理体系与治理能力现代化的目标

乡村治理的中心内容是为农村居民提供更多的公共物品。公共物品大体上分为两类：一类是诸如道路、水利、土地平整、饮水工程、垃圾污水厂等生产生活基础设施；另一类是诸如公共安全、教育、医疗、公共卫生、扶贫济困、养老等服务。公共物品可能是一种手段，直接增加农民收入或促进农民人力资本提高；公共物品也可能直接带来效用，如环境改善提供清新的空气和干净的水源。由于公共物品同私人物品一样直接或间接带来效用，公共物品供给水平极大地影响着农民的福利。

治理主体因治理或因提供公共物品而达成的合作规则便是治理制度，治理制度中各主体的权利、利益和责任规定便是治理结构，各类治理制度及相应采取的各类治理方式组合便是治理体系。乡村治理的主体一般包括农村社区居民、农村老年协会等民间组织、村委会、县乡基层政府等。治理的方式包括公共权威、正式规则、市场交易、传统、习俗等。治理能力指治理制度或治理体系提供公共物品的能力，由治理主体是否有共同目标、合作程度、动用资源的能力及治理制度之间协作程度决定。因为不同居民对公共物品需求的种类、数量、层次不同，如何将居民的公共物品偏好汇合起来形成共同目标是治理体系和治理能力建设的难题。

简言之，为消除长期以来因二元社会结构造成的城乡居民在公共物品获得上的差距，满足农村居民不断增长的公共品需求，近期乡村治理体系和治理能力现代化的目标主要是：①完善农村自治组织，拓宽农村居民参与公益事业建设的渠道；②处理好自治组织与基层政府、党组织的关系，提高治理体系协同能力；③建立稳定的农村公共品投入机制和透明的转移支付方式。

二 当前乡村治理面临的主要问题

(一) 村级自治组织越来越行政化

农村税费改革后,"三提留"被取消,由于绝大部分村没有集体经济,村委会主要干部的报酬及村组织运转的办公经费主要靠上级政府财政转移支付。自2006年新农村建设以来,国家加大了对农村道路、水利、村庄整治、教育、医疗、养老等方面的建设和投资。与此同时,也加大了对村级组织的领导和管理,越来越多的村实行村党支部书记和村委会主任"一肩挑";村委会主要成员领取固定工资,每天八小时坐班,每月多次去乡镇政府开会,接受乡镇政府布置的各种任务。除此之外,乡镇对行政村实行分片管理,乡镇主要干部每人包一个或几个行政村,或者直接派驻村干部。年终时,乡镇政府对村委会主要成员进行考核,不合格者扣发工资、进行诫勉谈话或被直接免职。

将村级组织纳入行政体系有利于组织内部信息传达,更快执行国家关于农业农村发展的方针政策,有利于农村获得更多的财政和外部资源,但村级组织过于行政化会导致以下三个问题:①村级组织以贯彻执行上级政策为主,忽视了社区居民真实需求,建设的项目可能不是当地需要的;②农村政策执行和项目建设需要地方性知识,行政化削弱了村级组织获取地方性知识的能力和动机,增大了政策执行和项目建设的成本;③部分项目建设在农村内部常产生利益冲突,行政化减少了村民之间协商的机会，部分农民利益最终受损。

（二）农村居民参与村庄建设和治理不足

农村基础设施建设目前一个突出的问题是农民参与不足。调查发现，农村道路"重建轻管养"问题严重，乡镇公路失管失养现象普遍。部分早期建成的农村公路临水临崖、坡陡弯急，缺乏必要的安全设施，存在很大的安全隐患。安全饮水工程中部分水厂建设年代较早，水厂内加药、计量、水质化验和管理用房等附属设施不完善，管路损坏严重。一些地区以当地河流为水源，枯水期或冬季时取水十分不便，缺乏统一便民化管理。饮用水水窖的建成解决了农村居民的饮用水安全问题，但是后期的修缮和维护并没有纳入计划。农村光纤、宽带、互联网虽然实现了较高的入村率，但是由于缺乏有效的运营机制，光纤入户率很低。农村垃圾池无法有效运转，健身活动场所、农家书屋缺乏有效的运营机制，设施普遍闲置，造成了国家财政投资的巨大浪费。

乡村振兴和美丽宜居乡村建设应坚持政府引导、农民为主体的建设模式。但现实中，乡村经常对建设事务越俎代庖，把组织意愿、领导决策硬塞给群众，农民群众想参与没渠道，想管理没资格，想表达没人听，想监督没办法，出现了"政府在干，农民在看"的尴尬局面。结果，在乡村建设中部分农民不仅不愿"出工出力"，也不愿"出钱"用于基础设施的先期建设和后期维护使用，在村里大型基础设施设过程中的配合度也比较低。

（三）村庄社会资本流失

在传统的农耕社会，村庄是一个小共同体，由于村民长期生活在一起，村内形成一个信任合作网络。通过这一网络，生活上大家互帮互助，分担各种风险；生产中大家相互合作，共同应对自然及外部政治、社会、经济带来的不确定性。但是，随着工业化和城镇化，越来越多的村民、特别是年轻人离开村庄外出工作，部分村民甚至搬迁到城市居住，村内的信任网络开始解体。信任网络解体后，村内的社会资本开始流失，相互之间帮忙少了，村民合作的意愿减少了，村内公益事业建设的成本显著提高了。最严重的是，信任网络解体后，村民之间的监督机制失灵，传统上依靠村内长者和权威协调关系、化解矛盾的方式失去作用，部分村民开始抢占集体公共资源，村民之间的利益冲突开始公开化。

（四）城乡居民基本公共服务获得上仍存在明显差距

新农村建设运动、特别是自党的十九大提出乡村振兴战略以来，各级政府投入了相当多的资金用于农业农村发展，兴建了大量基础设施，提高了农村居民教育、医疗卫生、养老等公共服务水平，显著改善了农村生产生活条件。但是，与城市居民相比，农村居民享受的基本公共物品及服务的数量仍然不够，其差距有继续拉大的趋势。农村地区的道路仍存在窄、少、差问题，道路建设在相当长时期内仍是重点。垃圾和污水处理更是当前的难点和亟须解决的重点问题。目前，在经济条件一般的地区，乡村的垃圾终端处理设施不足，垃圾多以简易填埋、非法焚烧等方式处理，对大气、水源等环境常造成很大危害。

目前，农村的教育和医疗服务是不能满足居民需要的。中央政府在这些年投入了大量人力、财力、物力统筹城乡教育和医疗服务提供水平，努力使城乡基础教育和基本医疗服务在政策上平等，如九年义务制教育，城乡都取消了学费和杂费，学校公用经费按统一生均标准进行拨付；医疗保障方面，2017年中央政府提出将农村合作医疗与城镇居民医疗保险合并，统一为城乡居民医疗保险，城乡居民在基金缴费、政府补助、报销比例、定点医院选择、基本公共卫生服务获得等方面都做到了统一。政策上看，城乡居民在教育和医疗保障上享受的服务水平是平等的，但实际上却是不平等的。比如教育，农村孩子上小学、初中虽不用缴纳学费和杂费，但农村教学质量较低，因为农村偏僻，生活条件相对艰苦，教师一般不愿去农村工作生活，致使农村教师，特别是英语、信息技术、体育、音乐、美术方面的教师缺乏。基层教育部门出台措施让刚大学毕业的年轻教师先去农村工作几年，以此弥补农村地区教师短缺现状。问题是，几年后这些教师，尤其是其中的优秀部分必然回流城市。结果，城市学校永远是好的有经验的教师，而农村地区的学校则以水平一般或经验不足的教师为主。医疗服务也是一样，二级、三级医院主要在城市，农村地区以一级医院乡镇卫生院为主，其提供的医疗条件、服务水平和质量与城市医院相比有很大差距。

三　加强乡村治理体系建设

（一）改革乡镇管理体制

税费改革取消"五统筹"后，乡镇基层政府由管理型向服

实现乡村治理体系与治理能力现代化的对策

务型转变。由于教育、医疗、公共安全、养老、低保等事务越来越专业化，一般乡镇在为农民提供公共服务上所起的作用越来越小。对于部分经济实力较强、已有一定人口聚集规模、离大中城市比较近、地处交通要道，或者具有历史文化特色的镇，应该做好规划，加大基础设施投资，建设好学校、医院、文化生活设施，鼓励人口定居置业，促其发展成规模较大的城镇或城市，带动周边经济发展；一般的乡镇则可减少行政和事业编制，缩小规模，以节省财政开支，让其发挥上传下达和村庄之间的协调作用即可。

乡镇一级政府规模减少变为协调机构后，提供公共服务的职能主要落在村一级，村自治组织的能力必须加强，原因主要有以下几个方面：首先，随着城镇化和农村居民进城，农村人口的确在减少，但所谓"空心村"主要是指一些资源较少、生存环境比较恶劣、交通不便利的自然村出现人口大部分流失。目前我国城镇化率是60%，即使达到75%，仍有3亿—4亿人口生活在农村。也就是说，在相当长时期内，农村人口仍是一个庞大的群体。其次，村的范围相对比较小，在人民公社时期大家有过共同劳作和分配的经历。即使是后来合并的村，大部分居民比较熟悉。基于地缘关系，在公益事业建设上存在合作的基础。

（二）完善基层政府与自治组织的关系

乡级单位包括民族乡和镇是我国的基层组织。在我国各级民政部门中设有基层政权建设司、处、科、股，就是专门负责乡级政权建设的机构，这些机构的工作内容包括了管理、指导村级基层群众自治组织的建设。具体在乡镇一级，则属于民政科具体对接村级自治组织。

乡镇人民政府与村委会之间,不是领导和被领导的关系,而是指导和被指导、协助与被协助的关系。这种关系,是由村委会的性质决定的。因为村委会既不是一级政权组织,也不是乡镇人民政府的派出机构,而是村民自我管理、自我教育、自我服务的基层群众性自治组织。因此,两者之间不存在行政隶属关系。正因如此,很多党政部门负责人员或者办事人员在与村庄自治组织打交道时,感到缺乏抓手,难以为继,因而更倾向于借助基层党组织系统的力量、发挥核心领导作用来主导村庄自治组织的运作,以此框定、把握和推行对村庄的具体工作。《国家乡村振兴战略规划（2018—2022年）》也要求尽量确保党员在主要村级治理组织和农民合作组织中的主要职务,尽量确保党员在村民委员会和村民代表会议占据一定的比例。这种关系协调不好容易造成用基层党组织直接管理来替代村民自治实践。原则上,在整个过程中,既要保障体现基层党组织的核心领导作用,又要支持落实村民自治,这对基层党组织和党员提出了很高的素质和能力要求。

在完善基层政府与村级自治组织关系方面,可以考虑以下举措:一是强化对基层政府选派村庄干部的规范管理和考核。《国家乡村振兴战略规划（2018—2022年）》提出,要面向服务人民群众合理设置基层政权机构、调配人力资源,不简单照搬上级机关设置模式。根据工作需要,整合基层审批、服务、执法等方面力量,统筹机构编制资源,整合相关职能设立综合性机构,实行扁平化和网格化管理。推动乡村治理重心下移,尽可能把资源、服务、管理下放到基层。二是强化村级干部努力工作的正向激励，建立村级干部上通基层政府、了解政府政策法规要求的机制。三是强化社区综合服务中心的建设。在这种社区综合服务中心工作范围内，基层政府的村级办公室和村级治理组织可以共同发挥积极的作用。在此，均需推行基层政府和村级权利和服务清单改革，以强化基层政府和村级治理组织的权力行使和服务提供均能实行流程化决策、管理和监督。

（三）理顺党组织与自治组织的关系

按照《中华人民共和国村民委员会组织法》（以下简称《村民委员会组织法》）第二条规定："村民委员会是村民自我管理、自我教育、自我服务的基层群众性自治组织，实行民主选举、民主决策、民主管理、民主监督。"但《村民委员会组织法》第四条同时规定："中国共产党在农村的基层组织，按照中国共产党章程进行工作，发挥领导核心作用，领导和支持村民委员会行使职权；依照宪法和法律，支持和保障村民开展自治活动、直接行使民主权利。"至于村党支部如何领导和支持村民委员会行使职权，《村民委员会组织法》和《中国共产党章程》都没有说明。实践中，党支部对村委会的领导和支持主要有以下几种方式：①"两委"合一，即村党组织支委和村委会合二为一；②"一肩挑"，村党组织支委和村委独立存在，但村主任由党支部书记担任；③村党组织支委和村委独立存在，有独立的支部书记和村委会主任，部分党支部成员和村委会成员交叉任职，支部书记和村主任工资水平相同，对村内重大事项的讨论和决策采取"两委"联席会议制度；④村党组织支委和村委独立存在，也有独立的支部书记和村委会主任，但支部书记工资高于村委会主任，村内重大事项由党支部提议和决定,这是近几年一些地方出现的一种方式。

从调查的情况来看,实行方式①和方式④的越来越多,特别是《国家乡村振兴战略规划(2018—2022年)》颁布以来,实现"两委合一"达标率成为完成规划考核的一项具体指标,有明确的时间表。但调查也发现,部分地区基层干部认为,当前农村工作任务多,事务杂,如果采用"两委合一"或"一肩挑"方式,会出现行政村人手不够、上面布置的任务难以完成的情况。至于如何处理党支部书记和村委会主任的关系,组织部的干部认为,可以通过将村里最能干的村民选为党支部书记。这样,村委会主任自然会信服和认同村党支书,没有必要通过工资和村务决策权分配来故意突出支部书记和党委的作用,因为这种方式不利于村两委团结和开展村内工作,发挥村委会的作用。

实行村民自治,村民委员会主要成员由村民投票选举有利于农村稳定,有利于农村政策在基层的执行,有利于提高村一级公共品和服务的水平。因为投票选举村民委员会主要成员实际上是国家挑选和控制农村基层代理人的一种方式,这一方式由于可以将乡村社区信任网络纳入国家行政控制体系,给了村民表达公共品和服务需求偏好的渠道,能部分实现对村干部问责,减少县、乡、村基层干部之间关系专用性投资和裙带关系,因而能显著降低国家治理乡村的成本。而且,投票选举使村委会集官治与民治于一身,大大降低了政府权威被滥用的风险。

所以,我们认为方式③更能理顺村党组织支委和村民委员会的关系,村民委员会负责村内事务,反映村民对公共品和服务的需求;村党支部则反映上级政府意志,把握政治大政方针;在有关村内发展的重大事项上"两委"采用联席会议形式共同商量，民主决策。方式①和方式②实际上取消了村民自治。除非因为特殊情况选不出村委会主任，这些村可暂时由村支部书记行使村委会主任一职。否则，"两委合一"和"一肩挑"意味着只有党员才能成为村委会主要成员候选人，选举也只是在党员这一小范围内进行，这就大大地限制了村民选举和被选举的范围。方式④虽然仍有独立的村委会，但村民委员会已隶属于党组织而不再是一个自治组织，其民主自治的功能势必大大削弱。

（四）加强自治组织体系建设

村自治组织最欠缺的地方是，村内居民缺乏随时反映自己需求、参加公共事务讨论、监督村民委员会的渠道。从河南省移民村和湖南省益阳市的经验来看，可以通过建立村民议事会来完善村民代表大会制度。村民议事会是讨论和决定村级日常事务的常设机构，它以村民小组为单位，由小组议事会成员代表、村"两委"班子成员等组成。一般事项由民主议事会根据少数服从多数的原则表决形成决议后报村"两委"研究审定，重大事项由民主议事会表决通过后，提交村民会议表决并形成决议。村民议事会扩大了村民代表的规模和代表来源的多样性，增加了议事的范围，规范了议事的程序，从而使村民更有机会表达自己的意愿，村务决策可获取信息的渠道更宽广更畅通，村级治理的民意基础更牢固（谭秋成，2018）。

经济发达地区在社区决策方面要完善听取流动人口意见的制度，健全流动人口利益代表机制，合理设置社区议事机构中流动人口代表的比例。不断创新流动人口参与社区治理的有效方式，积极探索流动人口参与社区治理的基层民主协商机制。同时，促进流动人口利益与社区利益有机结合，构建社区利益共同体，激发流动人口参与社区治理的内在动力。

除建设好村委会这一正式组织外，也应发展好其他社会组织，解决一些关系复杂的实际问题，满足居民不同的服务需求。如建立和完善老年协会，组织有能力、有责任的老年人协调利益，解决村庄和村内居民之间的矛盾纠纷，保护老年人权益，丰富老年人生活。人口比较聚集的村庄可建立文娱协会，开展篮球、广场舞活动，引导农村居民业余生活健康向上。发挥妇女在乡村治理特别是在家风民风、美丽家园建设等方面的积极作用。

四 乡村治理能力建设

（一）继续推进基层行政事务"放管服"改革

为提升农村公共服务供给效率和供给水平，部分地方政府积极探索权力"下沉"和"转移"，通过向乡镇政府放权和社会机构赋权，建立多元公共服务供给模式。如浙江金华为根治欠薪问题，建立了"一治一管四办"的综合治理机制，通过集中整合人社、司法、信访、工会、公安等部门资源组建乡镇劳动纠纷化解中心，并全面推行"一窗办""上门办""调解办""依法办"等，最大限度地发挥基层在纠纷源头治理中的主体作用。[1] 浙江

---

[1] 浙江省人民政府网，http://www.zj.gov.cn/art/2019/11/20/art_1228946386_40427042.html。

实现乡村治理体系与治理能力现代化的对策

龙港市实施"一张清单转职能"改革,将覆盖商贸、规划、交通运输、民政文体等众多领域154项政府职能向社会放开,实现"可转尽转"①,提升公共服务供给效率。为激发农村市场活力,部分地方政府推进涉农事务行政审批制度改革,将农村要素市场前端"放活"。如浙江绍兴通过建立农村宅基地数据库,搭建起了全市农村宅基地数字化管理(交易)系统,并配套赋予乡镇、街道综合执法权限,强化宅基地动态管理和实时监督②,深化了宅基地制度改革。优化服务方面,上门办理、将政务服务延伸至农村基层是当前深化改革的重要内容,典型的如司法服务"下沉巡回",民生服务、政务服务"最多跑一次""最多跑一地"等。与此同时,数字时代"互联网+政务服务"得到迅速推进,各地政府积极开发地域性移动政务服务平台,通过将户籍婚姻、公共支付、诊疗挂号、交通违法处理等众多便民服务统一纳入线上办理渠道,大大降低了居民办理政务的成本。

尽管取得了一定成效,但农村基层"放管服"改革仍然存在诸多问题,经济发展相对落后的地区尤其严重。首先是简政放权质量不高。部分地区地方政府服务观念转变仍不到位,对于"含金量"高的权力不愿下放,非必要的审批环节不愿精简,仍存在服务职责和审批流程不清晰现象(李坤轩,2019)。其次是放管结合步子不大、衔接不紧。以农村要素市场建设为例,当前,涉及土地、资本等关键领域的城乡统一要素市场建设仍然滞后,如多数地区农地增减挂钩仅限本县,宅基地交易则限于本

---

① 浙江省人民政府网,http://www.zj.gov.cn/art/2020/9/23/art_1228946386_58453616.html。
② 浙江省人民政府网,http://www.zj.gov.cn/art/2021/4/9/art_1229417725_59094886.html。

村，未能从根本上放活土地要素。此外，由于基层执法力量不足，对村级权力监管易于流于形式，未能真正将"小微权力"关进制度的"牢笼"。

（二）建立稳定的农村公共物品资金投入机制

目前，农村道路、水利、人居环境整治和美丽宜居乡村建设主要靠政策推动，具体实施靠项目资金，而且项目资金分散在农业农村、发改、环保、住建、水利等部门中。中央及地方应该按经济发展、农民需求、经济结构、人口布局等变化作出农村发展长期规划，建立长效的投资机制。没有长效的投资机制，地方和基层不能进行合理的规划和投资，调查时就发现部分农村地区的道路是修修停停，拖工延期现象严重。长效的投资机制缺乏也导致道路维修和养护、污水和垃圾处理设施运转的资金缺乏，部分农村基础设施不能发挥作用。

大部分地区经济发展水平一般，财政收入主要用于行政事业人员工资发放和政府运转，因此需要加大中央对道路建设、农村环境整治、美丽宜居乡村建设、公共服务水平提升的投资力度。同时，通过创新合作方式，降低准入门槛，引导社会资本投入教育、医疗、养老等服务产业。长期来看，单一地依靠政府财政资金势必满足不了居民的需求，如目前在经济实力一般的地区农村垃圾收集和处理就缺乏资金解决，垃圾被随意丢弃、堆放、简单填埋，导致环境和水源被污染，应该通过适当收取"使用者费"的方式增强村级组织的收入和服务的能力。

（三）整合资金，建立公平和可预见的项目申请程序

明确将中央和省市级相关财政涉农资金的配置权、使用权完

全下放到县级层面。县级要按照"渠道不乱、用途不变、统筹安排、集中使用"的原则，强化内控管理，建立资金整合负面清单。明确除各种直接补贴给农民个人的资金、救灾资金、国家指定具有特殊用途的重点工程项目资金外，各级财政安排的用于农业生产发展、农村基础设施建设、农业生态环境保护、农村社会事业发展等涉农项目资金，原则上全部纳入整合范围。把握资金投入的大方向。尽可能将纳入整合范围的各类资金在"大类间打通""跨类别使用"。在初期，建议区分轻重缓急确定整合资金使用的重点项目。比如，整合资金优先投向整县整乡镇推进的道路安全防护工程建设、垃圾清理、污水处理、环境整治、卫生改厕等项目。明确财政资金来源的稳定性，资金整合以后，任何部门不能减少资金，同时切实做好资金监管，防止以整合为名，擅自改变涉农资金使用性质、运行渠道、管理投向等问题。

资金整合后，由县统一规划农业农村发展项目。县一级政府应将上级支持农村发展、改善农民福利的各项政策公开透明，说明政策的目标、针对的人群、准入的条件、资金的投入、配套的要求、执行的时间、申请的程序等，鼓励各村单独或联村申报。县级政府再会同乡镇政府对各村申报的材料进行核实，对符合要求、具备条件的村申请的政策项目即予批准实施，同时定期对项目执行的进程和质量进行检查督促。这样可以减少"寻租"行为，稳定村级组织发展预期。

（四）提升自治组织成员的专业化服务能力

随着居民生活水平提高，对公共品和服务要求的质量更高，类别更多，而且不同的居民有不同的需求。在解决好道路、水利、饮水等基础设施建设后，农村居民对村庄环境、公共安全、教育、医疗卫生、养老、文化娱乐、留守老人和儿童关爱等公共服务的需求将上升。村委会需要转变职能，从以接受上级政府命令、动员农村社会参与向如何为村内居民提供好公共服务的职能转变。诸如民政事务、公共卫生、公共文化、留守老人和儿童关爱等服务是需要一定的专业知识和技能才能有效开展的，部分服务虽可通过政府购买服务的方式获取，大部分仍将由村自治组织提供，因此有必要提高村委会成员的专业性技能。村委会选举时需要考虑参选成员的文化素质和沟通技能，民政、卫生、医保等职能部门应对村委会成员进行相关技能培训。

（五）开展公共文化建设提升社会资本

基层调查发现，居民解决温饱后，对文化活动有比较强烈的需求。促进居民合作、丰富居民生活最有效的途径可能是文娱、体育等文化活动，这其中深受农村居民欢迎的是戏剧演出和广场舞。我们在河南省永城市调查发现，戏曲深受农民欢迎，在河南乡镇组织的戏剧演出中，观众少则几百人，多则达2000多人，许多中老年观众都能哼上几段；在浙江、广东、海南省调查点的发现也是如此。广场舞是目前农村最喜欢的文化活动，尤其是妇女，已将广场舞作为健身和精神愉悦的主要活动。因此，可考虑在移民村或移民邻近村兴建"文化大舞台"，借助"送戏下乡"这一文化惠民工程，组织戏剧演出；也可以在移民村或移民邻近村兴建文化广场，配备必要的音响设备，为移民和当地居民提供跳广场舞或其他文体活动的场所，促进大家相互交流。

中央和地方应增大对农村基层公共文化设施建设的投入，确保基层公共文化建设投入的增长幅度不低于经常性财政预算收入的增长幅度。县级以下的公共文化建设投入要重点保障行政村一级的文化设施建设需要，确保行政村一级的基本公共文化设施均能达到省级规定的标准，使农村居民能够享受到与城镇居民等值化的基本公共文化服务。人口规模较大在自然村应按照行政村的标准建设公共文化设施。基层文化建设能增加居民快乐，让社会更加和谐稳定。

参考文献

1. 李坤轩：《新时代深化"放管服"改革的问题与对策》，《行政管理改革》2019年第6期。
2. 谭秋成：《乡村振兴与村治改革》，《学术界》2018年第7期。

推进城乡基本公共服务均等化的路径

罗万纯　杨园争[*]

摘　要： 推进城乡基本公共服务均等化是关系城乡居民福祉的重要问题。本报告在对城乡基本公共服务均等化内涵、标志进行讨论的基础上，梳理总结了近年来中国推进城乡基本公共服务均等化的相关举措、成效、面临的主要问题及其原因，并在此基础上提出了进一步推进城乡基本公共服务均等化的路径措施。相关研究表明，通过完善城乡基本公共服务发展环境、提升农村基本公共服务发展水平、统一城乡基本公共服务制度等，城乡基本公共服务均等化水平不断提升，主要体现在城乡公共服务资源差距不断缩小、农村居民福祉持续改善等方面。同时，城乡基本公共服务均等化还面临农村基本公共服务设施配置不完善、农村基本公共服务人才结构不合理、城乡社会保障水平差距大等问题，而农村基本公共服务经费保障不足、农村基本公共服务人才队伍

---

[*] 罗万纯，管理学博士，中国社会科学院农村发展研究所副研究员，研究方向为乡村治理、农产品市场；杨园争，管理学博士，中国社会科学院农村发展研究所助理研究员，研究方向为农村公共服务、农民收入。

建设机制不完善、农村公共服务供求错位等是导致这些问题的重要原因。由此，本报告建议从完善农村基本公共服务供给制度、增强农村基本公共服务财政保障能力、健全农村基本公共服务人才建设机制、完善城乡基本公共服务均等化考核制度等方面进一步推进城乡基本公共服务均等化。

关键词： 城乡基本公共服务　均等化

The Path of Promoting Equalization of Basic Public Services in Urban and Rural Areas

Luo Wanchun　Yang Yuanzheng

Abstract：Promoting the equalization of urban and rural basic public services is an important issue related to the well-being of residents. Based on the discussion of the connotation and signs of the equalization of basic public services in urban and rural areas, this report summarizes the relevant measures, achievements, main problems and their causes in promoting the equalization of basic public services in urban and rural areas in China in recent years, and puts forward the measures to further promote the equalization of basic public services in urban and rural areas. Relevant studies show that through improving the development environment of urban and rural basic public services, improving the development level of rural basic public services, and unifying the urban and rural basic public service system, the equalization level of urban and rural basic public services has been continuously improved, mainly reflected in the narrowing of the gap between urban and rural public service resources, and the continuous improvement of rural residents' well-being. At the same time, the equalization of basic public services in urban and rural areas also faces problems such as imperfect allocation of basic public service facilities in rural areas, unreasonable structure of basic public service talents in rural areas, large gap between urban and rural social security level etc. The main reasons for these problems are the lack of funds for rural basic public services, the imperfect construction mechanism of rural basic public talents, and the dislocation of supply and demand of rural public services. Therefore, this report proposes to further promote urban and rural basic public services from improving the rural basic public service supply system, enhancing the financial guarantee capacity of rural basic public services, improving the rural basic public service talent construction mechanism, and improve the evaluation system for the equalization of basic public services in urban and rural areas.

Key Words: Urban and Rural Basic Public Services; Equalization

推进城乡基本公共服务均等化的路径

教育、医疗、养老、社会保障等基本公共服务直接关系到居民的生存和发展，保障居民的基本公共服务是各级政府的责任。本报告从城乡基本公共服务均等化现状出发，探讨相关改进路径措施，相关研究对进一步提升城乡基本公共服务均等化水平，更好地满足城乡居民需求有重要参考意义。

一 城乡基本公共服务均等化内涵和标志

"基本公共服务是由政府主导、保障全体公民生存和发展基本需要、与经济社会发展水平相适应的公共服务"，"基本公共服务均等化是指全体公民都能公平可及地获得大致均等的基本公共服务"。① 公共服务包含众多内容，基本公共服务是其中保障生存和发展基本需要的服务，而且要与经济社会发展形势相适应。城乡基本公共服务均等化重点是要保障城乡居民获得基本公共服务的机会，而不是简单地平均化。

实现城乡基本公共服务均等化应该有四个重要标志。一是农村基本公共服务设施现代化。先进的服务设施可以显著提高医疗、教育、养老、文化等服务质量，"工欲善其事，必先利其器"，实现均等化要体现在各类公共服务机构都配备了提供相应服务所必需的先进的服务设施和装备。二是农村基本公共服务人才资源配置科学化。基本公共服务项目要由各类专业人才具体去

---

① 《国务院关于印发"十三五"推进基本公共服务均等化规划的通知》，中华人民共和国中央人民政府网，http://www.gov.cn/zhengce/content/2017－03/01/content_5172013.htm？gs_ws=tsina_636240684056846838。

实施，专业、性别、年龄结构合理、素质较高的人才队伍是保障公共服务质量的关键，实现均等化要保证农村基本公共服务机构配有提供服务必需的人才资源。三是城乡基本公共服务政策统一化。在城乡人口频繁流动的背景下，统一城乡基本公共服务政策有助于衔接相关公共服务项目，使流动人口能方便快捷地获得基本公共服务。四是城乡基本公共服务供给精准化。均等化要保障各类居民能获得针对性服务，其前提是政府要提供多样化、多层次、高质量的服务，供居民根据自己的需求自由选择。

二 城乡基本公共服务均等化政策及成效

为推进城乡基本公共服务均等化，中国制定出台了一系列政策措施，并取得了积极成效，城乡基本公共服务均等化水平不断提高。

（一）城乡基本公共服务均等化政策

中国从完善城乡基本公共服务发展环境、提升农村基本公共服务发展水平、统一城乡基本公共服务制度等方面推进城乡基本公共服务均等化。

1. 完善城乡基本公共服务发展环境

一是制定基本公共服务发展规划和标准。为促进基本公共服务有序发展，中国制定了《国家基本公共服务体系"十二五"规划》《"十三五"推进基本公共服务均等化规划》，并于2018

年12月印发了《关于建立健全基本公共服务标准体系的指导意见》，提出从国家、行业、地方、基层四个层面构建基本公共服务标准体系。2021年，国家发改委联合其他部委印发了《国家基本公共服务标准》（2021年版），规定了幼有所育、学有所教、劳有所得、病有所医、老有所养、住有所居、弱有所扶、优军服务保障、文化服务保障9个方面、22大类、80个服务项目的具体服务对象、服务内容、服务标准、支出责任和牵头负责单位等，并要求各地结合实际，根据国家标准、行业标准规范和自身财政保障能力制定具体实施标准。

二是划分基本公共服务支出责任。为保障基本公共服务项目运行有稳定的经费支持，有必要明确各类公共服务项目的支出责任。近年来，中国陆续出台了医疗卫生、教育、公共文化等领域的财政事权和支出责任划分改革方案。2018年8月，国务院办公厅发布了《关于印发医疗卫生领域中央与地方财政事权和支出责任划分改革方案》，对公共卫生、医疗保障、计划生育、能力建设四个方面的中央与地方财政事权和支出责任进行了划分；2019年6月，国务院办公厅印发了《教育领域中央与地方财政事权和支出责任划分改革方案》，提出义务教育学校日常运转、校舍安全、学生学习生活等经常性事项，所需经费一般根据国家基础标准，明确中央与地方财政分档负担比例；涉及阶段性任务和专项性工作的事项，所需经费由地方财政统筹安排，中央财政通过转移支付统筹支持。2020年6月，国务院办公厅印发了《公共文化领域中央与地方财政事权和支出责任划分改革方案》，提出在基本公共文化服务、文化艺术创作扶持、文化遗产保护传承、文化交流、能力建设等方面合理划分中央与地方共同财政事权,由中央与地方共同承担支出责任。

三是重视提高基本公共服务质量。其一,不断优化调整基本公共服务内容。例如,为适应经济社会发展形势,中国近年来把加强劳动教育作为教育改革的重要内容。2019年6月,印发了《中共中央 国务院关于深化教育教学改革全面提高义务教育质量的意见》,提出要通过"五育"并举、强化课堂作用、深化关键领域改革、加强组织领导等,培养德智体美劳全面发展的社会主义建设者和接班人。2020年3月,中共中央、国务院发布了《关于全面加强新时代大中小学劳动教育的意见》,提出通过全面构建体现时代特征的劳动教育体系、广泛开展劳动教育实践活动、着力提升劳动教育支撑保障能力、切实加强劳动教育的组织实施等加强新时代大中小学劳动教育,构建德智体美劳全面培养的教育体系。其二,引导和支持民营机构参与基本公共服务供给。例如,2017年1月,国务院发布了《关于鼓励社会力量兴办教育促进民办教育健康发展的若干意见》,提出通过加强党对民办学校的领导、创新体制机制、完善扶持制度、加快现代学校制度建设、提高教育教学质量、提高管理服务水平等,鼓励社会力量兴办教育,促进民办教育健康发展。2017年5月,国务院办公厅发布了《关于支持社会力量提供多层次多样化医疗服务的意见》,提出要通过拓展多层次多样化服务、进一步扩大市场开放、强化政策支持、严格行业监管和行业自律、强化组织实施等支持社会力量提供多层次多样化医疗服务。

四是完善基本公共服务考核评价体系。考核评价对引导基本公共服务发展至关重要,中国不断完善考核评价体系。以义务教育为例,2020年10月中共中央、国务院印发了《深化新时代教育评价改革总体方案》，提出要通过改革党委和政府教育工作评价、学校评价、教师评价、学生评价、用人评价等建立科学的教育评价体系，其中中小学要以评价促进学生全面发展、保障学生平等权益、引领教师专业发展、提升教育教学水平、营造和谐育人环境、建设现代学校制度以及学业负担、社会满意度等情况为重点。2021年3月，教育部印发了《义务教育质量评价指南》，提出从县域、学校、学生三个层面对义务教育质量进行评价。

2. 提升农村基本公共服务发展水平

一是加大对农村基本公共服务发展的经费投入。例如，农村义务教育学校生均一般公共预算教育经费不断增长。2019年农村普通小学生均一般公共预算教育事业费支出为10681.34元，生均一般公共预算公用经费支出为2548.73元，分别比2011年的4764.65元、1282.91元增加124.2%、98.7%；农村普通初中生均一般公共预算教育事业费支出为14542.23元，生均一般公共预算公用经费支出为3513.97元，分别比2011年的6207.1元、1956.66元增加134.3%、79.6%。再如，深化医改以来，中央财政投入近600亿元，支持4万多个基层医疗卫生机构建设，并专项安排21.6亿元为部分村卫生室配备健康一体机。"十二五"时期以来，中央投资超过1830亿元支持卫生事业发展，其中直接用于县级及以下的近1500亿元，支持10余万个村卫生室的项目建设。[①]

[①] 《国务院关于印发"十三五"推进基本公共服务均等化规划的通知》，中华人民共和国中央人民政府网，http://www.gov.cn/zhengce/content/2017-03/01/content_5172013.htm?gs_ws=tsina_636240684056846838。

二是发展壮大农村基本公共服务人才队伍建设。例如，在农村义务教育发展方面，2015年6月，国务院办公厅印发了《乡村教师支持计划（2015—2020年）》，提出要采取切实措施加强老少边穷岛等边远贫困地区乡村教师队伍建设。各地积极贯彻落实，从提高乡村教师思想政治素质和师德水平、拓展乡村教师补充渠道、提高乡村教师生活待遇、统一城乡教职工编制标准、职称（职务）评聘向乡村学校倾斜、全面提升乡村教师能力素质、建立乡村教师荣誉制度等方面着手加强乡村教师队伍建设。在农村医疗卫生服务方面，各地通过出台乡镇卫生院和村卫生室人员配置标准、实施乡镇卫生院招聘执业医师和开展全科医师特设岗位试点工作、完善乡镇卫生院分配激励机制等加强农村基层卫生人才培养。此外，为基本公共服务人才提供良好的工作环境。例如，在过去较长时间里，教师教学教研外负担过重成为影响教育质量的重要因素，为减轻中小学教师教学教研外工作负担，2019年12月，中共中央办公厅、国务院办公厅印发了《关于减轻中小学教师负担进一步营造教育教学良好环境的若干意见》，提出要通过统筹规范督察检查评比考核事项、社会事务进校园、精简相关报表填写工作、抽调借用中小学教师事宜等，切实减轻中小学教师教育教学外负担。

3. 推进城乡基本公共服务一体化发展

一是逐步统一城乡居民养老保险、居民基本医疗保险、义务教育经费保障机制等。在居民养老保险方面，2014年2月，国务院发布了《国务院关于建立统一的城乡居民基本养老保险制度的意见》，提出将新型农村社会养老保险和城镇居民社会养老保险两项制度合并实施,在全国范围内建立统一的城乡居民基本养老保险制度。在义务教育发展方面,2015年11月国务院发布《关于进一步完善城乡义务教育经费保障机制的通知》,提出通过统一城乡义务教育"两免一补"政策、统一城乡义务教育学校生均公用经费基准定额、巩固完善农村地区义务教育学校校舍安全保障长效机制、巩固落实城乡义务教育教师工资政策等,建立统一的中央和地方分项目、按比例分担的城乡义务教育经费保障机制;2016年7月,国务院发布了《国务院关于统筹推进县域内城乡义务教育一体化改革发展的若干意见》,提出通过同步建设城镇学校、努力办好乡村教育、科学推进学校标准化建设、实施消除大班额计划、统筹城乡师资配置、改革乡村教师待遇保障机制、改革教育治理体系、改革控辍保学机制、改革随迁子女就学机制、加强留守儿童关爱保护等统筹推进县域内城乡义务教育一体化改革发展。在居民医疗保障方面,2016年1月,国务院印发了《关于整合城乡居民基本医疗保险制度的意见》,提出要整合城镇居民基本医疗保险和新型农村合作医疗两项制度,建立统一的城乡居民基本医疗保险制度,并明确了"六统一"的要求,即统一覆盖范围、统一筹资政策、统一保障待遇、统一医保目录、统一定点管理和统一基金管理。

二是促进城乡公共服务资源共享。一方面,通过加强医联体、教育共同体、教育集团等建设,发挥城市优质学校、医疗机构等对农村的带动和帮扶作用,提升农村公共服务质量。例如,2017年4月,国务院办公厅发布了《关于推进医疗联合体建设和发展的指导意见》,提出要通过逐步形成多种形式的医联体组织模式、完善医联体内部分工协作机制、促进医联体内部优质医疗资源上下贯通、完善保障政策、加强组织实施等，开展医疗联合体建设，提升医疗服务体系整体效能，更好实施分级诊疗和满足群众健康需求。另一方面，在信息化背景下，中国通过加强"互联网+医疗""互联网+教育"建设，加大优质公共服务资源共享，在一定程度上解决农村优质服务资源不足的问题。例如，2018年4月，国务院办公厅发布了《关于促进"互联网+医疗健康"发展的意见》，提出通过健全"互联网+医疗健康"服务体系、完善"互联网+医疗健康"支撑体系、加强行业监管和安全保障等提升医疗卫生现代化管理水平，降低服务成本，提高服务效率。此外，中国不断完善农村流动人口基本公共服务供给政策。例如，为解决随迁子女的升学考试问题，2012年8月，国务院办公厅转发教育部等部门《关于做好进城务工人员随迁子女接受义务教育后在当地参加升学考试工作意见》，要求各地因地制宜制定随迁子女升学考试具体政策、统筹做好随迁子女和流入地学生升学考试工作等，进一步做好随迁子女升学考试工作，保障进城务工人员随迁子女受教育权利、促进教育公平。

（二）城乡基本公共服务均等化成效

1. 农村基本公共服务资源不断增加

一是农村服务设施不断改善。在医疗卫生公共服务方面，截至2019年年底，全国有县级医院1.5万个，乡镇卫生院3.6万个，村卫生室61.6万个，基本实现每个县都有综合医院和中医院，每个乡镇有一所乡镇卫生院，每个行政村有一所卫生室。[①]

[①]《对十三届全国人大三次会议第5636号建议的答复》，中华人民共和国国家卫生健康委员会网，http://www.nhc.gov.cn/wjw/jiany/202102/526597199bd64d5d96d63dc25392c326.shtml。

农村每千人拥有医疗卫生机构床位数由 2011 年的 2.8 张增加到 2019 年的 4.81 张,增加了 71.8%;同时,城乡差距不断缩小,每千人口拥有医疗卫生机构床位的城乡比由 2011 年的 2.23 下降为 2019 年的 1.83。在养老服务方面,截至 2018 年年底,社区养老照料机构和设施 4.5 万个,社区互助型养老设施 9.1 万个,社区留宿和日间照料床位达到 347.8 万张,分别比 2016 年增加了 1 万个、1.5 万个和 24.9 万张。以笔者曾经调研的西部地区 A 县和 B 县为例。A 县辖 3 镇 3 乡 2 街道,76 个村委会(社区)。2019 年 9 月,该县共建成居家养老服务中心 21 个、农村互助养老服务站 5 个、农村幸福院 29 个、老年活动室 142 个。B 县辖 1 镇 4 乡 2 街道,58 个村委会(社区)。截至 2019 年 8 月底,B 县建成居家养老服务中心(农村互助养老服务站)19 个,投入使用 15 个,未投入使用的农村互助养老服务站有 4 个,在建居家养老服务中心 5 个。全县有老年活动室 550 个,其中村(社区)老年人活动室 42 个,村(居)民小组老年活动室 508 个;建有 32 个农村幸福院,床位 93 张。不断完善的服务设施为发展居家养老服务创造了有利条件。

二是农村人才队伍不断优化。以医疗卫生事业为例,农村卫生队伍不断壮大,乡镇卫生院 144.5 万人,村卫生室 144.6 万人。其中,乡镇卫生院执业(助理)医师 50.3 万人,村卫生室执业(助理)医师 21.4 万人。[①] 农村每千人拥有卫生技术人员由 2011 年的 3.19 个增加到 2019 年的 4.96 个,增加了 55.5%,每千人口拥有卫生技术人员的城乡比由 2011 年的 2.48 下降为

---

① 《对十三届全国人大三次会议第 5636 号建议的答复》,中华人民共和国国家卫生健康委员会网,http://www.nhc.gov.cn/wjw/jiany/202102/526597199bd64d5d96d63dc25392c326.shtml。

2019年的2.24。其中，农村每千人拥有执业（助理）医师由2011年的1.33个增加到2019年的1.96个，增加了47.4%，每千人口拥有执业（助理）医师的城乡比由2011年的2.26下降为2019年的2.09；农村每千人拥有注册护士由2011年的0.98个增加到2019年的1.99个，增加了103.1%，每千人口拥有执业（助理）医师的城乡比由2011年的3.36下降为2019年的2.62（见表1）。

表1　农村每千人口拥有医疗卫生资源变化情况　单位：人、张

年份	卫生技术人员 农村	城市/农村	执业（助理）医师 农村	城市/农村	注册护士 农村	城市/农村	医疗卫生机构床位 农村	城市/农村
2011	3.19	2.48	1.33	2.26	0.98	3.36	2.8	2.23
2012	3.41	2.50	1.40	2.28	1.09	3.35	3.11	2.21
2013	3.64	2.52	1.48	2.29	1.22	3.28	3.35	2.20
2014	3.77	2.57	1.51	2.34	1.31	3.28	3.54	2.21
2015	3.90	2.62	1.55	2.40	1.39	3.29	3.71	2.23
2016	4.08	2.55	1.61	2.35	1.50	3.17	3.91	2.15
2017	4.28	2.54	1.68	2.36	1.62	3.09	4.19	2.09
2018	4.63	2.36	1.82	2.20	1.80	2.82	4.56	1.91
2019	4.96	2.24	1.96	2.09	1.99	2.62	4.81	1.83

资料来源：中华人民共和国国家统计局网，https://data.stats.gov.cn/easyquery.htm?cn=C01。

三是城乡共享资源不断增加。例如，截至2019年年底，全国组建城市医疗集团1408个，县域医疗共同体3346个，跨区域专科联盟3924个，面向边远贫困地区的远程医疗协作网3542个，另有7840家社会办医疗机构加入医联体。据第六次卫生服务调查数据显示，双向转诊患者中，46.9%为医联体内转诊，高于其他转诊方式。牵头医院指导基层开展新技术、新项目共计

15656项，较2018年年末增长34.5%。牵头医院向基层派出专业技术和管理人才78万人次，较2018年年末增长28.0%。在地方的实践探索中，医联体建设的典型经验也不断涌现。浙江湖州、山东日照、广州花都、辽宁大连等均推进城市医联体网格化布局管理，实现优质医疗资源"下沉"和区域内资源共享；浙江德清、福建尤溪推进紧密型县域医共体建设，有效提升县域医疗服务能力。

2. 农村居民福祉持续改善

在相关政策的引导和支持下，农村居民福祉持续改善。例如，农村居民卫生健康水平不断提升。首先，城乡居民人均预期寿命逐年增加，到2019年增加到77.3岁。其次，农村儿童和孕产妇生命安全保障水平提高，2019年，农村新生儿、婴儿、5岁以下儿童死亡率及孕产妇死亡率分别比2011年下降56.4%、55.1%、50.8%、29.8%。同时，农村儿童死亡率的城乡差距也呈现缩小趋势，农村新生儿、婴儿、5岁以下儿童死亡率城乡比分别由2011年的2.4%、2.5%、2.7%下降为2019年的2.1%、1.9%、2.3%。再如，农村居民受教育机会得到有效保障（见表2）。随着相关政策的出台和完善，农村居民随迁子女不断增加。2019年，义务教育阶段在校生中进城务工人员随迁子女1426.96万人，比2011年的1260.97万人增加13.2%，其中在小学就读1042.03万人，比2011年的932.74万人增加11.7%，在初中就读384.93万人，比2011年的328.23万人增加17.3%。又如，农村居民社会保障水平不断提升。首先，基本养老保险覆盖范围持续增加。2019年年末，城乡居民基本养老保险参保人数达到53266万人，实际领取待遇人数达到16032万人，占参保人数的30%；为建档立卡贫困人口、低保对象、特困人员、贫困老人等特殊群体代缴城乡居民养老保险费或发放养老保险待遇，共计6693.6万贫困人员从中受益。其次，最低生活保障水平不断提高。2019年，全国农村低保平均保障标准5335.5元/人·年，比2011年的1718.4元/人·年增加了2.1倍。

表2　　　　　　　　农村儿童和孕产妇死亡率变化情况

死亡率 \ 年份	2011	2015	2016	2019
农村新生儿死亡率（‰）	9.4	6.4	5.7	4.1
新生儿死亡率（农村/城市）	2.4	1.9	2.0	2.1
农村婴儿死亡率（‰）	14.7	9.6	9.0	6.6
婴儿死亡率（农村/城市）	2.5	2.0	2.1	1.9
农村5岁以下儿童死亡率（‰）	19.1	12.9	12.4	9.4
5岁以下儿童死亡率（农村/城市）	2.7	2.2	2.4	2.3
农村孕产妇死亡率（1/10万）	26.5	20.2	20.0	18.6
孕产妇死亡率（农村/城市）	1.1	1.0	1.0	1.1

资料来源：中华人民共和国国家统计局网（https://data.stats.gov.cn/easyquery.htm? cn = C01）。

三　城乡基本公共服务非均等化主要表现及原因

城乡基本公共服务非均等化主要体现在农村基本公共服务设施配置不完善、农村基本公共服务人才结构不合理、城乡社会保障水平差距仍然较大等方面，而农村基本公共服务经费保障不足、农村基本公共人才队伍建设机制不完善、农村公共服务供求错位等是重要原因。

(一) 城乡基本公共服务非均等化主要表现

1. 农村基本公共服务设施配置不完善

一方面，农村公共服务设施不足。例如，在义务教育发展方面，有一些乡村学校由于没有食堂，学生只能露天排队打饭，然后在教室、宿舍就餐；有一些寄宿学校校舍紧张，为解决学生住宿问题，通过拼床增加床位，宿舍拥挤不堪，安全隐患巨大。在公共医疗卫生服务方面，部分村卫生室和乡镇卫生院未达到国家指导意见的建设标准，主要体现在业务用房紧缺、布局紧促、面积不达标等；部分已建成的面积达标村卫生室和乡镇卫生院经过多年使用存在房屋结构陈旧老化、年久失修等问题；不少乡镇卫生院没有单独污水处理、垃圾处理、配电室等辅助设施；不少乡镇卫生院缺乏与之服务功能相配套适应的基本诊疗设备。

另一方面，一些服务设施存在利用率不高的问题，例如，一些地区的农家书屋、居家养老服务设施等，平时几乎无人问津。

2. 农村基本公共服务人才配置不合理

农村基本公共服务人才存在专业、年龄结构等不合理等问题。例如，农村义务教育方面，人才队伍结构不合理主要体现在三个方面。一是乡村"一专多能"教师紧缺。近年来，招聘的师范毕业生受编制紧缺等因素的影响，数量很少，且有不少把教师职业当作跳板，能改行则改行，不愿在基层当教师，导致一专多能的优秀教师越来越紧缺。二是专业课老师紧缺。受编制限制，不少学校教师配置优先满足主科需求，缺英语、音乐、体育、美术、信息技术、科学等专业教师。从2018年小学情况看，乡村语文、数学教师占比比城区、镇区高，但外语、体育、科学、音乐、美术等教师占比比城区、镇区低（见表3）。三是乡村教师老龄化。从2018年小学专任教师年龄分布来看，29岁及以下所占比重城区和乡村相当，30—49岁所占比重乡村比城区、镇区都要低，50岁及以上乡村占比比城区、镇区要高（见表4）。这和教师的招聘使用制度密切。一般情况是，新招聘的教师会被分到乡村学校任教，基本上工作满五年后就会通过考试等方式流动到城镇。老教师由于健康状况不佳、知识老化、教学理念陈旧等原因，不能很好地适应新时期教学需求，乡村教师老龄化会对教育质量产生较大影响。在农村公共文化体育服务方面，也存在服务人员配置不合理的问题。例如，一些地区图书馆电子阅览室免费开放后，流通人次比未免费开放时大幅增长，计算机使用培训、日常设备维护等工作量也随之增加，出现了人员紧张状况；文化馆免费开放后对人员的专业素质和组织管理能力都提出较高的要求，而现有文化馆人员业务门类不全，年龄结构老化，队伍面临着青黄不接，缺少尖子人才；相当一部分乡镇文化站长更换频繁、兼职过多，如兼任办公室、民政、宣传、科协等工作，精力难以全力投入到文化工作中。在养老服务方面，由于农村地区居家养老服务职业培训制度不健全，养老服务人员缺乏。目前，农村居家养老服务工作一般由下岗再就业或闲置的劳动力承担，他们普遍缺乏专业化培训，只能提供助餐、助洁等基本服务，难以提供护理、保健等专业性服务，不能有效满足农村老人多样化、多层次需求。

表3　　　　　　　2018年专任教师任课情况　　　　单位:%

	语文	数学	外语	体育	科学	音乐	美术
总计	35.6	28.4	7.9	5.9	3.6	4.1	3.9
城区	35.4	25.3	9.2	7.1	3.6	5.0	4.7
镇区	35.0	29.4	7.5	5.8	3.7	4.1	3.9
乡村	36.6	30.6	6.9	4.9	3.3	3.3	3.1

资料来源:《中国教育统计年鉴(2018)》。

表4　　　　　　　2018年小学专任教师年龄结构　　　　单位:%

	24岁及以下	25—29岁	30—34岁	35—39岁	40—44岁	45—49岁	50—54岁	55—59岁	60岁及以上
总计	6.3	15.9	14.8	18.1	15.7	13.1	10.9	5.2	0.1
城区	6.7	16.3	15.5	19.0	17.1	14.3	8.7	2.2	0.1
镇区	5.8	14.8	15.0	19.1	16.0	13.2	11.2	4.9	0.1
乡村	6.5	16.9	13.8	16.0	13.7	11.6	12.7	8.7	0.1

资料来源:《中国教育统计年鉴(2018)》。

3. 城乡社会保障水平差距大

虽然农村居民社会保障水平不断提高,但和城市居民相比,还有较大差距。例如,从2019年情况看,城市最低生活保障标准为624.0元/人·月,农村为444.6元/人·月,城市比农村高40.4%;城市人均特困人员救助供养资金为12542.4元,农村为7879.8元,城市比农村高59.2%。

(二)城乡基本公共服务非均等化主要原因

1. 农村基本公共服务经费保障不足

随着中央和地方事权的划分,地方支出责任不断加大,但不少地方政府尤其是基层政府财政收入有限,基本公共服务缺乏稳定的经费保障，影响了公共服务项目建设和运行。例如，一些县、乡电子阅览室建成后，因交不起电费、网费，不能有效利用；公共文化设施实行免费开放后，一些县区图书馆、文化馆设备老化不全，难以适应免费开放需求。再如，一些义务教育学校由于经费没有及时到位不能支付学校水电费，出现了老师用自己工资垫付水电费的现象；由于学校没有经费聘请安全保卫、宿舍管理、食堂管理、财务管理等后勤工作人员，只能由校长、专任教师兼任，后勤工作占用了他们大量时间。又如，养老服务发展方面，也存在服务发展资金短缺问题。其一，经济处于转型期，不少地区财政收入下降，难以长期持续支持养老服务设施建设和运营。以西部某市为例，根据相关规定该市居家养老服务项目建设标准是：社区居家养老服务中心建筑面积800平方米，设20张床，总投资120万元（省级补助48万元、市级补助48万元、县级配套24万元）；村委会居家养老服务中心建筑面积400平方米，设10张床，总投资60万元；农村互助养老服务站建筑面积200平方米，设5张床，总投资40万元。养老服务设施建设需要各级政府提供配套资金，不少地区由于财政困难难以提供配套资金，导致服务设施建设工作难以推进。此外，由于盈利能力差，居家养老服务设施营运也需要财政投入，解决水电费、人工费、活动费等费用，不少地区由于缺乏运营资金，难以开展相关活动，导致服务设施大量闲置。其二，虽然有一些地区通过向乡贤、爱心人事、企事业单位募捐增加了服务资源，但缺乏可持续性。其三，除了少部分地区集体经济比较发达能够支持居家养老服务供给外，大部分地区集体经济薄弱，难以提供有效支撑。

2. 农村基本公共服务人才建设机制不完善

由于人才建设机制不完善引发了一系列问题。例如，农村义务教育学校教师流动性较大。主要体现在几个方面。一是由于教师编制有限，一些师资力量不足的农村学校只能聘用编制外教师，但这部分教师的福利待遇和编制内教师相比差距较大，稳定性较差。东部某乡镇学校，教师分为编制内、镇聘以及校聘三类，2019年三类教师工资待遇分别为15万—16万/年、7万—9万/年和6万/年，由于待遇不高，不少编制外教师只是将此作为临时性职业，遇到更好的发展机遇随时可能离职。二是即便是编制内教师，由于农村学校的工作、生活条件比较差，再加上一些地区难以及时落实改善乡村教师福利待遇的相关政策，例如，一些地区由于县级财政困难，没有及时落实"乡镇工作补贴""乡村教师生活补助"，导致激励严重不足，不少乡村教师在满足相关条件后会想方设法调到镇区或县城工作。三是一些地区面向全省，乃至全国招聘教师，一些校长反映，招聘考试中"当地的考不过外地的"，导致招聘到的外地教师比较多。很多在农村尤其是山区工作的教师面临家庭分离的问题，特别是家里的老人、孩子变成了另外一个意义的留守群体。为实现家庭团聚，即使是一些对农村教育有特殊情节的教师也不得不通过各种渠道调回家庭所在地工作。教师频繁流动，一方面，不利于教学工作的稳定性和持续性，对学生心理也会产生较大影响；另一方面，由于流动的往往是比较优秀的教师，导致农村学校优质师资普遍不足，严重影响教育质量。

3. 农村基本公共服务供求错位

由于对服务需求把握不准等原因，导致服务供给低效或无效的问题。例如，目前不少社区养老服务机构由于成本、安全性等原因主要向能自理老人提供助餐、文化娱乐等服务，但根据一些调查结果，一般农村老人对助餐、文化娱乐的需求其实并不大，需要的是紧急救援、上门医疗、康复护理等服务，导致供需错位。再如，由于农村中青年大部分外出打工，村庄出现老年化、妇女化、儿童化，到农村书屋借书、看书的人极少，导致农村书屋的利用率普遍很低；随着互联网技术的发展以及电脑、手机的普及，越来越多的人更希望获得免费的电子网络资源，而不是书屋里的书籍，或是每月一次放映的电影。政府的供给和群众需求错位，必然导致利用效率不高。

四 城乡基本公共服务均等化推进策略

推进城乡基本公共服务均等化，要抓住其中关键因素，从完善农村基本公共服务供给制度、增强农村基本公共服务财政保障能力、健全农村基本公共服务人才建设机制、完善城乡基本公共服务均等化考核评价制度等方面出台和完善相关政策。

（一）完善农村基本公共服务供给制度

一是完善农村基本公共服务多元供给机制。为增强基本公共服务供给力量，要引导更多主体积极参与。例如，在农村义务教育发展方面，政府部门要进一步完善发展理念和发展政策，引导学校、家庭、社会企事业单位和个人积极参与教育资源供给，形成多主体参与和支持教育的格局；在医疗卫生服务供给上，要引导各级公办、民营医疗服务机构和各类医疗卫生服务技术人才积极参与，不断增强农村地区医疗卫生服务能力；在农村养老服务供给方面，要引导公立、民营养老服务机构、社区组织、社会企事业单位和个人在提供专业服务、组织养老服务资源、提供养老志愿服务等方面发挥积极作用。

二是建立基本公共服务资源动态优化调整机制。为提高基本公共服务资源利用率，要及时根据公共服务需求状况，对公共服务设施布局进行优化调整，避免资源闲置浪费。

（二）增强农村基本公共服务财政保障能力

基本公共服务项目的实施需要各级财政的稳定支持，财力状况尤其是基层财力直接关系到公共服务项目的实施，因此，要不断增强基层财政保障能力。一是要通过发展县域经济、完善税收分配制度等，不断增加县级财政收入；二是要不断完善转移支付制度，加大中央、省级财政对财政困难市县的转移支付力度，以保障基本公共服务供给的可持续性。

财政支出要重点支持完善服务设施和提高服务保障水平等。服务设施作为公共服务供给的重要基础，直接关系到服务供给效率和质量。为此，要补齐公共服务设施"短板"，引导和支持各类公共服务机构配备提供服务所必需的先进设施和装备。例如，中国社会科学院农村发展研究所2020年乡村振兴调研数据显示，59.92%的农村居民生病后的主要就诊场所为村卫生所或卫生室，

22.24%的农村居民生病后的主要就诊场所为乡（镇）卫生院，12.08%的农村居民生病后的主要就诊场所为县级医院。为更好地满足农村居民的就诊需求，有必要继续加强县、乡、村医疗机构标准化建设，引导和支持其根据诊疗需求配备各类先进设备，提高诊疗效率和水平。服务保障水平关系到农村居民的满足感和幸福感，要根据财力变化适当提高农村居民服务保障水平。例如，要根据财政支持能力不断扩大高龄津贴、服务补贴、护理补贴对象覆盖范围，并根据经济发展水平、物价变化等动态调整津贴、补贴标准。

（三）健全农村基本公共服务人才建设机制

各类人才是基本公共服务项目的具体实施者，要多措并举不断增强农村基本公共服务人才队伍。尤其是要吸引更多优秀人才进入农村基本公共服务领域，建立专业、性别、年龄结构合理和综合素质较高的公共服务人才队伍，为农村居民提供专业的公共服务。

一是完善农村基本公共服务人才招考和动态调整机制。例如，在农村义务教育师资队伍建设上，为稳定教师队伍，应鼓励和引导各地增加招聘当地户籍教师的比重；要根据教育服务需求，及时根据学生增减情况对学校教师编制进行调整。一方面，在校际间动态调整教师编制。例如，一些初中由于学生人数减少并班，出现了部分学科教师过剩的问题，应及时将教师调剂到编制不足的学校。另一方面，结合事业单位机构改革，适当增加农村义务教育学校教师编制数量，满足教学基本需求。

二是建立和完善优质公共服务人才资源共享机制。一方面，建立和完善相关激励、考核机制，引导优质人才流动到农村基本公共服务机构提供服务；另一方面，完善"互联网+教育""互联网+医疗"等服务平台建设和运行机制，通过网络教学、网络诊疗等，发挥城市优质公共服务人才在提高农村基本公共服务质量方面的积极作用。

（四）完善城乡基本公共服务均等化考核制度

有效的城乡基本公共服务考核制度对了解基本公共服务供给情况，尤其是发现供给存在的问题，采取针对性措施改进公共服务供给有重要意义。因此，有必要针对各类公共服务建立具体的考核评价体制度，在具体考核评价上，尤其要关注农村居民对基本公共服务的满意情况和改进意见，为改进公共服务供给提供重要参考。

参考文献

杨园争：《病有所医，老有所养——中国农村医疗和养老保障制度七十年改革回溯与展望》，《社会发展研究》2019年第1期。

促进乡村宜居宜业的思路与对策

李　功　年　猛　于法稳[*]

摘　要： 宜居宜业既是新发展阶段农村发展的美好蓝图，也是中国现代化乡村发展的新形态。促进乡村宜居宜业的根本是以农民为主体，将乡村建设成为既能让农民舒适便利地生活，也能持续稳定就业的美好家园。本报告构建了包含4个维度、31项指标的乡村宜居宜业水平综合评价指标体系，对全国及各省、市、自治区乡村宜居宜业水平的评价结果表明：①2010—2018年间中国乡村宜居宜业水平逐步提高，但居住的舒适性、生活的便利性、乡村产业体系与发展活力、收入水平与就业环境四个维度出现明显分异变化；②各省、市、自治区乡村宜居宜业水平差异较大，东部地区普遍较高，西部和东北地区较低；③促进乡村宜居宜业主要面临人居环境整治监管机制不完善、社会事业发展缓慢，产业发展内生动力不足，吸纳就业能力不强等问题。对

---

[*] 李功，理学博士，中国社会科学院农村发展研究所助理研究员，主要从事城镇化研究；年猛，经济学博士，中国社会科学院农村发展研究所副研究员，主要从事区域经济研究；于法稳，管理学博士，中国社会科学院农村发展研究所研究员，主要从事生态经济学理论与方法、农村生态治理、农业可持续发展研究。

此，新发展阶段应因地制宜发挥乡村特色，实施差异化分区分类政策，坚持以人为本，采用"自上而下"和"自下而上"相结合的方式促进乡村宜居宜业。

关键词：乡村宜居宜业　乡村建设　评价体系

Strategies and Countermeasures to Promote Rural Livability and Adaptable Entrepreneurship

Li Le　Nian Meng　Yu Fawen

Abstract：Making rural areas suitable to live and work in represents the bright blueprint of rural development in the new era as well as the new form of modernization of the agricultural sector. To make rural areas suitable to live and work in, it is fundamental to be farmer-oriented and to build rural areas into a place where farmers enjoy comfort and convenience and a beautiful home that farmers are able to keep their jobs. This report proposes a comprehensive evaluation system, including 4 dimensions and 31 indicators, to assess the level of making rural areas suitable to live and work in. According to the evaluation results of the level of making rural areas suitable to live and work in of provinces, autonomous regions and municipalities across the country, it can be concluded that: ①The years from 2010 to 2018 witnessed a steady rise in the level of making rural areas suitable to live and work in. Four dimensions, including the comfort of living, the convenience of life, the vitality of the rural industrial system and growth, and the income level and job conditions, showed remarkable differentiation. ②Large development gaps can be seen in different provinces, autonomous regions and municipalities across the country, with the eastern region being the higher and the western and northeast regions being the lower. ③Making rural areas suitable to live and work in is confronted with issues including slow development of social undertakings, insufficient inner drive of industrial development, and poor job creation, etc. In this regard, making rural areas suitable to live and work in shall tailor measures to suit local conditions by introducing different policies for different regions. While adhering to the concept of being farmer-oriented, both "top-down" and "bottom-up" measures shall be adopted to make rural areas suitable to live and work in.

Key Words: Making Rural Areas Suitable to Live and Work in; Rural Construction; Evaluation System

党的十九届五中全会明确提出，新时期要强化以工补农、以城带乡，推动形成新型工农城乡关系。在过往的城镇化发展进程中，宜居宜业的要素更多集聚在城镇地区，广大乡村地区则由于种种限制，无法很好做到宜居宜业的整体提升。2021年中央一号文件指出,把乡村建设摆在社会主义现代化建设的重要位置,促进农业高质高效、乡村宜居宜业、农民富裕富足。宜居宜业既是新发展阶段农村发展的美好蓝图,也是中国现代化乡村发展的新形态。本报告在分析乡村宜居宜业内涵的基础上,构建了中国乡村宜居宜业综合评价指标体系,并对全国2010—2018年以及各省(自治区、直辖市)2018年乡村宜居宜业水平进行了系统评价,同时,剖析了当前中国促进乡村宜居宜业面临的主要问题,提出了促进乡村宜居宜业的思路及对策,以期为乡村建设提供参考。

一 乡村宜居宜业的内涵

近年来,宜居乡村建设一直是党中央国务院高度重视的问题之一。2014年出台的《国务院办公厅关于改善农村人居环境的指导意见》(国办发〔2014〕25号)提出,以保障农民基本生活条件为底线,以村庄环境整治为重点,以建设宜居村庄为导向,全面改善农村生产生活条件。2018年国务院办公厅印发的《农村人居环境整治三年行动方案》进一步指出,以农村生活垃圾、生活污水治理和村容村貌提升为主攻方向,改善农村人居环境,建设美丽宜居乡村。在农村人居环境整治三年行动方案目标任务基本完成后,围绕建设美丽宜居乡村目标,2021年已启动了实施农村人居环境整治提升五年行动。

经过近十年的发展,新农村建设、美丽乡村建设等一系列行动,推动了中国农村面貌的改善(于法稳,2021),乡村宜居水平大幅提高，但由于缺乏充足的就业机会，农民增收缺乏内生动力，乡村的吸引力仍然十分有限，农村普遍存在自我发展能力不足的问题（袁江等，2015）。由此，难以从根本上改善"空心村"的困境，影响城乡一体化目标的最终实现。

进入"十四五"时期，国家将正式进入基本实现社会主义现代化和建设社会主义现代化强国的新阶段，而宜居宜业是中国现代化乡村发展的新形态。新时期乡村建设的重点应从促进乡村宜居转向宜居与宜业并重。以农民为主体，将乡村建设成为既能让农民舒适便利地生活，也能持续稳定就业的美好家园。因此，促进乡村宜居宜业的内涵就是通过乡村建设行动，使乡村面貌发生显著的变化，创造更加优美的人居环境，让农民享受到更好的公共服务，过上更加舒适便利的生活。与此同时，充分激发乡村发展活力，促进城乡产业互补融合与农村第一、第二、第三产业全面融合，给乡村创造新的经济功能和就业机会，全面提升农民的生产生活水平。

二 乡村宜居宜业评价指标体系构建

不同机构和学者对宜居宜业展开了大量相关研究，在梳理已有研究基础上，力图总结乡村宜居宜业的特征与目标，构建乡村宜居宜业评价体系和评价模型，为定量刻画乡村宜居宜业水平提供依据。

（一）指标体系构建依据

1961年世界卫生组织（WHO）就满足人类基本生活要求的

居住环境提出了四个基本理念：安全、健康、舒适和便利。现有研究对宜居性的定义和解读，通常包括安全健康的环境、自然宜人的生态、便利便捷的生活设施以及包容和谐的社会氛围等方面（张文忠，2016）。"宜业"是相对于宜居而提出的概念，多出现在新闻媒体和政府相关文件中，学术界对宜业的内涵尚未达成一致的定义。对"宜业"性的解读大致分为两类：一类是指适宜产业的发展，有利于产业在空间范围内积聚发展的环境，包括区域内要素禀赋、交通条件、产业基础和创新环境等；另一类是指适宜就业，有研究从就业环境和质量、收入水平和工作压力等方面对区域宜业水平进行评价测度（李昊等，2021）。基于对宜居宜业是满足"人"对生活工作环境的需求，本报告认为，促进乡村宜居宜业的根本在于改善提升农民整体的生产、生活条件，分解乡村宜居宜业包含的各个要素，归纳为居住的舒适性、生活的便利性、乡村产业体系与发展活力、收入水平与就业环境四个维度。

（1）居住的舒适性。乡村应具备较为完善的水、电、路、气、通信等基础设施建设，满足农民生活需求，并且在未来应逐步推动5G、物联网等新型设施向乡村延伸；大力提升农房建设质量，改善农民住房条件；因地制宜推进农村改厕、生活垃圾处理和污水治理，提升和巩固农村人居环境整治成果，使乡村的生活环境更加舒适。与此同时，应有效开展农业面源污染攻坚战，解决和防控种植业、养殖业污染，持续优化农村生产环境。不断加强乡村地区环境保护和自然生态系统修复，增强生态服务功能和抗干扰能力，优化乡村生态环境。

（2）生活的便利性。应不断推进城乡基本公共服务均等化，促进乡村教育、医疗、文化等公共资源的优化配置，加强医疗卫生体系建设，提高农民科技文化素质，提升乡村的社会保障水平和生活水平，使农民的生活更加便利。

（3）乡村产业体系与发展活力。促进农村第一、第二、第三产业深度融合，通过推动农业产业链条纵向延伸和打造一体化全产业链，构建现代化的乡村产业体系。通过多种合作方式，鼓励农民参与到乡村特色产业发展中，从根本上提高乡村经济发展的可持续性和农民增收的内生动力。

（4）收入水平与就业环境。优化提升农村的就业创业环境，提高农村公共就业服务能力，加强农民的就业技能培训，通过切实提高农民收入水平，最终缩小城乡差距。

（二）指标体系的构成

综上所述，遵循典型性、科学性、可获得性和动静结合的原则，本报告构建了包含4个维度，31项具体指标的中国乡村宜居宜业水平综合评价三级指标体系，如表1所示。其中，居住的舒适性维度包括基础设施、人居环境和生态环境三个准则层；生活的便利性维度包括公共服务、社会保障和生活水平三个准则层；乡村产业与发展活力包括农业现代化、乡村产业融合发展和乡村产业组织化三个准则层；收入水平与就业环境维度包括收入水平、就业环境两个准则层。除体现乡村产业规模使用总量指标外，本指标体系更多地选择了能够反映不同地区乡村发展水平的相对指标，以降低区域间乡村人口规模差异所造成的误差。

表1　　　　　　　　中国乡村宜居宜业水平评价指标体系

目标层	准则层	指标层	指标计算及说明	单位	属性	权重
A1 居住的舒适性	基础设施	C1 交通条件	农村道路密度	千米/平方千米	+	0.0378
		C2 燃气普及率	天然气做燃料的家庭占所有的比例	%	+	0.0228
		C3 饮水安全性	集中供水行政村比例	%	+	0.0405
	人居环境	C4 住房条件	人均住宅建筑面积	平方米	+	0.0212
		C5 生活垃圾处理水平	对生活垃圾处理的行政村比例	%	+	0.0479
		C6 生活污水处理水平	对生活污水处理的行政村比例	%	+	0.0349
		C7 卫生厕所改造	卫生厕所普及率	%	+	0.0378
	生态环境	C8 农药使用量	单位面积耕地农药施用量	千克/公顷	−	0.0550
		C9 化肥使用量	单位面积耕地农用化肥施用量	千克/公顷	−	0.0357
A2 生活的便利性	公共服务	C10 教育服务水平	每千农村人口拥有中、小学专任教师数量	人	+	0.0262
		C11 医疗服务水平	每千农村人口拥有卫生室人员数量	人	+	0.0226
		C12 文化服务水平	每万农村人口乡镇文化站数量	个	+	0.0153
	社会保障	C13 养老保险覆盖率	农村居民城乡居民养老保险参保人数/农村人口总数	%	+	0.0366
		C14 救助供养机构	每万农村居民拥有特困人员救助供养机构	个	+	0.0198
	生活水平	C15 信息接入条件	每千农村人口中接入宽带户数量	户	+	0.0271
		C16 消费能力	农村每百户家庭拥有汽车数量	辆	+	0.0188

续表

目标层	准则层	指标层	指标计算及说明	单位	属性	权重
A3 乡村产业与发展活力	农业现代化	C17 农业机械化水平	农业机械总动力/耕地面积	千瓦/公顷	+	0.0360
		C18 有效灌溉率	有效灌溉面积/耕地面积	%	+	0.0212
	乡村产业融合发展	C19 农产品加工产业	规模以上农产品加工企业营业收入	亿元	+	0.0303
		C20 乡村旅游发展	休闲农业和乡村旅游营业收入	亿元	+	0.0206
		C21 农村电商发展	农村网络零售额	万亿	+	0.0266
	乡村产业组织化	C22 组织生产能力	农民专业合作社成员占农村人口比例	%	+	0.0319
		C23 组织增收能力	农民专业合作社营业收入/合作社成员数量	万元	+	0.0288
A4 收入水平与就业环境	收入水平	C24 收入水平	农村居民人均可支配收入	元	+	0.0560
		C25 收入结构	农村居民工资性、经营性收入占收入比例	%	+	0.0423
		C26 城乡收入差距	城乡居民收入比	—	−	0.0670
		C27 城乡生活水平	城乡恩格尔系数比	—	+	0.0302
	就业环境	C28 就业规模	乡村就业人员占乡村人口比例	%	+	0.0400
		C29 就业结构	乡村就业人员从事第二、第三产业人员比例	%	+	0.0431
		C30 就业服务	公共就业服务农村劳动者登记求职人数占农村就业人口比例	%	+	0.0118
		C31 就业技能	每万农村人口拥有农村成人文化技术培训学校数量	所	+	0.0141

评价数据来源主要包括历年的《中国统计年鉴》《中国农村统计年鉴》《中国农业年鉴》《中国城乡建设统计年鉴》《中国住户调查年鉴》《中国工业统计年鉴》《中国环境统计年鉴》《中国教育统计年鉴》《中国农产品加工业年鉴》《中国人口和就业统计年鉴》《中国社会统计年鉴》《中国卫生和计划生育统计年鉴》《2019年中国农村合作经济统计年报》和各省、直辖市、自治区2019年统计年鉴；以及中央网信办发布的《中国数字乡村发展报告（2020）》、农业农村部信息中心发布的《全国县域数字农业农村电子商务发展报告（2020）》。全国2010—2018年休闲农业和乡村旅游营业收入根据农业农村部和文化与旅游部官方网站发布数据整理获得。

（三）评价方法与模型

构建合理的评价模型是增强乡村宜居宜业评价体系科学性和可操作性的重要一环。现有关于乡村发展的评价研究中，多采用德尔菲法、主成分分析法、因子分析法、熵值法和最小二乘法优化决算等评价方法。德尔菲法和层次分析法由专家打分确定权重，存在受主观影响过强的不足；熵值法虽然采用客观方法确定权重，但指标权重可能与实际情况存在偏差；而因子分析法和主成分分析法均是直接得出最终评价结果，不便于对各系统、各层级评价指数进行横向对比和分析。因此，本报告采用主客观相结合的层次分析法（AHP）修正下熵值评价方法构建中国乡村宜居宜业评价模型，测算乡村宜居宜业综合指数LWRI。

1. 数据标准化处理

为消除量纲的影响，首先对原始数据进行标准化处理。由于各指标对乡村宜居宜业水平的影响不同，标准化方法也不同，按其性质分为两类。其中，负向评价指标包括 C8 农药施用量、C9 化肥施用量和 C26 城乡收入差距三项，其他均为正向评价指标。

对正向评价指标，其函数为：

$$x'_{ij} = \frac{x_{ij} - \min\limits_{1 \leq i \leq n}(x_{ij})}{\max\limits_{1 \leq i \leq n}(x_{ij}) - \min\limits_{1 \leq i \leq n}(x_{ij})} \tag{1}$$

对负向评价指标，其函数为：

$$x'_{ij} = \frac{\max\limits_{1 \leq i \leq n}(x_{ij}) - x_{ij}}{\max\limits_{1 \leq i \leq n}(x_{ij}) - \min\limits_{1 \leq i \leq n}(x_{ij})} \tag{2}$$

其中，x_i 表示 31 个指标 x_i 无量纲化后的标准，x_0 为指标的标准值，$i = 1, 2, \cdots, 31$；$j = 1, 2, \cdots, 31$。

2. 准则层指数测算

各准则层指数由其包含的具体指标与相应权重加权计算得出，如式（3）所示：

$$LWRI_e = \sum_{i=1}^{m}(X_{ij}) \times w_i \tag{3}$$

各项指标权重由熵值法确定，如式（4）—式（6）所示：

$$w_i = \frac{1 - H_i}{\sum\limits_{i=1}^{m}(1 - H_i)} \tag{4}$$

$$H_i = \frac{\sum\limits_{j=1}^{n} f_{ij} \times \ln f_{ij}}{-\ln n} \tag{5}$$

$$f_{ij} = \frac{(1 + X_{ij})}{\sum\limits_{j=1}^{n}(1 + X_{ij})} \tag{6}$$

其中，X_{ij} 为指标标准化数值；m 为每个准则层所包含指标个数；n 为评价区域数量；w_i 为指标权重；H_i 为指标信息熵；$LWRI_e$ 为准则层指数。

3. 目标层指数测算

各目标层指数根据其包含的准则层指数加权计算得出，准则层权重通过层次分析法（AHP）构造判断矩阵计算得出，如式（7）所示：

$$LWRI_s = \sum_{i=1}^{p}(LWRI_e)_i \times W_i \tag{7}$$

其中，p 为每个目标层包含的准则层个数；W_i 为准则层权重；$LWRI_s$ 为目标层指数。

4. 乡村宜居宜业综合指数测算

中国乡村宜居宜业综合评价体系包括4个维度，采用加权和法汇总得出乡村宜居宜业综合指数，如式（8）所示：

$$LWRI = \sum_{i=1}^{k}(LWRI_s)_i Q_i \tag{8}$$

其中，k 为目标层个数；Q_i 为目标层权重；$LWRI$ 为乡村宜居宜业综合指数。

三 中国乡村宜居宜业水平评价与分析

采用乡村宜居宜业评价指标体系，对全国2010—2018年以及31个省（自治区、直辖市）2018年乡村宜居宜业水平进行评价实证分析，总结中国乡村宜居宜业变化的时空特征。

（一）中国乡村宜居宜业水平评价

1. 中国乡村宜居宜业水平逐步提高

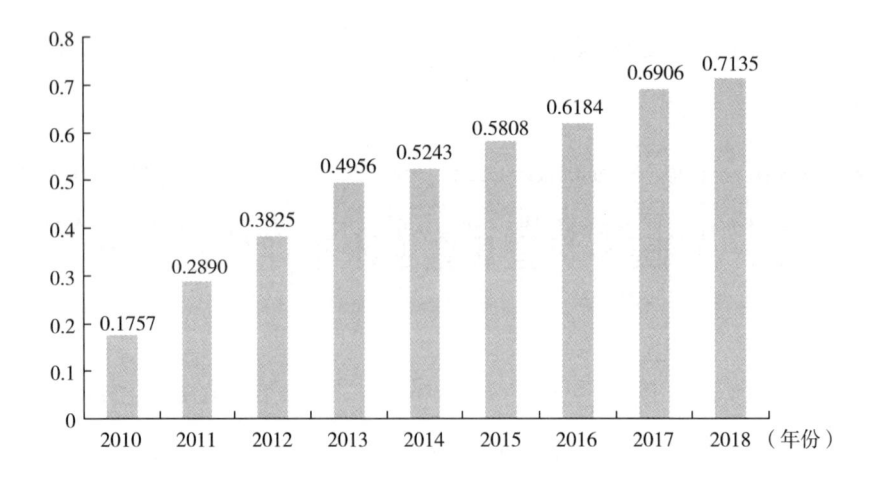

从整体来看，2010—2018年中国乡村宜居宜业水平显著提高（见图1）。2010年中国乡村宜居宜业指数仅为0.1757，2018年已增长至0.7135，达到2010年的4倍之多。从乡村宜居宜业指数的增速来看，由于2010年乡村宜居宜业水平整体较低，因此2011—2013年增速较快，平均增速达到30%左右，2014—2016年乡村宜居宜业水平则进入了较为平稳的增长阶段。而随着2017年乡村振兴战略的提出，国家围绕促进乡村产业兴旺、生态宜居、乡风文明、治理有效和生活富裕的总要求，制订并实施了一系列重大工程、计划和行动，极大地推动了乡村基础设施建设、生态和人居环境改善、生活水平提升及城乡融合，乡村宜居宜业指数有了较大的提升，2018年乡村宜居宜业指数较2016年增长了15.38%。

图1　2010—2018年中国乡村宜居宜业指数

2. 中国乡村宜居宜业各维度出现明显分异变化

从4个维度的变化趋势来看，存在显著分异现象，2010年得分从高到低分别为收入水平与就业环境＞生活的便利性＞乡村产业与发展活力＞居住的舒适性，2018年这一顺序变化为居住的舒适性＞收入水平与就业环境＞乡村产业与发展活力＞生活的便利性（见图2）。其中，乡村居住的舒适性指数呈现持续快速增长态势，特别是随着国家农村人居环境整治措施的实施，农村生活垃圾、生活污水治理和村容村貌实现了较大幅度的提升，乡村居住的舒适性指数从2010年的0.0092快速增长至2018年的0.3241；乡村生活便利性指数变化较为平稳，2014—2018年呈缓慢上升趋势。从各项指标来看，2014年以来虽然乡村的宽带入户率、拥有汽车数量均显著提高，然而每千农村人口的中、小学专任教师数量和每千农村人口村卫生室人员数量均持续下降，很大程度上抵消了信息接入条件和生活消费水平提升带来的乡村生活便利性的变化；乡村产业与发展活力指数2010—2017年均呈上升趋势，2018年则出现小幅下降，其中农业现代化和乡村产业融合发展水平不断提高，指数下降主要是由农民专业合作社入社率和营业收入的变化引起；乡村收入水平与就业环境指数从2014年开始出现下降趋势，究其原因，一方面与农民收入结构变化有关，农民经营性收入占比从2014年的41.73%下降至2020年的35.97%，表现出农民增收内生动力不足；另一方面乡村就业服务水平有待提升，每万农村人口拥有的农村成人文化和技术培训学校从2010年的1.59所下降至了2018年的0.88所。

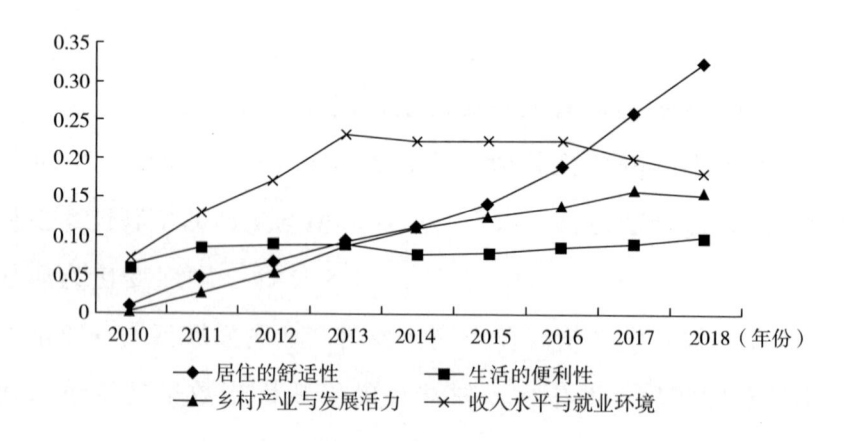

图2 2010—2018年中国乡村宜居宜业各维度指数

（二）省级层面乡村宜居宜业水平评价

1. 省级层面乡村宜居宜业水平差异较大

总体水平有待提高，省级层面乡村宜居宜业水平差异较大。31个省（自治区、直辖市）的乡村宜居宜业指数平均为0.4112。其中，得分较高的地区包括江苏、浙江、山东等，乡村宜居宜业指数分别为0.6088、0.5828、0.5732；得分较低的地区为青海、甘肃和黑龙江，得分仅为0.3006、0.2980、0.2796，最高得分为最低得分的约2.18倍，可见，各省（自治区、直辖市）的乡村宜居宜业水平存在显著分化现象。

表2 2018年31个省（自治区、直辖市）乡村宜居宜业指数

位序	地区	乡村宜居宜业指数	位序	地区	乡村宜居宜业指数	位序	地区	乡村宜居宜业指数
1	江苏	0.6088	12	重庆	0.4234	23	广西	0.3539
2	浙江	0.5828	13	江西	0.4212	24	吉林	0.3475

续表

位序	地区	乡村宜居宜业指数	位序	地区	乡村宜居宜业指数	位序	地区	乡村宜居宜业指数
3	山东	0.5732	14	河南	0.4102	25	新疆	0.3469
4	天津	0.5239	15	湖南	0.4013	26	山西	0.3394
5	福建	0.5227	16	宁夏	0.3796	27	内蒙古	0.3066
6	上海	0.5108	17	广东	0.3792	28	陕西	0.3055
7	北京	0.4944	18	云南	0.3778	29	青海	0.3006
8	河北	0.4659	19	西藏	0.3703	30	甘肃	0.2980
9	安徽	0.4506	20	贵州	0.3675	31	黑龙江	0.2796
10	四川	0.4503	21	海南	0.3648			
11	湖北	0.4263	22	辽宁	0.3640			

各地区乡村宜居宜业水平总体水平仍然偏低。采用层次聚类分析对31个省（自治区、直辖市）的乡村宜居宜业指数进行等级划分（见表3），分为高水平、较高水平、中等水平、较低水平、低水平5个类别，5个等级平均指数分别为0.5883、0.5129、0.4556、0.4056和0.3374。对各等级地区数量进行统计分析，处于中等及以上等级的地区数量为10个，占比仅为32.26%，而乡村宜居宜业较低和低水平的地区，占比则分别达到22.58%和45.16%。

表3 2018年31个省、市、自治区乡村宜居宜业指数聚类分析

	聚类类别方差分析差异对比结果（平均值±标准差）					F	p
	cluster_1 (n=3)	cluster_2 (n=4)	cluster_3 (n=3)	cluster_4 (n=7)	cluster_5 (n=14)		
乡村宜居宜业指数	0.5883±0.0184	0.5129±0.0137	0.4556±0.0089	0.4056±0.0204	0.3374±0.0327	79.48	0.0000**

续表

	聚类类别方差分析差异对比结果（平均值±标准差）					F	p
	cluster_1 (n=3)	cluster_2 (n=4)	cluster_3 (n=3)	cluster_4 (n=7)	cluster_5 (n=14)		
乡村宜居宜业水平	较高	高	中等	较低	低		
百分比(%)	9.68	12.90	9.68	22.58	45.16		

注：**表示 $p<0.01$。

2. 东部地区乡村宜居宜业水平普遍较高，西部和东北地区较低

对四大区域的乡村宜居宜业指数等级进行分析（见表4），乡村宜居宜业水平处于高水平和较高水平的省份全部分布在东部地区，指数得分最高的为江苏，浙江、山东、天津、福建、上海和北京依次位居其后。其中，江苏、浙江和山东的乡村燃气普及率、人均居住面积、对生活垃圾和生活污水处理的行政村比例、农村网络零售额以及农民专业合作社的入社率等多项指标，均处于全国首位。江苏作为中国乡村宜居宜业水平最高的省份，乡村燃气普及率达到79.79%，对生活垃圾和污水进行处理的行政村比例分别达到98.8%和97.83%，农村网络零售额占全国的比重超过1/5。中部地区的湖北、江西、河南和湖南的乡村宜居宜业仍处于较低水平。西部地区和东北地区的乡村宜居宜业水平整体处于低水平阶段，其中西部地区除四川、重庆、宁夏之外的所有省区的乡村宜居宜业指数低于0.38，处于低水平阶段；东北地区的辽宁、吉林、黑龙江则全部处于乡村宜居宜业低水平。其中，黑龙江的人均居住面积、生活垃圾和污水处理的行政村比

例、卫生厕所普及率等多项指标均处于全国末位，东北地区亟须提升乡村的基础设施水平，进一步改善农村人居环境。

表4　　　　　　　　四大区域乡村宜居宜业水平分类

宜居宜业等级	东部	中部	西部	东北地区
高水平	江苏、浙江、山东	—	—	—
较高水平	天津、福建、上海、北京	—	—	—
中等水平	河北	安徽	四川	—
较低水平	广东	湖北、江西、河南、湖南	重庆、宁夏	—
低水平	海南	山西	云南、西藏、贵州、广西、新疆、内蒙古、陕西、青海、甘肃	辽宁、吉林、黑龙江

四　中国促进乡村宜居宜业面临的主要问题

（一）人居环境整治技术适用性有待提高，监管机制不健全

目前推广的农村人居环境整治技术，存在适应性差、不规范等问题。以农村厕所改造为例，部分基层政府并没有根据农民需求和地方实际，选择更适宜地区需要的改厕模式，而是简单复制发达地区的做法，既浪费了资金，又挫伤了农户参与积极性。部分农村人居环境整治工作成为基层政府的"面子工程"，造成整

治设备闲置,甚至损毁等现象,极大地浪费了物力和财力。此外,我国农村人居环境整治在运营机制、参与机制、监督机制和协调机制等方面也存在明显不足。在运营机制方面,以农村生活垃圾处理为例,部分地区虽然投放了大量的垃圾桶、垃圾箱、中转站等,但是在运营方式、组织管理等方面并没有提供详细方案,忽略了后期的运营和维护工作。在监督机制方面,乡村人居环境整治工作量大、任务繁重,然而我国基层环保部门力量薄弱、机构虚设、人员短缺、经费紧张等问题已经成为推进农村人居环境整治提升工作的现实制约。

(二) 乡村社会事业发展缓慢,公共服务水平亟待提升

能够接受良好的教育和医疗服务是居民对宜居生活环境的根本性需求,然而近些年乡村社会事业水平发展缓慢,亟须提升。农村教育方面,随着县域内教育资源从乡村地区不断向县镇集聚,出现了"城挤乡空"的教育发展困局。2013—2018年,乡村的初中数量从18485所下降到14792所,小学则从14万所下降至9.1万所。乡村中、小学的教师数量也显著减少,2010—2018年乡村每千人口拥有的中、小学专任教师人数从4.13人下降到了2.38人。虽然近两年通过推进城乡教育均衡发展及特岗教师、乡村教师补贴等措施,乡村中、小学教师总量从2017年的228万人上升到238.4万人,但仍然低于2016年以前水平。农村医疗方面,每千农村人口的村卫生室人员数量从2010年的1.14人逐年下降到了2018年的0.91人。根据国家统计信息中心数据,2016—2020年,村卫生室平均每年减少约6000家,特

别是2018—2019年骤减11858家。受城镇化进程加快的影响，一部分村卫生室合并，负责几个片区居民的诊疗和公卫服务；另一部分村卫生室迎合城镇化发展趋势，已经开始向社区卫生站转化，难以满足农民生活需求。

（三）乡村产业发展内生动力不足，农民增收可持续性弱

伴随农村电商、乡村旅游等产业的快速发展，乡村新产业新业态大量涌现，但发展依然面临产业链条较短、融合层次较浅等问题，导致乡村产业内生动力不足，质量不高。以农产业加工产业为例，我国农产品加工产值与农业总产值比为2.3∶1，远低于发达国家3.5∶1的水平，农产品加工转化率为67.5%，比发达国家低近18个百分点[①]，大多数乡村企业都只是从事简单的粗加工产业，企业的科技创新能力不强，特别是农产品加工创新能力不足，能够创造的产值相对较低。统计数据表明，我国规模以上农副食品加工业企业的主营业务收入从2016年的68825.16亿元下降为2019年的47412.58亿元，与《全国乡村产业发展规划（2020—2025年）》提出的2025年农产品加工业营业收入达到32万亿元，农产品加工业与农业总产值比达到2.8∶1仍有一定距离。乡村产业附加价值低，无法有效促进农民增收的潜力与活力，也体现在农民收入结构的变化上。当前我国农民收入主要依赖工资性和转移性收入，两者占农村居民人居收入比例超过62%。与此同时，经营性收入占比不断下降，从2014年的

[①]《产业链短、融合层次浅叫响"乡字号"要过几道坎?》，《经济日报》2020年7月18日。

41.73%下降至2020年的35.97%,农民增收缺乏内生动力,不可持续。

(四) 乡村吸纳就业能力不强,就业创业环境存在"短板"

城镇化进程的快速推进,使乡村就业人员的总量不断降低,从2010年的4.14亿人降低至2019年的3.32亿人。与此同时,乡村就业人员占乡村总人口的比重也出现下降趋势,从2010年的61.71%,缓慢降低至2019年的60.22%,随着农村劳动力老龄化、兼业化、副业化现象的进一步凸显,这一比重很可能持续降低。乡村多功能价值挖掘不充分,产业结构较为单一,无法提供更多的就业岗位,导致青壮年劳动力流失。此外,乡村的就业创业环境仍然存在"短板",主要表现在公共就业服务能力较弱、农民职业技能培训服务严重下滑等方面。当前公共就业服务主要针对城市地区,服务农村劳动力水平较低,2018年公共就业服务机构登记农村劳动者求职人数占乡村就业人口的比重仅为0.04%;乡村成人文化技术培训学校数量则从2010年的106689所大幅减少至2018年的50042所,减少了近一半;而金融市场不发达、缺乏高层次创业人才、农民土地等生产资料融资难等也在一定程度上制约了返乡下乡创业人员的积极性和创业成功率(年猛,2020)。

五 促进乡村宜居宜业的思路与对策

（一）促进乡村宜居宜业的思路

促进乡村宜居宜业的目标是将乡村建设成为既能让农民舒适便利地生活，也能持续稳定就业的美好家园，涉及乡村的基础设施建设、公共服务提升、生态环境保护、产业发展和提升农民收入水平等多个方面，是一项系统工程，应因地制宜发挥乡村特色，实施差异化分区分类政策，坚持以人为本，注重"自上而下"和"自下而上"相结合促进乡村宜居宜业。

1. 在统筹推进补齐"短板"的基础上，注重因地制宜发挥特色

当前，中国发展阶段发生了根本性变化，发展目标已由全面建成小康社会转为全面建设社会主义现代化国家。全面建设小康社会阶段，更加关注的是聚焦小康目标，以统筹推进的方式加快补齐各方面"短板"，确保全面同步实现小康。进入新发展阶段后，乡村经济发展、民主法制、文化建设、人民生活和生态环境已经达到一定水平，应在此基础上鼓励探索因地制宜、特色化的发展路径，促进乡村宜居宜业。中国乡村地域辽阔，村情差异较大，推进乡村宜居宜业要充分考虑村庄的产业基础、资源条件、文化特色、景观生态本底等基础，通过政府、企业、村集体、农民等多方参与规划与建设，使乡村具备独特的乡村文化内涵、舒适便利的乡村生活环境、现代化的乡村特色产业体系和生产经营体系，最终实现乡村宜居宜业。

2. 科学正视乡村收缩，实施差异化分区分类政策

从全国范围来看，国家经历了快速城镇化的进程后，由于城镇扩张和村庄合并等一系列原因，自然村落大幅度减少（谢正伟等，2014），部分乡村地区面临着农村人口流动和空间"收缩"的现实。促进乡村宜居宜业涉及基础设施和公共服务设施的布局，产业的培育和发展，都与人口规模变化趋势紧密相关。在乡村收缩的背景下，应该从过去单一的增量思维，逐步转变为减量思维，兼顾公平和效率，避免浪费，通过基础设施和公共服务布局引导乡村的空间格局优化。注重对县（市）域城乡空间格局和乡村人口迁移变化趋势进行分析研判，合理确定乡村人口进城、入镇、留村的比例和分布特点，为乡村宜居宜业要素配置提供依据。对人口集聚型、人口稳定型、人口收缩型乡村制定差异化分区分类政策，探索集约、高效的乡村宜居宜业的路径。

3. 坚持以人为本，避免将乡村宜居宜业理解为"物质环境建设"和"经济发展"

习近平总书记多次强调，乡村振兴要坚持农民主体地位。促进乡村宜居宜业要始终坚持以人为本，避免简单理解为"物质环境建设"和"经济发展"。经过十余年发展，新农村建设取得了斐然的成就，切实改善了乡村生活必需的硬件条件和服务设施，总体来说更加强调和关注乡村"物质环境"建设。然而，虽然物质实体环境是促进乡村宜居宜业的具体反映，但追根究底，宜居宜业不仅是物质环境的塑造，更是农民对乡村的一种心理感知，这种感知与农民的性别、年龄、收入等个人属性密切相关，乡村宜居宜业的建设应充分尊重农民的需求和愿望，切实解决农民在生产生活中面临的主要问题。

4. "自上而下"和"自下而上"相结合促进乡村宜居宜业

长期以来，乡村建设以政府主导的自上而下模式为主，新发展阶段促进乡村宜居宜业应转变为政府主导的自上而下与农民积极参与、村民自治有效的自下而上模式相结合。从促进乡村宜居来看，政府的宜居工程多是从上而下的建设，"群众视角"普遍缺乏，无论是前期的政策制定还是执行都缺少村民的主动参与，村民容易陷入"谁投资，谁建设，谁管理"的思想误区，导致无效投入。而在促进乡村宜业方面，随着社会资本及各方力量投入乡村产业发展，如果农民缺乏组织性，不能建立属于自己的行业协会、农业合作社，形成卖方垄断与资方的买方垄断相抗衡，农民就难以有效维护自己的权益。因此，促进乡村宜居宜业必须充分激发农民的积极性，重视各项基础设施的维护管理，做到"像保护眼睛一样保护生态环境，像对待生命一样对待生态环境"（习近平，2017）。与此同时，政府政策应鼓励、扶植建立各类农业专业协会、合作社，促进龙头企业等新型农业经营主体与农民形成产业发展共同体，切实为农民提供更多增收机会，提高农民收入水平。

（二）促进乡村宜居宜业的对策建议

1. 促进农村人居环境整治提升，建立健全长效监管机制

一是实施村庄道路、农村供水安全、新一轮农村电网升级改造、乡村物流体系建设、农村住房质量提升等一批工程项目，进一步改善乡村基础设施条件。

二是建立农村人居环境整治提升综合监管信息化平台，借助大数据、云计算等先进的数据分析技术，科学测算农村生活污水产生量、生活垃圾产生量等信息，为动态调整农村人居环境整治方案提供科学支撑。

三是建立基层部门联席会议制度，推进常态化运行。农村人居环境整治涉及部门较多，既有农业农村局、住建局等常规部门，又有财政局、发改局等辅助机构，为了提高执行效率，有必要建立健全联席会议制度，以强化统筹管理。

四是建立健全干部监督考核机制，确保农村人居环境整治项目建得好、管得好、用得好。

针对当前农村人居环境整治监管缺位的问题，将农村人居环境整治工作列入年度考核内容，进一步细化农村人居环境整治工作的考评内容和评分细则，制定《农村人居环境整治工作考核办法》，形成多级管理体系，不断健全农村人居环境整治的监督考核机制。

2. 以农民实际需求为导向，推动农村公共服务量质双高

一是建立乡村公共服务需求识别机制。导致乡村公共服务供给结构失衡的原因之一是公众参与的缺失，造成公共服务供给的服务偏离农民的实际需求。要充分尊重农民的话语权，了解其对公共服务的价值偏好、需求优先次序，完善各类需求表达机制，如公共服务决策调研、公示、线上平台等，发挥村民自治机制的民主决策作用，为公共服务优化提供依据。

二是提高乡村各项公共服务质量。现阶段乡村普遍存在公共服务设施覆盖，但服务质量不高的现实，如基础教育的办公环境供给虽已覆盖，但是师资队伍等方面的建设还任重道远；医疗体系基本建立，但医护人员水平、医疗环境等供给与城市相比存在显著差别等。因此，在确保为乡村提供充足的公共服务供给总量的基础上，应改善农村基础教育办学条件，稳定师资队伍，通过人才招聘、动态调整、培训轮训等方式，提升师资力量；针对部分乡镇卫生院、村卫生室不规范问题展开督察，培训基层医务人员职业道德、专业水平和服务能力；扩大城乡养老保险覆盖面，完善社会救助动态管理机制，实施城乡互助养老。

三是扩大供给主体，创新供给机制。改变政府单一供给机制，推进政府向社会组织购买公共服务，加强政府与社会资本合作。鼓励民营企业与社会资本积极参与到农村公共服务设施的建设管护中，在明确主体权责基础上，促进形成多元化的运营管护机制。

3. 积极打造特色村庄，建立有竞争力的乡村产业体系

在充分挖掘和拓展农业的生产、生态、休闲、景观和文化传承等功能基础上，促进农业产业链条多维延伸，实现第一、第二、第三产业深度融合，打造具有鲜明特色的现代乡村产业形态和产业定位的村庄。根据资源禀赋和产业基础，分为特色种植村

庄、特色养殖村庄、特色农产品生产加工村庄、特色旅游村庄、特色电子商务村庄以及特色景观生态村庄、特色历史文化村庄等，明确各类特色村庄发展重点，坚持因地制宜、分类指导。特色种植和特色养殖村庄应积极培育特色优势种养殖产业集群，以增加安全、优质、健康的品牌化农产品供给为重点优化生产体系；特色农产品生产加工村庄要促进农产品初加工、精深加工、综合利用加工互补，推进农产品物流、储运与加工的有机衔接，提升农产品附加值；特色旅游村庄应推进农业与休闲、康养、文化、科普等的融合发展，积极开发观光体验、健康养生、生态教育等一系列独具乡土特色的乡村旅游产品；特色电子商务村庄应提升农产品质量，强化农村现代化流通体系的建设，尤其是农村电商上行体系建设；而特色景观生态村庄和特色历史文化村庄应实施保护为主、开发为辅的发展思路，在控制破坏村庄生态和文化环境开发活动的基础上，引导建立符合生态的特色产业，积极实现地区生态产品、文化产品价值。

4. 提升农村公共就业服务水平，优化农村就业创业环境

一是加快构建高素质农民教育培训体系，大力培育有文化、懂技术、善经营、会管理，适应现代农业农村高质量发展需要的高素质农民队伍，立足各地主导产业，聚焦本地乡村振兴和现代化农业发展人才需求，围绕现代农业生产经营、现代农艺技术、化肥农药减量增效和农畜产品质量安全等多个方面展开系统培训，积极创新培训模式，采取与第三方培训学校、培训机构合作等方式进行理论和实践教学，对贫困户、低收入群体、残疾人等弱势群体开展免费职业培训。

二是促进城乡地区公共就业服务一体化，构建普惠共享、城乡一体的市、区、街（乡镇）、社区（村）四级公共就业服务体系。对公共就业服务体系、服务项目、服务标准、核心业务流程、服务信息化平台等提出一体化建设要求，依托统一的信息化平台，推动公共就业服务优质资源城乡共享。

三是完善农村创业服务体系。加大返乡下乡创业的政策支持力度，降低农村创业者小额无息贷款门槛，对在乡村开办农产品加工、农业科技服务、农村电商等吸纳就业多、带动农户增收强的中小微企业，在其初创期实行税收优惠或减免政策，全面支持农村承包土地经营权和农民住房财产权进行抵押贷款。

5. 促进城乡全面融合，建立县—镇（乡）—村宜居宜业功能衔接互补共同体

越来越多的农民在镇域、县域频繁往返或季节性两栖生活工作（苏红键，2020），农民的生产生活活动不再仅仅局限于本地乡村范围内，而是在更大范围内形成闭环。顺应这一趋势，积极建立县—镇（乡）—村宜居宜业功能衔接互补共同体，逐步实现城乡物质空间、产业协作、公共服务等全面的融合，全面提升农民的生产生活水平。一是强化县域经济，促进就地就近就业。通过县域统筹建设相关的产业链条，引导乡村特色产业向主产区、中心镇、中心村、物流节点和聚集区汇聚，通过大力推进农业产业化经营、加快发展农产品精深加工、着力完善农产品流通、销售和品牌建设等途径延伸产业链，让农民在农业全产业链推进的不同环节中获取就业机会、分享更多收益，扩大农民增收空间。二是加强重点镇（乡）建设品质，成为服务农民的中心

(党国英，2021）。依托乡镇政府驻地，提高教育、医疗、文化等公共服务设施建设水平，扩大服务范围，形成农户与小城镇共享公共服务的格局。

参考文献

1. 党国英：《提升农村公共服务水平有赖于农村地区的"小城市"》，《新京报》2021 年 2 月 21 日。

2. 李昊等：《京津冀城市群生态宜居宜业协同发展水平的测度》，《统计观察》2021 年第 6 期。

3. 年猛：《"十四五"农村就业创业的战略思路与政策》，《中国劳动关系学院学报》2020 年第 5 期。

4. 苏红键：《城乡两栖视角落户意愿研究》，《贵州社会科学》2020 年第 7 期。

5. 习近平：《习近平谈治国理政》（第二卷），外文出版社 2017 年版。

6. 谢正伟、李和平：《论乡村的"精明收缩"及其实现路径》，《2014 年中国城市规划年会论文集》。

7. 于法稳：《"十四五"时期农村生态环境治理：困境与对策》，《中国特色社会主义研究》2021 年第 1 期。

8. 袁江、陈一星：《新农村建设的重心应转移：由宜居到宜业》，《理论探讨》2015 年第 2 期。

9. 张文忠：《宜居城市建设的核心框架》，《地理研究》2016 年第 2 期。

农民生活篇

农民现代化进程、阻碍及对策

白 描 苑 鹏[*]

摘 要： 农民现代化进程是农民融入现代社会、拥有与现代经济社会发展相适应的综合素质和行为能力的过程。从逻辑上讲，农民现代化应该具备经济、社会、文化、政治层面充分且均衡发展的特征，这也是农民现代化的主要标志。现阶段，推进我国农民现代化既有制度与乡村建设层面的外部阻碍，又有来自农民自身的内部阻碍。诸多体制机制问题未得到根本性解决，农民现代化基础浅、起点低、"短板"多、进展慢。由此，建议推进我国农民现代化应以破除城乡二元结构体制为着眼点，以城乡基础设施和公共服务均等化为抓手，着重从破除体制机制"瓶颈"、推进村庄建设与引导农民观念行为改善三个方面着手。

关键词： 农民现代化 文化素质 健康素质 收入 社会参与

---

[*] 白描，管理学博士，中国社会科学院农村发展研究所副研究员，研究方向为贫困与福祉；苑鹏，经济学博士，中国社会科学院农村发展研究所研究员，研究方向为农村合作经济。

Poverty Alleviation: Current Status, Problems and Policy Recommendations

Bai Miao　Yuan Peng

Abstract: The Process, Obstacles and Countermeasures of Rural Residents' Modernization The process of rural residents' modernization is a process in which rural residents integrate into the modern society and have comprehensive quality and ability that adapt to the development of modern economy and society. Logically speaking, the modernization of rural residents should have the characteristics of complete and balanced developments in economy, society, culture and politics, which is also the main symbol of rural residents' modernization. At the present stage, there are not only the external obstacles of the imperfect mechanism and the lack of self construction of rural area, but also the internal obstacles from the rural residents themselves. Many system and mechanism problems have not been fundamentally solved, the modernization of rural residents' foundation is shallow, the starting point is low, short boards are many, and the progress is slow. Therefore, this report suggest that in order to promote the modernization of rural residents in China, we should break the bottleneck of system and mechanism, promote the construction of villages and guide rural residents to improve their behavior and concept. We should focus on breaking the urban – rural dual structure system and the equalization of urban – rural infrastructure and public services, so as to improve the system and mechanism of rural residents' modernization.

Key Words: Rural Residents' Modernization; Cultural Quality; Health Quality; Income; Social Participation

"十四五"时期,中国全面开启社会主义现代化建设新征程。发展的中心是人民,社会主义现代化离不开人的现代化,尤其是农民的现代化。随着农业农村现代化进程不断加快,一个难以回避且至关重要的问题即是如何让农民融入现代化进程,实现自身的全面发展。

一 农民现代化界定与标志

2021年中央一号文件进一步提出全面推进乡村振兴,加快农业农村现代化。农民现代化是农业农村现代化建设应有之义。农民唯拥有现代化的素质与能力,才能充分发挥主观能动性,助推农业农村全面发展;而只有加速推进农业农村现代化,农民现代化才能成为有源活水。狭义的农民现代化是指在传统农业社会向现代工业社会转变的过程中,农民作为劳动者参与社会化分工实现职业化，实现社会化与市民化。而广义的农民现代化则还包括政治层面上的爱国及参与公共事务的自觉性，文化层面上认同社会主义核心价值观，以及社会层面上从依附于家庭的传统模式向以独立个体身份参与社会生活的现代模式转变。农民现代化重要标志是农民作为现代人，具备与现代经济社会发展相适应的观念与素质，拥有获取各种要素的平等机会、公平分配权以及社会的平等对待与尊重，从而自主并现实地融入现代社会发展，共享技术、创新引领下人类社会前进取得的各项成果。从内涵上讲，我国农民现代化至少应该具备以下这些特征：

首先，农民现代化要求农民具备与现代经济社会发展相适应的文化、信息及健康素质，缩小与城市居民的人力资本差异，凭借个人素质与能力的提升实现生活富裕。

其次，农民作为独立经济人，应能融入现代社会化大分工，完成由传统农业社会家庭自然分工模式下的劳动者身份向现代职业劳动者身份的转型，在就业结构上加速向第二、第三产业转移，实现从传统社会下依靠家庭、宗族或社区世代所传之经验获取基本生活来源的模式向依靠现代化的素质与能力获取稳定收入的现代模式转变。

最后，农民作为社会人，应能融入现代社会关系，增加社会参与广度与深度的同时，将主要以血缘和亲缘为联结点的传统社会交往模式转变为主要以业缘及地缘为主要联结点的现代社会交往模式，更多地融入正式的社会组织关系。

此外，农民作为现代公民，应具有公民权意识，积极参与到包括村委会选举、村务讨论等在内的村庄治理中来。

在探讨我国农民现代化推进程度及存在阻碍之前，首先应明确农民现代化的衡量标准,即如何才叫实现农民现代化?目前,我国并没有出台详尽的农民现代化衡量指标,但根据"十四五"规划对2035年的展望,我国基本实现社会主义现代化时至少居民(包括农村居民)应达到如下发展水平:国民素质和社会文明程度达到新高度;城乡居民人均收入再迈新台阶,人均国内生产总值达到中等发达国家水平,中等收入群体显著扩大;基本公共服务实现均等化,城乡居民生活水平差距显著缩小;人民平等参与、平等发展权利得到充分保障;建成文化强国、教育强国、人才强国、体育强国、健康中国;人民生活更加美好,人的全面发展、全体人民共同富裕取得更为明显的实质性进展。这些既然是对我国基本实现现代化的界定,那么也是我们下面探讨农民现代化相关问题时对照的主要标准。

二 我国农民现代化建设进展

从内涵上讲,农民现代化不仅指农民生活要富裕,还应涵盖农民在文化、健康、就业、政治、社会等多个维度上实现现代化的要义。目前来看,我国农民现代化建设取得一些进展,尤其得益于脱贫攻坚对低收入群体内生动力的激发,农民个体素质与发展能力整体得以提升,但也存在不少"短板"有待补齐。

(一)基本素质

1. 文化素质

根据2019年人口变动情况抽样调查,我国农村居民初中文化程度占比最高，达41.5%；其次是小学文化程度，这部分农民占调查人口的比重为34.6%；有高中和大专及以上文化程度的农民分别占11.3%和4.7%；还有7.9%的农民未上过学。从农民文化程度的变动情况来看，出现了低学历者占比下降的同时较高学历者占比逐渐增加的趋势。2013—2019年，农村户主中未上过学者所占比重从4.7%下降至3.6%，大学专科程度者占比由1.2%上升至1.7%。

对比同期，城市居民高中文化程度者占比最高（达24.2%），比农村居民高近13个百分点；大专及以上文化程度者占27.0%，比同学历农村居民高22.3个百分点；此外，城市未上过学的居民占2.3%，比农村居民低5.6个百分点（见表1）。整体而言，我国农村居民文化素质是一个"短板"。

表1　　　　　我国农村居民文化程度分布情况　　　　单位:%

	未上过学	小学	初中	高中	大专及以上
农村居民	7.9	34.6	41.5	11.3	4.7
其中：男	28.3	48.4	55.2	59.3	52.1
女	71.7	51.6	44.8	40.7	47.9

注：根据《中国人口与就业统计年鉴（2020）》公布2019年人口变动情况抽样调查数据计算得出。

从性别角度来看，未上过学的农村女性所占比重比男性高43.4个百分点，而文化程度为初中和高中的男性占调查人口的比重分别比女性高10.4个和18.6个百分点。可见，农村女性的文化素质"短板"更为突出。

2. 健康素质

预期寿命和死亡率是衡量人口健康状态的重要指标。目前，我国居民预期寿命数据并未区分城乡。从死亡率看，2018年11月1日至2019年10月31日，我国农村死亡人口共计3808人，死亡率为8.9‰[①]，同期城市居民的死亡率为3.9‰。其中，农村男性与女性死亡率分别为10.3‰和7.4‰，是对应城市男、女性死亡率的2.3倍和2.2倍。从不同年龄段来看，农村居民死亡情况基本上符合生命正常规律，但各年龄段死亡人口均比城市高出两位数，50岁以后城乡死亡人口差距更是达到三位数。从死亡率看，70岁后城乡居民死亡率差距达到两位数以上并逐年扩大。

婴幼儿及孕产妇死亡率也是国际上衡量一国居民健康状况的常用指标。2019年我国农村婴儿死亡率为6.6‰，与城市的差距显著缩小。同期，我国农村孕产妇死亡率亦不断下降，每十万农村孕产妇中死亡人数从69.6人下降至18.6人。

3. 信息素质

现代社会是一个信息高速发展的时代。作为现代人，除了要具备与现代社会发展相适应的文化素质与健康素质外，还应具备有效获取和利用信息的能力。

网络是现代社会获取信息的重要途径。2020年我国农村地区互联网普及率为55.9%，比全国平均水平低14.9个百分点。

[①] 参见《中国卫生健康统计年鉴（2020）》。

根据中国社会科学院农村发展研究所"乡村振兴数据库建设"调研（以下简称乡村振兴调研），我国63.7%的农民家庭主要利用智能手机上网，利用笔记本电脑、平板和台式电脑上网的农民分别占21.2%、7.8%和0.6%，无上网设备的农民家庭约占6.7%（见表2）。可见，智能手机是我国农民获取信息的主要渠道。目前，52.8%的农民在利用智能手机获取信息方面并无阻碍，35.2%有些困难，还有12.1%的农民不会使用智能手机上网。从信息的可及性来看，50.1%的农民可自行通过网络或手机等方式获取信息，24.8%的农民在这方面存在一定的困难，无法通过手机或网络获取信息的农民占比为25.1%。可见，现阶段，我国农民在获取信息方面还存在诸多不足，有待进一步改善。

表2　　　　　　　　　　农民家庭主要上网设备

设备	无上网设备	智能手机	平板	笔记本电脑	台式电脑
比重（%）	6.7	63.7	7.8	21.2	0.6

资料来源：根据中国社会科学院农村发展研究所"乡村振兴数据库建设"调研数据整理。

（二）经济参与

农民在经济上实现现代化的标志是从家庭自然分工中的"自然人"转化为专业农民或专业工人（杨小凯，2000）[1]，融入

---

[1] 杨小凯：《新兴古典经济学和超边际分析》，中国人民大学出版社2000年版。

社会化大生产中，实现劳动就业的职业化，并以就业收入作为维持生活生产的主要来源。

随着城镇化、工业化进程加快，农村人口大规模向城镇转移，非农化势头不可逆转。2019年我国乡村就业人员达33224万人，占全国就业人口的比重为43%，与1978年改革之初的76%相比，发生了根本性转变，意味着农村劳动力的经济现代化成效显著。进一步，根据国家统计局最新发布《2020年农民工监测调查报告》，2020年我国农民工总量为28560万人。他们依靠专门的劳动技能从事非农为主的生产经营活动，初步实现了就业的职业化。从农民工构成看，男性占65.2%，女性占34.8%；16—50岁占74.6%，50岁以上占26.4%；未上过学者占1%，小学文化程度者占14.7%，初中及以上文化程度者占84.3%；从事第二、第三产业的占99.6%。由此可以判断，农村完成义务教育学习的"70后"男性劳动群体现代化速度最快；相比之下，妇女群体、文化素质低的群体现代化进展较慢。

收入低、不富裕绝不是农民现代化应有之义。拥有现代劳动者素质，能够参与到社会化大分工中以获得与现代经济发展水平相匹配的稳定收入才是农民现代化。2020年我国农村居民人均可支配收入增长至17131元，城乡居民收入差距比下降至1：2.6。但从绝对值来看，相较于城镇居民，我国农村居民可支配收入足足低了26703元（见图1）。并且从收入结构上看，虽然多年来工资性收入占比和贡献率都最大，反映出农民的收入主要来自社会化专业分工基础上的劳动收入，但财产性收入占比长期低于3%，2021年只有419元，不及同期城市居民财产性收入的零头，反映出农民拥有的要素市场化程度明显滞后于城市居民，这成为农民分享经济现代化成果的最大"短板"。

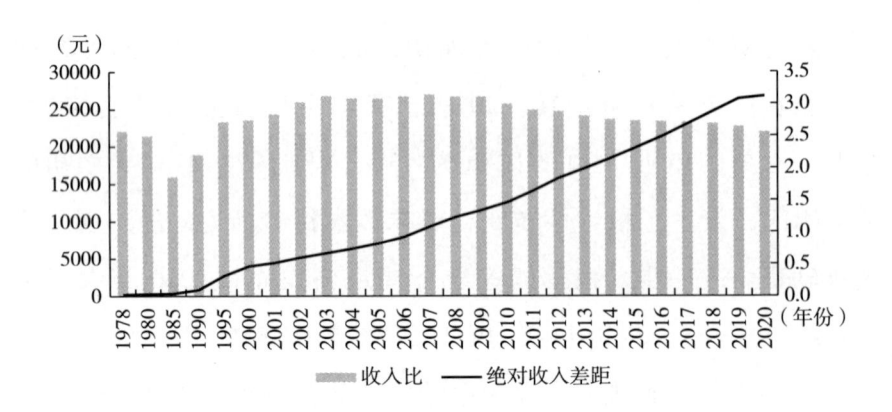

图1 1978—2020年城乡居民人均可支配收入绝对差距与收入比变动

资料来源：《中国统计年鉴（2020）》和《中华人民共和国2020年国民经济和社会发展统计公报》。

（三）社会参与

个体除了是独立的经济人，还是社会人，因此增加社会参与、融入现代社会组织关系便成为农民现代化建设应有之义。2018年我国农村居民社会交往参与率[①]为18%，城乡居民社会交往参与率相差不大。农民在自由支配时间内，看电视参与率最高，达71%；其次是休闲娱乐，参与率为36%；健身锻炼比社会交往参与率略高，为19%。可见，我国农民在自由支配时间内更愿意从事看电视等以个体为单位的活动，社会交往参与率相对较低。从性别角度来看，农村男性居民社会交往参与率整体上

---

① 社会交往参与率指参与社会交往活动的人数占调查总人数的比重。

高于女性居民（见表3）。

表3　　　　　　　　农民自由支配时间活动参与率　　　　　单位：%

	合计	健身锻炼	听广播音乐	看电视	读书报期刊	休闲娱乐	社会交往
农村居民	90	19	6	71	5	36	18
其中：男	92	19	6	72	6	39	19
女	88	18	5	70	4	34	17

资料来源：《中国社会统计年鉴（2020）》。

从花费在社会交往活动上的时间来看，我国农村居民社会交往参与者平均时间[①]为136分钟，占其自由活动时间的57.6%（见表4）。虽然从参与人数上看，社会交往并非农民主要日常活动，但从时间角度看，农民花费了50%以上的自由时间在社会交往上。可见，社会交往是一项具有个体特征的活动，有的农民较少参与，有的农民则花费大量时间在这项活动上。

表4　　　　　　　居民社会交往参与者平均时间　　　　　单位：分钟

	全国			城镇			农村		
	合计	男	女	合计	男	女	合计	男	女
时间	136	142	129	135	143	127	136	139	134
占比	52.5	52.2	52.2	49.3	49.3	48.8	57.6	56.5	59.3

资料来源：根据《中国社会统计年鉴（2020）》相关数据计算得出。

（四）政治参与

现代化的农民政治参与主要是指农民作为现代公民，应具有

[①] 参与者平均时间指用于某类活动的时间总和除以参与者人数所得活动参与时间。

公民权意识，积极参与到包括村委会选举、村务讨论等在内的村庄治理中。

2019年我国有村民委员会533073个。在当年完成选举的71672个村委会中，登记选民人数占该村委会选民登记数的比重为67.3%，参加投票人数占比为88.6%，由此反映出农民的政治参与度较高。根据乡村振兴调研，96.5%的农民参与村委会选举时亲自填写选票。2019年所调研306个村庄中74.6%召开过村民大会，平均召开次数为4次，受访农民参与村民大会的平均次数为3次。由此可见，农民独立、平等、民主的现代政治意识正不断加强。

（五）生活条件

人的现代化离不开生活条件的现代化，包括健康卫生的人居环境、清洁能源的使用及现代生活设施的使用等。人居环境方面，我国农村累计使用卫生厕所的户数从2000年的9572万户增加至2017年的21701万户，对应卫生厕所普及率从44.8%提高到81.7%，无害化卫生厕所普及率达62.5%。再生能源使用方面，2000—2018年，农村沼气池产气量从25.9亿立方米增加至112.2亿立方米，太阳能热水器从1107.8万平方米增加至8805.4万平方米，太阳灶从33.2万台增加至213.6万台。[①]

生活设施利用方面，2013—2019年农村平均每百户拥有的家用汽车从9.9辆增加至24.7辆，洗衣机从71.2台增加至91.6台，电冰箱从72.9台增加至98.6台，计算机从20.0台增加至

---

① 《中国农村统计年鉴（2020）》。

27.5 台，热水器从 43.6 台增加至 71.7 台，平均每户拥有的彩电数量达 1 台以上，移动电话达 2 部以上，农民现代化的生活条件有所提升。此外，根据乡村振兴调研，2019 年村组间通硬化路的行政村占比达 94.43%，各村饮用安全卫生水的农户平均占比达 93.18%，约 55% 的村庄实现了快递到户。

由此可见，目前我国农民日常生活设施与人居环境条件改善程度不同，存在不少短板。

三 我国农民现代化的主要阻碍

中国目前的城镇化率刚刚突破 60%，农民依然是一个基数庞大的人口群体。如何让农民更好地融入现代社会以实现全面发展，是社会主义现代化建设过程中必须要解决好的重要问题。现阶段，推进我国农民现代化既有体制机制及乡村建设层面的外部阻碍，又有来自农民自身的内部阻碍。

（一）推进农民现代化的体制机制不完善

全面建成小康社会，我国"三农"各方面均有所改善。但是城乡二元结构体制依然存在，导致相较于城镇，农村基础设施与公共服务水平较低，这既是推进我国农村改革的主要制约，也是农民现代化的首要阻碍。

从内涵上讲，现代化既包含发展的充分性，也应涵盖发展的公平性与均衡性。工业化初期，农业充当"辅助"角色，体制机制引导要素向城市与工业部门集中，城乡差距扩大。虽然进入工业化中后期，发展的特征转变为工业反哺农业，但传统二元结构阻碍却并不容易就此打破。一方面，"三农"长期服务于城市与工业，发展严重滞后，导致农民现代化基础浅、起点低、短板多；另一方面，农业让步于工业、城市优先于农村成为固化发展思路，经济增长的路径依赖难以轻易扭转。城乡二元结构，空间及经济结构差异只是表象，其更深层的表现则在于城乡关系的二元性以及政策主导下城乡发展体制与机制的二元安排。诸多机制问题尚未得到根本性解决，使原本就对要素缺乏吸引力的农村基础设施与公共服务领域建设进展缓慢，造成农民基本素质、经济状况、社会政治参与及生活条件改善动力不足，成为农民现代化的最大阻碍。其中，农村教育、医疗及生活条件受城乡二元结构体制影响最深，由此筑就符合现代化的文化基础、健康基础及环境条件即成为农民现代化的难点。市场经济条件下，资本、土地、劳动力逐利流动，农村公共医疗、教育及生活设施领域缺乏对要素的吸引力。在"拉力"不足的情况下，现有体制机制又没能形成外部"推力"，致使城乡教育、医疗及生活设施条件均等化程度低，进而直接阻碍农民文化、健康素质及生活条件达标现代化。具体来看：

第一，农村各教育阶段师资水平均低于城市，城乡教育供给质量差距明显，进而直接体现在城乡居民的文化素质差异上。目前，我国乡村小学专任教师中，本科与专科学历占比最高，分别为 49.3% 和 45.1%；而城市 73.6% 的小学教师为本科毕业，3.0% 拥有研究生学历。乡村初中教师中本科和研究生学历占比分别为 80.3% 和 1.3%，对应城市的比例分别为 86.0% 和 7.1%。乡村高中专任教师中研究生占 9.8%，而城市这一指标则达到13.9%。同时，农村文化培育机制整体缺位。目前，我国农村公共文化供给主要依靠县文化馆与乡镇文化站。2019年县文化馆共提供培训422.6万人次，而县市级和地市级文化馆提供的培训则分别达到1441.1万人次和540.1万人次。乡村公共文化机构不仅服务能力低，而且缺乏长效运营机制，均处于亏损且严重依赖财政的状态。农民文化素养得不到有效培育，精神生活匮乏，偏离现代化的文化素质要求。

第二，农村医疗卫生领域缺乏资本、人才、技术等要素的引导机制，在硬件设施建设、人才配给及服务水平上均与现代化要求相去甚远，成为农民健康素质达标现代化的主要阻碍。2019年我国农村平均每千人有医生和卫生员0.91人，平均每个行政村有医生和卫生员1.58人，医疗资源供给严重不足。2019年我国乡镇卫生院完成诊疗117453.6万人次，承载了乡村诊疗服务量的99.1%，反映出现有医疗供给对财政依赖较强，缺乏对社会资本的吸引力。

第三，农村信息化及能源设施建设相对滞后。一是农村信息化硬件设施建设体量不足，且缺少对"质"的把关。目前，我国农村公共网络服务在机构设置、人员配备及终端数上均与城市存在明显差距。不仅如此，农村居民家庭的网络状况也差强人意。根据乡村振兴调研，2019年38.8%的农民家庭偶尔断网，12.1%的农民家庭经常断网。二是农民信息能力培训机制缺位。农民想利用现代信息技术拓展销售的意识并不低，39.2%的农民有意愿在网上销售产品，而实际拥有网络销售行为的农民仅占6.3%，经营网店的仅占1.7%。引致这种意愿与实际操作产生较大落差的主要原因在于我国缺乏农民信息能力培训相关机制。

根据乡村振兴调研，接受过电脑或上网培训的农民占比仅为9.4%，而接受过电商培训与指导服务的农民占比更低，仅为6.4%。三是农村不仅在清洁能源建设方面与城市存在鸿沟，而且生活设施条件明显落后，重点表现为生活用水及污水处理设施建设体量严重不足。乡村振兴调查显示，65.2%的农民家庭日常饮水来源自来水厂，有近35%的农民还在依靠井水、地表水及窖水等。农村生活污水多以直接排放为主，与城市污水管网联网的只占27.85%。不仅如此，农村各项生活设施建设由于缺乏标准及配套的监督机制，而经常出质量堪忧、流于形式的问题，不但不能改善农民的生活条件，而且造成了资源浪费。

第四，城乡社会保障统筹机制不完善，农村要素市场改革不到位，致使农民就业与收入结构难以达到现代化要求。2016年以来我国户籍人口城镇化与常住人口城镇化比例始终未能缩小，不仅不利于农民就业稳定和收入提高，而且阻碍了农民现代化进程。同时，农村土地制度改革不到位，致使农民拥有的要素市场化程度明显滞后于城市居民，阻碍他们对现代经济发展成果的分享。

（二）村庄建设进展不足

农村基层自治是我国由农业社会迈向现代社会的重要一步[①]，而正式的社会组织则应成为现代人社会参与的主要模式。目前，我国基层自治程度弱，表现为德治法治协调性差且治理机制不够成熟，致使基层治理更多依靠乡贤和权威，出现所谓

---

① 马步广：《农村基层自治创新机制研究：基于城乡统筹的视角》，《深圳大学学报》（人文社会科学版）2015年第4期。

"精英俘获"现象，未能形成理性的公序良俗。社会参与方面，我国关于农村正式社会组织的培育和引导机制缺位，致使农民实现社会参与现代化缺少制度条件与基础，农民社会参与显现以血缘和亲缘为集结点、非正式、零散等传统农业社会的交往特点，基于业缘与地缘关系而产生的正式社会交往偏少，缺乏现代社会参与的特征。

此外，推进我国农民社会参与和政治参与现代化还面临以下两重现实制约：一方面，城镇化与工业化背景下农村劳动力大量转移，造成农村常住人口锐减，出现"空心屋"甚至"空心村"现象。另一方面，农村常住人口构成以空巢老人、留守妇女和留守儿童为主，怎样调动留守妇女、空巢老人的政治和社会参与意识并循序推进现代化？推进进城农民工社会参与和政治参与现代化的落脚点到底应该放在农村还是城市？这些既是村庄自治与正式社会组织培育的难点，也是推进农民社会与政治参与现代化的现实阻碍。

（三）来自农民自身的阻碍

农民现代化不应是被动的过程，它的实现固然需要完备的体制与机制作为外部基础，但也绝离不开农民自身因素的影响。

首先，随着我国农村教育改革推进，农民文化素质有所提升，但总体而言，特别是与城市居民相比，农民普遍文化素质低、自我学习能力弱、人力资本不足。这一方面与农村教育供给水平与质量低有关，另一方面也是农村社会文明事业推进不到位的结果，从而我国农民实现现代化的文化素质基础较差。

其次，农民健康意识及绿色生活方式普遍有待加强。2018

年我国农民健身锻炼活动参与率为19%，城市则达到39%；农民平均参与健身锻炼的时间为86分钟，对应城市居民则为106分钟。在一些农村地区（尤其是偏远地区），农民生病依赖封建迷信的做法时有发生。根据乡村振兴调研，有主动体检意识的农民占调查样本的比重仅为23.6%。日常生活中，农民普遍缺乏对绿色低碳生活方式的关注，半数以上的农民对怎样保持健康并不在意，40%左右的农民没有控制饮食中盐、糖、食用油比例的意识。

最后，农民对村级事务的重视程度普遍不高，导致政治参与现代化程度低。虽然许多农民倾向于通过微信与村委会传递信息，但实际上42.6%的农民从未用微信就公共事务与村内展开过交流。一个可能的原因是农民对村干部的信任程度普遍较高。从治理角度来讲，达成这样的信任是好事，但由于信任而缺失本体政治参与意识与积极性，并不是现代公民应有的公民权行使形态。

此外，现阶段我国农民信息需求结构不合理，不利于信息素质的养成。根据乡村振兴调研，我国农民上网所做各项事宜中，排在前三位的分别是社交聊天、新闻浏览和娱乐，而农民日常关注的信息排在前三位的分别是实时新闻、村庄事务和娱乐新闻。相比之下，农民对生产、销售、就业等与其发展密切相关的信息关注较少。

四　推进农民现代化的对策

针对上述阻碍，推进我国农民现代化应着重从破除体制机制瓶颈、推进村庄建设以及引导农民改善行为观念三个方面着手。

首先，以破除城乡二元结构体制为着眼点，以城乡基础设施和公共服务均等化为抓手，完善农民现代化的体制机制。

第一，通过制度安排，引导要素向比较利益低的农村教育与医疗领域流动，夯实我国农民现代化的文化基础与健康基础，包括：①加强乡村教师队伍建设，完善保障与激励机制，在稳定现有基层教师队伍的基础上，探索灵活的乡村教师培育机制，鼓励更多高素质人才投身乡村教育事业。②推进教育供给均等化，包括城乡均等与性别均等。推动城乡教育制度、标准、质量一体化，以推进农民在各个教育阶段的有机衔接。③健全农村文化培训与科学素养普及机制，加强和充分利用农村新时代文明实践中心、乡村文化站、农民夜校等正规机构，同时鼓励社会力量、民间组织参与，形成多元化的农村公共文化供给主体，明确各机构定位的同时，探索构建农村文化培训长效机制，全面提升农民的科学素养和文化素质，逐步树立起绿色健康的现代生产生活意识。④创新体制机制，引导资本、人才、技术等要素流向农村医疗卫生领域，改善硬件设施、人才配备及服务水平，一步步向现代化目标靠拢。同时，探索构建社会与政府多方参与的农村医疗卫生供给格局与机制，用制度安排达成农民现代化健康素质的外部推力。⑤尽快出台农村人居环境与生活设施建设标准与规范，加强资金、技术与人才支持，同时建立完善监督机制，从而杜绝形式主义与政绩工程，切实改善农民的生活条件，向现代化的生活条件迈进。

第二，完善农村信息供给与接收机制，强化农民信息素质，包括提升农村网络质量与服务，拓展农民信息渠道并保障畅通；

落实农民网络信息技术培训定位与责任,加强对农民信息技术的指导与培训,重点关注有意愿通过网店销售产品的农民群体,为他们提供充分的技术支持,指导他们运营好网店;健全农村网络信息技术培训监督机制,规范农村信息培训市场的同时,推进净网行动,减少低俗、错误信息侵扰农民日常生活的概率。

第三,完善农村要素市场改革,打破制度、观念制约,进一步优化农民就业与收入结构。①创新体制机制,破除二元经济社会结构阻碍,推进城乡社会保障一体化,加快城镇化。②"稳定"是就业的关键词,现代劳动力市场,供求双方诉求达成一致后稳定就业才有可能实现。政策引导、社会力量介入只能为农村劳动力就业提供外部机遇,能否接得住以及是否愿意接受则由农民的个人能力及主观意愿所决定。培养农民具备现代劳动者的素质,除了强化教育与培训机制外,还应健全农村就业服务体系,加强基层公共就业服务平台建设,为农村劳动力提供及时、有针对性的就业指导与服务。特别地,应加强对农村劳动力就业的心理指导,使其能够真正融入就业单位与氛围,减少因无法适应而产生的主观失业现象。③以完善农村土地制度改革为重点,推动农村要素市场化,增加资产性收入对农民收入的贡献,进一步优化农民收入结构。

其次,推进村庄自我建设。第一,健全乡村治理体系,加强基层自治,构建乡镇政府与基层自治组织、德治法治与自治相互协调的有效治理机制,在形成现代公序良俗秩序的基础上完善乡村治理监督机制。第二,针对农民倾向利用微信与村委会传递信息,可适度探索灵活的村与民沟通模式。但应注意,如何监督这类乡村治理微信群,保障信息传递及时性、公平性以及准确性的同时，杜绝有群众或者不法机构利用这一渠道散布虚假信息扰乱社会秩序或者进行寻租，是需要重点解决好的问题。第三，通过培育正式的社会组织将农民的社会关系变为有序且有组织的形态，以契合现代社会发展要求。通过制度安排与引导，重点培育与农民发展就业息息相关的生产类、销售类及服务类社会组织。第四，明确外出务工农民、留守妇女及空巢老人社会和政治参与现代化的定位及制度安排。

最后，在调动农民自主实现现代化方面，第一，提升农村教育供给水平与质量，进一步推进农村社会文明事业，加强农民职业技能培训，提升农民自我学习能力与人力资本，从而夯实我国农民现代化的文化素质基础。第二，发挥政府公共服务部门、学校教育、社会组织、村组织及农民自组织等多元供给主体的作用，加强对农民健康知识的普及和宣传教育，筑起农民健康素质的内生防护网；同时，倡导农民养成健康理性的生活方式与行为方式，包括良好的饮食习惯、正确的健身锻炼行为、自主的控烟限酒行为以及良好的卫生环境行为（如垃圾分类投放等），让农民从日常生活一举一动中养出健康来。第三，应通过全面推进乡村振兴战略，推进社会法制文明建设，强化农民政治参与主体意识与地位。通过司法部门和法律志愿者队伍，加强对基础性制度及知识的宣讲与解释力度，让农民真正了解自己作为现代公民所具有的权利和义务，从而形成现代化的政治参与观念和行为模式。

乡村人才振兴的发展现状、未来愿景及对策建议

曾俊霞[*]

摘　要：2035年我国乡村振兴将取得决定性进展，乡村人才振兴也将取得重大突破，为农业农村现代化提供必要的人才支撑。本文在乡村人才振兴发展的现实基础上，着眼于2035年乡村人才振兴愿景目标，借鉴国内外相关指标，对未来乡村人才总体和部分重要领域做了预测估计；并提出了乡村人才振兴的对策建议，包括从根本上缩小城乡差距，吸引人才留在农村，做好人才统计、评价、激励工作，加强各类主体的人才培养作用，以及加快完成面向农村的职业教育体系改革和乡村人才体制机制改革。

关键词：乡村人才　人才振兴　乡村振兴　农业农村现代化

---

[*] 曾俊霞，管理学博士，中国社会科学院农村发展研究所助理研究员，研究方向为农业农村人才。

乡村人才振兴的发展现状、未来愿景及对策建议

The Revitalization of Rural Talents: Current Status, Future Development and Related Policies

Junxia Zeng

Abstract: The rural revitalization is expected to make decisive progress in 2035, when the revitalization of rural talents is also expected to make major breakthroughs to provide various required talent support for agricultural and rural modernization. Targeting on the long – term goal of the talent revitalization in 2035, we predict the total and important types of talents in rural areas in the future based on the current status of rural talents and relevant domestic and foreign indicators. In order to promote the revitalization of rural talents, we need to narrow the gap between urban and rural areas; to improve the statistics, evaluation and incentive systems of rural talents; to make related subjects playing their roles in the training of rural talents; to reconstruct and improve the rural – oriented vocational education system; to reform the rural talent system and mechanism.

Key Words: Rural talents, talent revitalization, rural revitalization, agricultural and rural modernization

乡村人才振兴直接关系到乡村振兴，同时也是我国人才强国战略的重要组成部分。我国国民经济和社会发展第十四个五年规划和2035年远景目标纲要指出：到2035年，我国将基本实现社会主义现代化，经济实力、科技实力、综合国力将大幅跃升，经济总量和城乡居民人均收入将再迈上新的大台阶。乡村振兴取得决定性进展，农业农村现代化目标基本实现。我国将建成人才强国，乡村人才作为我国人才队伍的重要分支，也将取得重大突破，乡村人才"短板"基本补齐，乡村人才总量供给充分、队伍结构优化、素质大幅提升，各类人才投身乡村建设，为乡村振兴、农业农村现代化提供有力的人才支撑。

对乡村人才振兴的未来展望需要基于现实，乡村人才振兴的发展现状如何是首先需要回答的问题；其次，提出2035年乡村人才振兴的总体目标，并对乡村人才总体及重点领域做预测分析；最后，对照未来愿景和现实基础，提出加快实现乡村人才振兴的对策建议。

一 乡村人才振兴的发展现状

近年来，乡村人才队伍发展取得了较大的进步，尤其是在一些重点领域，比如农业生产经营、农业农村科技领域等，但也面临很多困境和问题，总体发展水平与乡村振兴的要求之间仍然存在较大差距。

（一）乡村人才振兴的重点领域

乡村人才振兴是一个系统工程，涉及乡村振兴的各类人才，

乡村人才振兴的发展现状、未来愿景及对策建议

其中的重点领域有：一是从事现代农业的生产经营人才，主要包括职业农民（高素质农民）、家庭农场主、农民合作社带头人等；二是农业农村科技人才，主要包括农业农村科技研发和推广人才、科技特派员等；三是主要从事第二、第三产业的创业创新人才，包括乡村企业家、外来创客、农村电商人才等；四是从事教育、医疗、文化、旅游、环保、规划等公共事业的公共服务人才，主要包括教师、医生、文化、旅游、体育人才、乡村规划人才等；五是乡村治理人才，主要包括乡镇党政人才、村"两委"成员、第一书记、大学生村干部、乡贤等。

1. 现代农业生产经营人才

产业兴旺是乡村振兴的重要基础，而乡村产业发展必须要立足于现代农业，因此乡村振兴首先需要现代农业生产经营人才的支撑。乡村人才队伍中需要一批高素质的农业生产经营人才，他们能够从事高产、优质、低耗、高效、绿色的现代农业，以经济和生态可持续的方式生产出更多高品质农产品，增强农业的质量效益和竞争力，并带动乡村产业融合发展。

2. 农业农村科技人才

正如习近平总书记所强调的，中国现代化离不开农业农村现代化，农业农村现代化关键在科技、在人才。农业农村科技人才不仅有助于提高科技在农业增长中的贡献份额，推进农业由增产导向转向提质导向，促进农业高质量发展，推进农业生产方式转变，培育现代农业产业新动能，提升中国农业的国际竞争力；还有助于促进科技与经济融通发展，推动农村第一、第二、第三产

业融合，支撑引领农业农村高质量发展。

3. 第二、第三产业创业创新人才

在乡村振兴的进程中，乡村除了主要发展农业外，其对第二、第三产业创业创新要素的吸引力也将逐步增加，尤其是随着互联网技术的渗透和数字化转型，乡村新产业、新业态、新商业模式将快速发展。乡村将更加吸引那些对大型基础设施依赖度低、空间集聚效应不明显、适合线上交流和分布式办公的行业（叶兴庆，2021）。这就意味着从事这类第二、第三产业创业创新的人才将成为支撑乡村振兴的重要人才来源。

4. 乡村公共服务人才

乡村振兴坚持以人为中心，在振兴产业、增加就业的同时，还要在物质和文化层面改善乡村人居环境，建设宜居乡村，提升乡村基础设施和公共服务质量。这就需要大量的乡村公共服务人才，既包括乡村公共基础设施运营维护人才，还包括人居环境整治、环境保护、公共文化活动人才，以及教师、医生、社会保障等公共服务人才。

5. 乡村治理人才

乡村振兴重在治理有效，建立健全党组织领导的自治、法治、德治相结合的治理体系，全面提高乡村治理能力。基于此，乡村治理人才主要包括乡镇党政人才、村党组织带头人、村民委员会主要干部，以及大学生村干部、驻村第一书记、新乡贤等。此外，随着乡村振兴的推进，农村经营管理人才、社会工作人才、法律人才也将在乡村治理中发挥重要的作用。

（二）乡村人才的发展现实及问题

近年来，国家高度重视乡村人才工作，采取了多方面的政策措施，乡村人才队伍建设在总量、来源、结构等方面都有了不同程度的改观，但仍然面临着一些发展困境，存在总量不足、结构不合理、整体素质偏低、创新能力不强等问题。

1. 农业生产经营人才逐步增加，但总量不足、素质不高

中国职业农民（高素质农民）是现代农业的主力军，其队伍总量和其占农业就业人口比重逐步增加。职业农民总体规模从2010年的821万人增加到2019年的1600万人，平均每年增加87万人；占全部农业就业人口的比重从2010年的2.94%增加到2019年的8.23%，平均每年增加0.59个百分点。[①]

但是，职业农民队伍总量仍然不足，综合素质仍然无法满足我国现代农业发展的要求。职业农民数量仅占全部农业就业人口的8.23%，且地区差异显著，西部一些省份不足3%。无论是从占比还是从总量上来看，与2035年的目标都相差不少。从教育学历代表的文化素质来看，2016年我国职业农民大专及以上学历的占比仅为5.5%，远远落后于美国、德国、法国等农业发达国家农民的对应占比（见图1），人力资本水平亟待提高（曾俊

---

① 职业农民，2016年数量来源于农业农村科技教育司、中央农业广播电视学校《2016年全国新型职业农民发展报告》，2019年数量来源于农业农村部科技教育司司长廖西元在国务院联防联控机制举行新闻发布会上的讲话《我国已经形成一支1600万人的高素质农民队伍》，央视网，http://news.cctv.com/2020/04/28/ARTIuSBksvx0chC4KVD9gmw8200428.shtml。全部农业就业人口数量来源于2017年和2020年《中国农村统计年鉴》。

霞等，2020）。

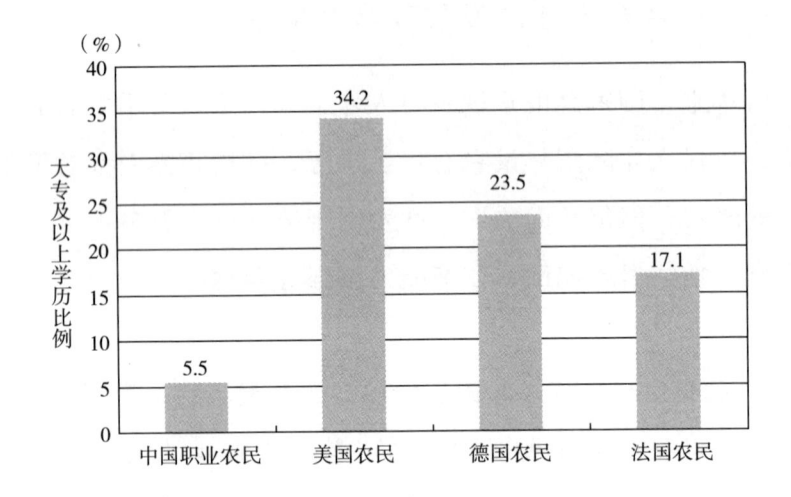

图1 中国职业农民和美国、德国、法国农民中大专及以上学历比例

资料来源：曾俊霞等：《中国职业农民是一支什么样的队伍——基于国内外农业劳动力人口特征的比较分析》，《农业经济问题》2020年第7期。

2. 农业科技人才队伍壮大，但科研、推广能力仍然不强

农业科技人才总量得到了大幅增加，增速明显，结构进一步优化，其中高端人才、高级职称人才逐渐增多。总量方面，截至2018年年底，全国农业科研人才规模达到62.7万人，农技推广机构人员近55万人，合计117.7万人，比2008年增加了55.1万人，增长了88%。结构方面，农业科研人才中急需紧缺、高级职称的人才稳步增加，研究生人才比例从2008年的17.8%增加到2015年的23%。①

不可否认，农业科技人才储备仍然不足，科研队伍领军人才

---

① 韩长赋在2019年农业农村人才工作座谈会上的讲话。

缺乏，创新团队建设基础薄弱，农业新技术、新产品研发能力不强。农业科技人才中基层农技推广人员面临专业素质不高、知识结构老化、队伍青黄不接的问题。基层农技推广队伍中1/4人员没有技术职称，50岁以上的占30%，35岁以下的只有20%，与农业科技化、市场化、信息化、机械化、规模化发展要求相适应的农技推广服务能力仍然有待大幅提升。传统农业科技类后备人才脱农化倾向严重，每年涉农中高职及高等院校毕业生到"三农"一线工作的仅有20%左右。[①]

3. 创业创新人才数量众多，但人才层次不高

乡村创业创新人才打破了长期以来乡村人才"自给自足"的局面，返乡、下乡的人才队伍明显扩大。农业农村部的数据显示，2019年年底，全国返乡入乡创业创新人员达到850万人，相比2015年增加了300万人，在乡创业创新人员达到3100万人。农村创新创业人员的平均年龄为44.3岁，高中和大中专以上学历的占到40%，创办的实体87%在乡镇以下，从事新产业、新业态、新模式和产业融合项目的比例达80%以上，成为乡村产业发展的源头活水。[②]

创业创新人才来源虽然广泛，但是内部差异非常显著，开创型、知识型、技能型人才并不多。创业创新人才包括农民工、大中专毕业生、退役军人、科技人员、留学归国人员、企业主等，其中80%都为返乡农民工，创业创新能力明显不足；一些新产业新业态人才，如农村电商等人才学历也以中等学历居多，人才

---

① 韩俊在2020年中国农业发展新年论坛上的讲话。
② 韩长赋在2019年农业农村人才工作座谈会上的讲话。

层次还需不断提升。

4. 公共服务人才稳步提升，但城乡质量差距仍然较大

以乡村教师、乡村医生为主的农村公共服务人才，高学历、高技能人才占比逐步增加，队伍素质和稳定性进一步提升。农村小学学校专科及以上学历教师比例为93.8%，基本和城市地区持平。《乡村教师支持计划（2015—2020年）》实施后，乡村教师每月实际收入水平已高于县城教师，83.5%的乡村教师愿意继续留任乡村学校任教，乡村教师队伍稳定性加强。[①] 乡村医生等医疗服务人才数量稳定增加，2019年，每万农村人口中乡镇卫生人员为144.5人，而2015年只有127.8人。[②]

但是和城市公共服务人才相比，乡村公共服务人才质量差距仍然明显。以乡村教师为例，农村幼儿园、小学、初中教育阶段的教师学历水平都低于城市教师，尤其是幼儿园和初中教育阶段的城乡差距非常显著（见图2）；乡村医生学历以大专及中职为主，仅有52%的乡村医生具有执业医师证书，2018年农村每千人口医师数仅为城市45%。[③] 乡村教师、乡村医生流失问题也比较严重。由于环境制约、待遇偏低、深造发展机会少，师范生或医学毕业生很多不愿意去乡村工作，乡村教师、乡村医生成为这类大中专毕业生的临时跳板，一旦有了更好的出路都会离开乡村进城发展，能够留在乡村的教师、医生一般也都是岁数比较大、业务能力较低的，老龄化、后继匮乏现象严重。

[①] 东北师范大学中国农村教育发展研究院《中国农村教育发展报告（2019）》。
[②] 《中国农村统计年鉴（2019）》。
[③] 《国家卫生健康委员会主任马晓伟报告》，《新京报》，https://www.sohu.com/a/309440021_114988。

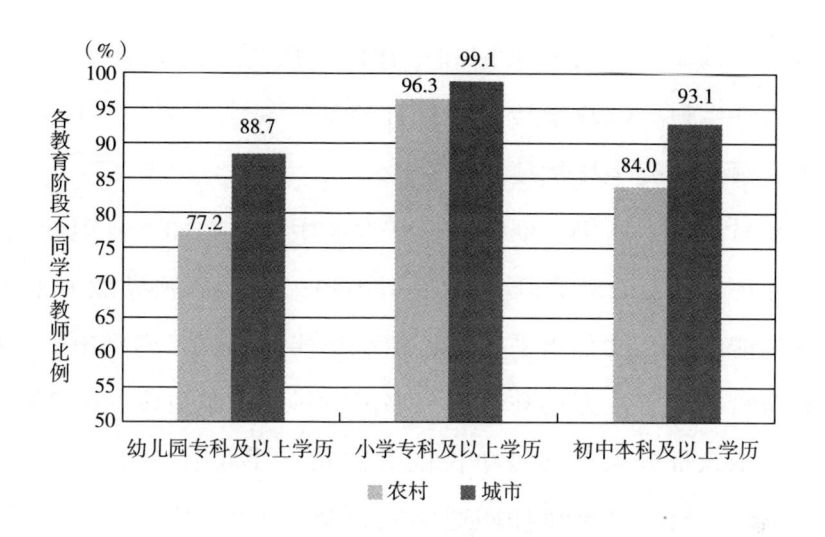

图 2　各教育阶段不同学历教师比例

资料来源：教育部：《中国教育概况——2019年全国教育事业发展情况》，http://www.moe.gov.cn/jyb_sjzl/s5990/202008/t20200831_483697.html。

5. 乡村治理人才来源更广，但治理水平不高

乡村治理人才队伍结构更加优化，来源更加广泛。以党建人才为例，中组部统计数据显示，截至2018年年底，54.3万名村党组织书记中，大专及以上学历的占20.7%，45岁及以下的占29.2%，致富带头人占51.2%。① 除了本地的治理人才外，驻村第一书记、大学生村干部也日益成为重要的治理人才组成部分。2015年以来，全国累计选派第一书记45.9万人，全面覆盖贫困村和党组织软弱涣散村，2019年在岗人数达到23万人。② 即使2020年之后，对巩固拓展脱贫攻坚成果和乡村振兴任务重的村，

---

① 乡村干部网，http://www.dxscg.com.cn/zxts/201907/t20190701_6245112.shtml。
② 《扎根农村天地决胜脱贫攻坚——各地各单位精准选派第一书记抓党建促脱贫攻坚》，新华网，http://www.xinhuanet.com/2019-12/25/c_1125386056.htm。

也将继续选派驻村第一书记和工作队,成为常态化驻村工作机制。大学生村干部政策转向"保证质量、规模适度"方向发展,博士、硕士研究生比例逐步上升。

乡村治理人才仍然面临着一些发展困境,比如:乡镇党政机关工作环境偏远、待遇不高、吸引不强;村干部领导能力不足、专业技能缺乏,文化水平不高,组织纪律性不强,容易出现微腐败甚至村霸危害一方;驻村第一书记对村庄贡献更多受限于单位层级,绝大部分来自县级单位的驻村第一书记作用发挥明显受限;大学生村干部到村任职适应能力低、个人发展渠道不通畅、流动性高等问题依然存在。

二 乡村人才振兴的未来愿景

着眼于2035年,乡村人才振兴的未来愿景就是能够全方位、高质量、高效率地满足乡村振兴的各类人才需求,为达到乡村振兴产业兴旺、生态宜居、乡风文明、治理有效、生活富裕的总要求,实现农业农村现代化的建设目标提供各种所需人才支撑。

(一) 乡村人才振兴的总体目标

乡村人才振兴的总体目标包括人才供给充分、人才结构合理、人才质量达标、人才利用高效和人才保障完备五方面。具体如下。

(1) 人才供给充分。乡村振兴涉及的各类人才数量规模充分,农业农村现代化所需要的生产经营人才、科技人才、创业创新人才、公共服务人才和乡村治理人才等各类人才总量基本能够得到保障，各类乡村人才占乡村就业人口比重达到16%。[①]

（2）人才结构合理。乡村人才振兴不但要求数量充分，而且人才结构要合理。人才的年龄结构、性别结构、专业结构、职级结构、类别结构等要满足农业农村现代化的需要，能够高效支撑乡村振兴每个领域、每个产业的快速发展。

（3）人才质量达标。乡村振兴所需各类人才在素质、结构、创新能力、跨界复合程度等方面能够满足乡村振兴的有效需求。各类人才具备"一懂两爱"特征：农业相关人才"懂农业"，在技术、理念、经营管理等方面起到引领、辐射和带动作用；各类人才"爱农村"，积极投身农村建设；各类人才"爱农民"，全心全意为农民服务。和全国人才相比，乡村各类人才在教育水平、技能水平、创新能力、经营理念等方面的发展程度不低于同类行业人才的相应水平。

（4）人才利用高效。乡村人才可以做到人岗相适、人事相宜、人尽其才。每个人才能够配置到与其人力资本相适应、与个人意愿相一致的岗位上，实现岗位产出效率和个人满意度的最大化。乡村人才体制机制和政策体系健全、科学，用人单位能够因地制宜、分类施策，制定适宜的人才机制，从而最大限度地激发人才创新、创造、创业活力。

（5）人才保障完备。建立城乡人才发展一体化制度，建立宏观的国家激励保障体系和微观的个体岗位激励计划，通过为乡村人才提供教育、医疗等方面的制度化保障，解决乡村人才的后

[①] 参照《国家中长期人才发展规划纲要（2010—2020）》目标提出。

顾之忧，真正将人才留在乡村。

（二）乡村振兴的人才预测

乡村振兴的人才预测基于人才现状和人才振兴总体目标两方面因素，利用2019年及之前的人才现状数据，着眼于2035年人才振兴愿景目标，做出人才总体和重要领域的预测。在考虑现实的基础上，预测更多采用了直接对标法，依据我国整体以及国内经济社会发达省份乡村振兴战略规划目标及相关事业发展规划目标，同时也参考世界现代化农业强国的相关指标，给出我国乡村人才的预测估计值。

1. 乡村人才总体预测

总体来看（见表1），到2035年，为了实现乡村振兴取得决定性进展，基本满足农业农村现代化需要，乡村人才占乡村就业人口比重预计达到16%，总量达到3906万人。乡村大专及以上高等学历人员占乡村就业人口比重预计达到20%，总量达到4882万人。

乡村人才总量预测是根据乡村就业人口总数和乡村人才占乡村就业人口比重相乘得到。参照《国家中长期人才发展规划纲要（2010—2020）》，将乡村人才占乡村就业人口比重设定为16%。该纲要指出，到2020年，全国人才资源占人力资源总量的比重目标值为16%，基本满足经济社会发展需要。乡村振兴战略目标到2035年农业农村现代化基本实现，人才振兴应基本满足农业农村现代化需要，所以将2035年乡村人才占就业人口比重的目标设为16%。

表1　　　　　　　　2035年乡村振兴的人才总体预测

类别	2010年	2019年	2035年
乡村人口（万人）	67113	55162	41900
乡村就业人口比重（%）	61.71	60.23	58.26
乡村就业人口（万人）	41418	33224	24411
农业就业人口（万人）	27931	19445	10458
预测1：乡村人才			
占乡村就业人口比重（%）	4.43	—	16
总量（万人）	1833	—	3906
预测2：乡村大专及以上高等学历人员			
占乡村就业人口比重（%）	3.01	—	20
总量（万人）	1247	—	4882

乡村大专及以上高等学历人员总量预测是根据乡村就业人口与乡村高等学历人员占劳动年龄人口比重相乘计算所得。参照《国家中长期人才发展规划纲要（2010—2020）》，该纲要指出，到2020年，主要劳动年龄人口受过高等教育的比例达到20%，人才素质大幅提升，基本满足经济社会发展需要。因此2035年乡村劳动人口中大专及以上学历占比也预测为20%。表2是乡村振兴的人才总体数据来源及预测依据。

表2　　　　　2035年乡村振兴的人才总体数据来源及预测依据

类别	数据来源及预测依据
乡村人口	2010年和2019年数据来源于《中国农村统计年鉴（2020）》，2035年数据来源于联合国经社理事会人口局预测
乡村就业人口比重	2010年和2019年数据来源于《中国农村统计年鉴（2020）》计算所得，近年来，从2007年的62.06%下降到2019年的60.58%，年均下降0.123%（可能和老龄化等有关），根据此下降速度预测2035年的乡村就业人口比重为56.57%

续表

类别	数据来源及预测依据
乡村就业人口	2010年和2019年数据来源于《中国农村统计年鉴（2020）》，2035年数据根据乡村人口与乡村就业人口比重相乘获得
农业就业人口	2010年和2019年数据来源于《中国农村统计年鉴（2020）》，2035年农业农村现代化基本实现，中国跨入高收入国家行列，农业劳动力比重下降到12.6%左右（根据蔡昉《农业劳动力转移潜力耗尽了吗?》）。2035年全社会劳动年龄人口预测为8.3亿，来自人社部。两者相乘得到农业就业人口数量
预测（1）：乡村人才	2010年乡村人才总量预计数据包括农村实用人才（含职业农民）、农业科技人才、乡村教师、乡村医生、村两委带头人、大学生村干部、第一书记。2019年数据缺失。2035年数据根据乡村就业人口与乡村人才占比相乘计算所得
预测（2）：乡村高等学历人员	2010年数据来源于中央财经大学《中国人力资源报告（2019）》。2019年数据缺失。2035年数据根据乡村就业人口与乡村高等学历人员占劳动年龄人口比重相乘计算所得

2. 乡村人才重要领域预测

乡村人才分领域来看，到2035年，现代农业生产经营人才中职业农民（高素质农民）占农业就业人口比重达到22%，总量达到2301万人，职业农民中高中及以上学历占比达到50%；农业科技人才每万人农业人口对应数量达到80人；乡村公共服务人才中乡村教师义务教育阶段本科及以上学历占比达到80%；乡村医生中执业医师每千人乡村人口对应数量达到2.97人；乡村治理人才中大学生村干部、乡村法律人才数量各达到41万人。

乡村人才重要领域预测中，现代农业生产经营人才中的职业农民（高素质农民）总量根据该群体占农业就业人口比重与农业就业人口数量相乘得到。职业农民占农业就业人口的比重设定为22%，参考依据是浙江省乡村振兴战略规划目标，该目标提到浙江省2022年农村实用人才占比将大于22%，由于农村实用人才中职业农民占77%以上，再加上全国2035年目标将持平或超出浙江省2022年目标，所以将职业农民占农业就业人口比重设定为22%。

表3　　　　　　　2035年乡村人才的重要领域预测

乡村人才重要领域	具体人才	指标	2010年	2019年	2035年
现代农业生产经营人才	职业农民（高素质农民）	占农业就业人口比重（%）	2.94	8.23	22
		总量（万人）	821	1600	2301
		高中及以上学历比重（%）	—	—	50
农业农村科技人才	农业科技人才	每万人农业人口对应数量（人）	15.11	—	80
乡村公共服务人才	乡村教师（义务教育阶段）	本科及以上学历占比（%）	—	62.73	80
	乡村医生（执业医师）	每千人农业人口对应数量（人）	—	1.8	2.97
		总量（万人）	—	102	124
乡村治理人才	大学生村干部	总量（万人）	21	—	41
	乡村法律人才	总量（万人）	—	—	41

乡村人才重要领域预测中，农业科技人才、乡村医生数量占比预测参考了发达国家的标准；乡村教师学历占比、大学生村干部和乡村法律人才数量则依据对应的国家乡村振兴战略目标、乡村人才振兴目标提出。表4是2035年乡村人才重要领域的数据来源及预测依据。

表 4　2035 年乡村人才的重要领域数据来源及预测依据

类别	数据来源及预测依据
\	预测（1）职业农民（高素质农民）
占农业就业人口比重	2010 年数据来源于《新型职业农民发展报告（2018）》，2019 年数据来源于 2020 年 4 月 28 日，农业农村部科技教育司司长廖西元在国务院联防联控机制新闻发布会上的讲话。《我国已经形成一支 1600 万人的高素质农民队伍》，央视网，http://news.cctv.com/2020/04/28/ARTIuSBksvx0chC4KVD9gmw8200428.shtml。2035 年全国预测数据依据浙江省乡村振兴战略规划目标中提到的该省 2022 年农村实用人才占比大于 22%
总量	2010 年数据来源于《新型职业农民发展报告（2018）》，2019 年、2035 年数据根据农业就业人口与职业农民（高素质农民）占农业就业人口比重相乘计算所得
高中及以上学历比重	2015 年职业农民（高素质农民）中高中及以上学历占比为 30%，预计每年增加 1% 得到 2019 年、2035 年数据（数据及预测依据来源《"十三五"全国新型职业农民培育发展规划》）
\	预测（2）农业科技人才
每万人农业人口对应数量	农业科技人才总量数据除以当年农业人口（万人）数据得到每万人农业人口中农业科技人才数量。发达国家每万名农业人口中有 100 名农业技术人员（孙好勤、邵建成，2006）。2050 年中国农业农村全面现代化，科技强农目标实现，科技人才数量达到该目标，2035 年则农业农村现代化基本实现，该目标则按照 80 人预测
\	预测（3）乡村教师（义务教育阶段）
本科及以上学历占比	《乡村振兴战略规划（2018—2022 年）》中指出 2016 年该数据为 55.9%，2020 年目标为 65%，2019 年根据年均增加 2.275% 计算获得。2035 年目标参考江苏省乡村振兴战略实施规划 2020 年目标设定
\	预测（4）乡村医生（执业医师）
每千人农业人口对应数量	2018 年我国农村每千人口医师数为 1.8 人（德国等发达国家超过 4 人）数据来源于国家卫生健康委员会主任马晓伟报告，2019 年采用该数据。按照 2050 年 4 人目标设置，2035 年目标根据 2050 年数据等量年均减少 0.069 人计算所得
总量	2018 年数据来源于国家卫生健康委员会主任马晓伟报告，2019 年采用该数据。2035 年数据由乡村人口和每千人执业医生数量相乘计算所得

续表

类别	数据来源及预测依据
预测（5）大学生村干部	
大学生村干部	中共中央办公厅、国务院办公厅于 2021 年 2 月 23 日印发了《关于加快推进乡村人才振兴的意见》，指出实施"一村一名大学生"培育计划。2020 年我国行政村约 54 万个，考虑到乡村人口减少、行政村合并等因素，按照 2035 年乡村人口缩减比例预测 2035 年行政村数量约为 41 万个，因此大学社村干部约为 41 万人
预测（6）乡村法律人才	
乡村法律人才	中共中央办公厅、国务院办公厅于 2021 年 2 月 23 日印发了《关于加快推进乡村人才振兴的意见》，指出完善和落实"一村一法律顾问"制度。2035 年乡村法律人才顾问预测依据同以上大学生村干部预测依据

三 实现乡村人才振兴的对策建议

乡村人才振兴是一项长远、全面的系统工程，基于目前乡村人才振兴的发展现状，着眼于 2035 年乡村人才振兴的愿景目标，为了更好更快地推动乡村人才振兴，就需要从根本上缩小城乡差距，吸引人才留在农村，在此基础上做好人才统计、评价、激励工作，加强各类主体的人才培养合力，加快完成面向农村的职业教育体系改革和乡村人才体制机制改革。

（一）全面缩小城乡差距，吸引城乡人才留在乡村

长期以来，农村人才呈现单向流动趋势，大量人才流动到城市，同时又无法吸引城市的人才下乡，农村成为人才"洼地"。城乡差距包括居民收入、公共设施、公共服务、公共投资四个方

面的差距过大是导致农村人才单向流动到城市的主要原因。要想留住本地人才、吸引外地人才就需要全面缩小城乡差距，完善扶持乡村产业发展的政策体系，持续加大对乡村振兴的综合投入，建好农村基础设施（包括饮水、用电、道路、网络、厕所等）和公共服务设施，改善农村发展条件，提高农村生活便利化水平，不断发展农村社会保障事业，不断提高公共服务水平，加强改进乡村治理，全面提升乡村对城乡人才在生产、生活、生态上的吸引力。

（二）建立健全乡村人才统计工作和分类评价体系

建立与乡村振兴相适应的人才统计制度体系和工作制度，建立健全乡村人才分级分类评价体系。首先要完善制定乡村人才的概念、标准、范围和分类，为统计做好前期准备；其次要出台乡村人才统计工作的相关制度，明确乡村人才统计工作的职能部门、工作流程、具体要求等；最后要建立乡村人才数据库，强化人才信息化建设工作，摸清乡村人才底数，并反映乡村人才动态变化，利用实时监测数据开展乡村人才研究工作，及时发现乡村人才发展的问题，围绕问题加强针对性的人才管理服务工作。此外，还需要分类推进乡村人才评价机制改革，以职业属性和岗位要求为基础，建立健全涵盖品德、知识、能力、业绩和贡献等要素的人才评价标准，发挥好评价"指挥棒"作用。

（三）因才施政，建立健全各类人才激励机制

乡村振兴所需的各种人才的成长环境、地域需求不同，导致他们的培养机制和激励重点也应有所不同。在一些具备地域优势

和产业优势的地区，对创新创业人才（如返乡农民工、外来创客、企业负责人等）需求更为旺盛，在引进这些人才的同时，政府应给予他们更多配套的宽松的创业政策，如土地、贷款、税收、保险等支持，加大自主创新创业扶持力度。公共服务人才，如广大的乡村教师、医生，政府应该侧重基础待遇和社会福利保障，尤其是在边远贫困、边疆民族地区，通过政策支持加大公共服务人才的招募及培育。乡村治理人才，如乡镇干部、第一书记、大学生村干部，政府应更加注重选拔任用环节，加强干部队伍的培养、配备、管理、使用，引导优秀治理人才向农村基层一线流动，同时进一步畅通基层治理人才进入党政机关、国有企事业单位的渠道。

（四）发挥各类主体在乡村人才培养中的作用

积极发挥高校、各级党校、农业广播电视学校、农技推广机构、企业、合作社等各类主体在乡村人才培养中的作用。加大高校涉农专业招生力度，加强高校培养拔尖创新型、复合应用型、实用技能型农林人才。依托各级党校开展基层党组织干部的教育培训活动，提高基层治理人才的党建能力和治理水平。充分发挥各级农业广播电视学校、农技推广机构在农民综合素质、科学技术培训中的重要作用，通过对职业农民、家庭农场主、合作社带头人的高质量培训辐射带动更多乡村人才成长。支持农业企业、合作社、家庭农场等新型经营主体发挥各自优势，利用产业发展过程共同参与乡村人才培养。

（五）积极重构和完善面向农村的职业教育体系

乡村人才振兴需要发挥职业教育优势，构建现代职业教育体系，为乡村输送更多高适配度的人才。当前，我国职业院校中有70%以上的学生来自农村，他们当中很多会返回农村加入乡村建设的各行各业。未来职业教育要围绕乡村振兴产业发展的需要，加快培养现代农业、电商民宿、文化旅游等更多新产业、新业态的高素质技术技能人才。此外，还要推进农民培训最大限度地满足农民学历教育和技能培训的需求；大力培育职业农民，促进乡村现代农业的发展，同时开展非农专业培训，满足乡村其他产业发展和振兴需要，全面提升广大农民的知识、技能、素质和职业发展能力。

（六）全面推进乡村人才体制机制改革

全面推进乡村用人、引人的体制机制改革，完善人才交流机制，推动人才立法工作，加快乡村人才振兴。破除城乡人才自由流动的体制机制障碍，加快可能影响人才下乡的户籍制度、宅基地制度改革；推动人才管理部门简政放权，落实基层用人主体自主权；完善以知识价值为导向的分配政策，探索公益性和经营性服务融合发展机制，允许乡村人才通过提供增值服务合理取酬，并通过股份股权、荣誉评定等激发乡村人才活力。支持返乡大学生、青年致富带头人、农村创新创业者等参与村民委员会选举，探索外来人才参与乡村集体经济组织的有效办法。进一步加大城乡间、发达地区与贫困地区间的人才交流力度，行之有效地激励更多人才去乡村挂职、轮岗、实习、培训、锻炼。制定乡村人才振兴中长期规划，以立法形式健全完善乡村人才工作机制，为乡村人才振兴提供制度保障，营造乡村人才振兴的政策与文化氛围。

参考文献

1. 叶兴庆：《迈向 2035 年的中国乡村：愿景、挑战与策略》，《管理世界》2021 年第 4 期。
2. 孙好勤、邵建成：《农业科技人才队伍建设与政策研究》，《中国农学通报》2006 年第 9 期。
3. 张翼：《乡村振兴重在治理有效》，《光明日报》2018 年 10 月 23 日。
4. 曾俊霞等：《中国职业农民是一支什么样的队伍——基于国内外农业劳动力人口特征的比较分析》，《农业经济问题》2020 年第 7 期。

中国农村居民收入状况及2035年趋势

杨 穗[*]

摘 要：党的十八大以来，农村居民收入的持续增长和收入结构的优化反映出新时代农民福祉不断提高的良好态势。但是面对国内经济下行压力加大的挑战，农村居民收入增幅逐步放缓，城乡收入差距以及农村内部收入差距依然显著。面向2035年全体人民共同富裕取得更为明显的实质性进展目标，要以促进转移就业、创新生产经营、深化制度改革和强化政策支撑为重点，建立农村居民多渠道稳定增收的长效韧性机制，缩小城乡收入差距，确保亿万农民走上共同富裕的道路。

关键词：农村居民收入 增收来源 城乡收入差距

---

[*] 杨穗，经济学博士，中国社会科学院农村发展研究所副研究员，主要从事收入分配、贫困、劳动力流动和社会保障方面的研究。

中国农村居民收入状况及 2035 年趋势

The income status of rural residents in China and the trend towards 2035

Yang Sui

Abstract: Since the 18th National Congress of the Communist Party of China, the continuous growth of rural residents' income and the optimization of the income structure reflect the improvement of farmers' well-being in the new era. However, facing the challenge of increasing downward pressure on the domestic economy, the income growth of rural residents has gradually slowed down, and the income gap between urban and rural areas and the income gap within rural areas are still significant. To achieve more obvious substantive progress goals for the common prosperity of all people in 2035, it is necessary to focus on promoting employment transfer, innovating production and operation, deepening system reforms and strengthening policy support, and establishing a long-term resilience mechanism for rural residents to increase income through multiple channels. Narrow the income gap between urban and rural areas and ensure that hundreds of millions of farmers embark on the path of common prosperity.

Key Words：Rural Residents' Income；Sources of Income Increase；Urban – rural Income Gap

党的十八大以来，以习近平同志为核心的党中央高度重视"三农"问题，党的"三农"政策得到亿万农民衷心拥护，农业农村发展取得新的历史性成就。2020 年我国全面建成小康社会取得伟大历史性成就，脱贫攻坚目标任务如期完成，农村居民收入也得到较快增长。2021 年我国开启全面建设社会主义现代化国家新征程。面向 2035 年全体人民共同富裕取得更为明显的实质性进展目标，农民增收是关键。在新发展阶段，以新发展理念为引领，坚持农业农村优先发展，加快农业农村现代化，促进农民持续增收，让广大农民过上更加美好的生活，对于巩固拓展脱贫攻坚成果与乡村振兴有效衔接，缩小城乡收入差距并推动实现共同富裕具有重要意义。

一 共同富裕视角下农村居民收入现状分析

2010 年以来，我国农村居民收入持续较快增长，城乡收入差距逐步缩小，2020 年农村居民收入实现了比 2010 年收入翻一番的目标，特别是贫困地区农村居民增收效果显著。但是，面对国内经济下行压力加大的挑战，农村居民收入增幅逐步放缓，"十三五"期间的增长幅度小于"十二五"期间。尽管脱贫攻坚目标如期完成，但需要注意的是，相当一部分农村脱贫群体是被强有力政策帮扶"推"出来的，其通过劳动和经营实现稳定增收的能力还比较弱,需要更加长期的外部支持。与此同时,城乡收入差距以及农村内部收入差距依然显著。面向2035年全体人民共同富裕取得更为明显的实质性进展目标,农民增收依然面临严峻的挑战。

(一) 农村居民收入持续增长

党的十八大以来,以习近平同志为核心的党中央高度重视"三农"工作,将推动农民增收作为一项重要工作来抓,一系列强农、惠农、富农政策接连落地,推动农民收入水平不断提高。如表1所示,2020年农村居民人均可支配收入达到17131元,约是2010年的2.73倍,实现了比2010年收入翻一番的目标。

在宏观经济下行压力加大的背景下,农村居民可支配收入名义增幅从2010年的15.4%下降到2020年的6.9%,实际增幅从11.4%下降到3.8%。"十三五"时期的年均实际增速为6%,比"十二五"时期下降了3.6个百分点。但是农村居民收入增幅总体高于国内生产总值的增幅,这对增强农民的获得感具有重要意义。特别是在新冠肺炎疫情的严重冲击下,我国统筹疫情防控和经济社会发展取得重大进展,有效遏制了农民收入下降的势头。

表1　　　　　农村居民人均可支配收入水平及增长

年份	人均可支配收入（元）	名义增长（%）	实际增长（%）	国内生产总值增长（%）
2010	6272	15.4	11.4	10.6
2011	7394	17.9	11.4	9.6
2012	8389	13.5	10.7	7.9

续表

年份	人均可支配收入（元）	名义增长（%）	实际增长（%）	国内生产总值增长（%）
2013	9430	12.4	9.3	7.8
2014	10489	11.2	9.2	7.4
2015	11422	8.9	7.5	7.0
2016	12363	8.2	6.2	6.8
2017	13432	8.6	7.3	6.9
2018	14617	8.8	6.6	6.7
2019	16021	9.6	6.2	6.0
2020	17131	6.9	3.8	2.3

资料来源：笔者根据国家统计局相关数据整理计算得到。

（二）贫困地区农村居民增收效果显著

党的十八大以来，经过八年持续奋斗，到2020年年底，我国如期完成新时代脱贫攻坚目标任务，现行标准下9899万农村贫困人口全部脱贫，832个贫困县全部"摘帽"，12.8万个贫困村全部出列，区域性整体贫困得到解决，完成消除绝对贫困的艰巨任务。

如表2所示，贫困地区农村居民人均可支配收入从2013年的6079元增加到2020年的12588元，年均名义增长11.6%，高于同期全国农村居民人均可支配收入年均名义增幅（9.3%）2.3个百分点；年均实际增长9.2%，高于全国农村居民收入实际增速（7.0%）2.2个百分点。贫困地区农村居民的收入相比于全国农村居民收入的差距在不断缩小，2020年贫困地区农村居民收入是全国农村平均水平的73.5%，比2013年的64.5%提高9个百分点。

表2　　　　　　贫困地区农村居民人均可支配收入水平及增长

年份	人均可支配收入（元）	名义增速（%）	实际增速（%）	占全国农村居民收入的比例（%）
2013	6079	16.6	13.4	64.5
2014	6852	12.7	10.7	65.3
2015	7653	11.7	10.3	67.0
2016	8452	10.4	8.4	68.4
2017	9377	10.5	9.1	69.8
2018	10371	10.6	8.3	71.0
2019	11567	11.5	8.0	72.2
2020	12588	8.8	5.6	73.5
年均		11.6	9.2	

资料来源：笔者根据国家统计局相关数据整理计算得到。

（三）城乡居民收入差距不断缩小

尽管农村居民的收入水平仍然显著低于城镇居民，但是收入增幅快于城镇居民的收入增幅。如表3所示，2010年以来，农村居民收入的收入增长率开始高于城镇居民，农村居民人均收入的年均实际增长率为8.2%，比城镇居民收入的年均实际增长率（6.2%）高出2个百分点，也高于全国居民收入的年均实际增长率（7.5%）。城乡居民可支配收入比从2010年的2.99下降到2020年的2.56，累计下降0.43。"十三五"期间，城乡收入比累计下降0.17，其中2020年比2019年下降0.08，是党的十八大以来下降幅度最大的一年。

表3　　　　　　　城乡居民人均可支配收入增长及城乡收入比

年份	居民人均可支配收入（元） 全国	城镇	农村	名义增幅（%） 全国	城镇	农村	实际增幅（%） 全国	城镇	农村	城乡收入比
2010	12520	18779	6272	14.0	11.1	15.4	10.4	7.7	11.4	2.99
2011	14551	21427	7394	16.2	14.1	17.9	10.3	8.4	11.4	2.90
2012	16510	24127	8389	14.0	11.1	15.4	10.4	7.7	11.4	2.88
2013	18310	26467	9423	10.9	9.7	12.4	8.1	7.0	9.3	2.81
2014	20167	28844	10489	10.1	9.0	11.3	8.0	6.8	9.2	2.75
2015	21966	31195	11422	8.9	8.2	9	7.4	6.6	7.5	2.73
2016	23821	33616	12363	8.4	7.8	8.2	6.3	5.6	6.2	2.72
2017	25974	36396	13432	9	8.3	8.6	7.3	6.5	7.3	2.71
2018	28228	39251	14617	8.7	7.8	8.8	6.5	5.6	6.6	2.69
2019	30733	42359	16021	8.9	7.9	9.6	5.8	5.0	6.2	2.64
2020	32189	43834	17131	4.7	3.5	6.9	2.1	1.2	3.8	2.56
年均				10.4	9.0	11.2	7.5	6.2	8.2	

资料来源：笔者根据国家统计局相关数据整理计算得到。

（四）地区间农村居民收入差距有所缓解

农村居民的收入水平及增长表现出明显的地区差距。从收入水平来看，如表4所示，东部地区农村居民的收入水平最高，其次是东北地区和中部地区，西部地区最低。从收入的名义增速来看，四大地区的收入增幅在经历2014—2016年的明显下降后，从2017年开始均有所回升，2020年受新冠肺炎疫情影响有所回落。总体来看，2014—2020年，西部地区农村居民收入的年均增幅最高，为9.6%；其次是中部地区的8.8%和东部地区的8.7%；而东北地区农村居民收入的年均增幅最低，为7.9%，明显低于全国同期农村平均水平。

从地区间相对收入差距来看,东部和中部地区农村居民之间的收入差距较为稳定,没有缩小的态势,2014年以来收入之比一直保持为1.31;东部和西部农村居民之间的收入差距在不断缩小,收入比从2013年的1.59下降到2020年的1.51;而东部与东北地区农村居民的收入比从2013年的1.21扩大到2018年的1.30,2020年下降为1.28。整体上看,2018年以来农村收入地区差距扩大的趋势有所缓和,但是东北地区农村居民收入增速相对较慢、西部地区农村居民收入水平相对较低的问题,仍然值得高度重视。

表4 全国农村居民按地区分组的人均可支配收入及相对差距

年份	人均可支配收入(元)				名义增速(%)				相对收入差距		
	东部	中部	西部	东北	东部	中部	西部	东北	东部/中部	东部/西部	东部/东北部
2013	11857	8983	7437	9761					1.32	1.59	1.21
2014	13145	10011	8295	10802	10.9	11.4	11.5	10.7	1.31	1.58	1.22
2015	14297	10919	9093	11490	8.8	9.1	9.6	6.4	1.31	1.57	1.24
2016	15498	11794	9918	12275	8.4	8.0	9.1	6.8	1.31	1.56	1.26
2017	16822	12806	10829	13116	8.5	8.6	9.2	6.9	1.31	1.55	1.28
2018	18286	13954	11831	14080	8.7	9.0	9.3	7.4	1.31	1.55	1.30
2019	19989	15290	13035	15357	9.3	9.6	10.2	9.1		1.53	1.30
2020	21286	16213	14111	16582	6.5	6.0	8.3	8.0	1.31	1.51	1.28
年均					8.7	8.8	9.6	7.9			

资料来源:笔者根据国家统计局相关数据整理计算得到。

(五)农村不同群体间相对差距依然显著

按农村居民人均可支配收入五等份分组来看,如表5所示,

2013—2020年，处于收入分布最底层20%的低收入户的人均可支配收入从2878元提高到4681元，年均增幅为7.4%。低收入户的收入在2014年和2016年均出现了收入负增长的现象，2017年以来开始大幅上升。尤其"十三五"时期以来，脱贫攻坚加快了低收入农户的收入增长，平均增速8.9%，高于其他收入组的增幅。中间偏下户和中间收入户的收入增幅经历持续下降后2019年有了明显回升，年均增幅均为8.3%。总体上看，中间偏上户和高收入户一直保持较高的收入增长速度，年均增幅分别为8.5%和8.8%。

表5　全国农村居民按收入五等份分组的人均可支配收入及相对差距

年份	人均可支配收入（元）					名义增速（%）					相对收入差距		
	低	中低	中间	中高	高	低	中低	中间	中高	高	高/低	中间/低	高/中间
2013	2878	5966	8438	11816	21324						7.41	2.93	2.53
2014	2768	6604	9504	13449	23947	-3.8	10.7	12.6	13.8	12.3	8.65	3.43	2.52
2015	3086	7221	10311	14537	26014	11.5	9.3	8.5	8.1	8.6	8.43	3.34	2.52
2016	3006	7828	11159	15727	28448	-2.6	8.4	8.2	8.2	9.4	9.46	3.71	2.55
2017	3302	8349	11978	16944	31299	9.8	6.7	7.3	7.7	10	9.48	3.63	2.61
2018	3666	8508	12530	18051	34043	11.0	1.9	4.6	6.5	8.8	9.29	3.42	2.72
2019	4263	9754	13984	19732	36049	16.3	14.6	11.6	9.3	5.9	8.46	3.28	2.58
2020	4681	10392	14712	20884	38520	9.8	6.5	5.2	5.8	6.9	8.23	3.14	2.62
年均						7.4	8.3	8.3	8.5	8.8			
"十三五"期间						8.9	7.6	7.4	7.5	8.2			

资料来源：笔者根据国家统计局相关数据整理计算得到。

2013—2017年，高收入户与低收入户之间的相对收入差距持续扩大，收入比从7.41提高到9.48。2018年以来，得益于低收入户收入增速的大幅提高，高收入户与低收入户之间的收入比略微下降至9.29，2020年进一步下降至8.23。中间收入户与低收入户之间的收入差距从2013年的2.93扩大到2016年的3.71，之后持续下降至2020年的3.14。2013—2018年，由于中间收入户收入增速的不断放缓，高收入与中间收入户的收入差距持续扩大，收入之比从2013年的2.53提高到2018年的2.72，2019年这一趋势出现扭转，收入比下降至2.58，但2020年又回升至2.62。整体上看，2020年农村居民内部收入不平等程度高于2013年。

二 农村居民的增收来源及城乡差异

农村居民收入的持续增长以及城乡收入差距的缩小反映出新时代经济社会持续稳步发展和人民生活水平不断提高的良好态势。伴随着工业化和城镇化的进程，农村居民的收入增长越来越受到国民经济和全球一体化发展的影响（张红宇，2015）。农村居民的收入构成的明显变化是城乡统一竞争的劳动市场发展、经济结构和农业产业结构转型升级、民生政策力度加大的具体表现（纪韶、李小亮，2019）。

收入来源的多元化，反映了中央千方百计着力于多渠道实现农民增收的决心。但是经济下行压力加大，制约了农民工非农就业机会的开拓和收入水平的提高，也抑制了部分非基本生活需要的农产品需求增长和农业收入的提高。同时，财政增收困难的加大影响了对农民增收的支持和转移性收入的增长（姜长云等，

2021）。相比于城镇居民，农村居民财产净收入的占比和增收贡献仍然非常低。

（一）农村居民收入构成及其增收贡献

1. 工资性收入的占比提高，但增收贡献下降

工资性收入的占比稳步提高，成为农村居民增收的主要来源。如表6所示，党的十八大以来，工资性收入占农村居民人均可支配收入的比重从2013年的38.7%上升到2019年的41.1%，在2015年超过经营净收入的比重，成为农村居民增收的第一推动力。2020年工资性收入的比重略微下降到40.7%。工资性收入的名义增速从2014年的13.7%下降到2020年的5.9%。增幅的放缓使其增收贡献率从47.2%下降到35.2%，但其年均增收贡献率为43.4%，远高于经营净收入、财产净收入和转移净收入的贡献。

表6　农村居民人均可支配收入构成及其增长率和增收贡献率

单位:%

年份		可支配收入	工资性收入	经营净收入	第一产业	第二、第三产业	财产净收入	转移净收入
收入构成	2013	100.0	38.7	41.7	30.1	11.6	2.1	17.5
	2014	100.0	39.6	40.4	28.6	11.8	2.1	17.9
	2015	100.0	40.3	39.4	27.6	11.8	2.2	18.1
	2016	100.0	40.6	38.3	26.4	11.9	2.2	18.8
	2017	100.0	40.9	37.4	25.2	12.2	2.3	19.4
	2018	100.0	41.0	36.7	23.9	12.8	2.3	20.0
	2019	100.0	41.1	36.0	23.3	12.7	2.4	20.6
	2020	100.0	40.7	35.5	23.2	12.3	2.4	21.4

续表

年份		可支配收入	工资性收入	经营净收入	第一产业	第二、第三产业	财产净收入	转移净收入
名义增幅	2014	11.2	13.7	7.7	5.6	13.1	14.1	13.9
	2015	8.9	10.8	6.3	5.2	9.0	13.3	10.1
	2016	8.2	9.2	5.3	3.7	9.0	8.2	12.7
	2017	8.6	9.5	6.0	3.7	11.2	11.4	11.8
	2018	8.8	9.1	6.6	2.9	14.2	12.9	12.2
	2019	9.6	9.8	7.5	6.9	8.7	10.3	12.9
	2020	6.9	5.9	5.5	6.6	3.3	11.1	11.0
	年均	8.9	9.7	6.4	4.9	9.8	11.6	12.1
增收贡献率	2014	100.0	47.2	28.6	15.0	13.6	2.6	21.7
	2015	100.0	48.0	28.5	16.6	11.9	3.2	20.3
	2016	100.0	44.8	25.2	12.3	12.9	2.2	27.8
	2017	100.0	44.6	26.8	11.4	15.4	2.9	25.7
	2018	100.0	42.0	27.9	8.3	19.6	3.3	26.8
	2019	100.0	41.8	28.8	17.1	11.6	2.5	26.9
	2020	100.0	35.2	28.4	22.3	6.0	3.8	32.7
	年均	100.0	43.4	27.7	14.7	13.0	2.9	26.0

资料来源：笔者根据国家统计局相关数据整理计算得到。

农民务工收入稳定增长是工资性收入增长的关键。近年来，随着中西部地区的经济发展活力逐渐增强，农民工就近就业的比重逐渐提高，与原来主要靠到东部地区打工增收已经有了根本性的地区结构调整。外出就业逐渐转为以省内为主，有利于提高农民工就业的稳定性和权益保障水平，对促进农民持续稳定增收具有重要的积极意义。但工资性收入增长放缓，在一定程度上意味着通过劳动力转移来提高收入的政策措施有效性可能会遭遇"瓶颈"。

2. 经营净收入的占比下降，且增收贡献有波动

随着农民收入来源的多样化，经营净收入占农村家庭可支配收入的比重从2013年的41.7%下降到2020年的35.5%。经营净收入的名义增长率在经历2014—2016年的放缓之后有所回升，2019年经营净收入的名义增幅已从2016年的5.3%提高到7.5%。2020年受新冠肺炎疫情影响，名义增速下降为5.5%。经营净收入的增收贡献率从2014年的28.6%下降至2016年的25.2%后开始提高，2019年又回升至28.8%，2020年为28.4%，年均增收贡献率为27.7%。

在经营净收入中，来自第一产业的收入占可支配收入比重持续下降，从2013年的30.1%下降到2020年的23.2%。2019年以来，第一产业净收入的增幅相比之前有了提高，2020年其增收贡献率为22.3%，高于第二、第三产业经营净收入的增收贡献。

第二、第三产业经营净收入的占比总体维持在12%左右，但2019年以来，其名义增速和增收贡献均有明显下降。脱贫攻坚期间产业扶贫的大力投入促进了农村经营收入增速和增收贡献的回升。乡村特色产业的培育发展，第一、第二、第三产业融合水平的提高，再次激发了农村家庭经营收入的增收动力，一部分农户家庭利用农村在资源特产、生态环境、传统建筑和文化等方面的优势，发展乡村旅游、农村电商、光伏产业等新产业、新业态，对农村家庭增收起到了直接的促进作用（陈锡文等，2018）。

3. 财产净收入的占比和增收贡献率仍然很低

农村居民家庭财产净收入的比重仍然很低，只是从2013年的2.1%提高2020年的2.4%。财产净收入的名义增长率有所波动,2014年以来的年均名义增长率为11.6%,仅次于转移净收入的增长率。2017年以来,财产净收入的增长率高于工资性收入和经营净收入。但是,财产净收入的增收贡献率一直处于较低水平,年均只有2.9%。2020年其增收贡献率为3.8%,比2019年提高1.3个百分点。

农村土地和集体产权制度改革对增加农民的财产性收入意义重大。随着农村剩余劳动力的大规模转移和城镇化的推进,农村土地的资产功能逐步增强。但是,目前我国农村宅基地和集体经营性建设用地使用主体和交易存在诸多限制,农民缺乏完整的收益权和处分权,造成农村建设用地大量空置闲置和隐性流转,影响农民财产性收入增长(蓝海涛,2017)。我国农村集体经济组织积累了大量资产,但大多数地区农村集体经济较为薄弱,缺乏优良的经营性资产,没有形成稳定的收入来源,整体上效率低下,发展不足(孔祥智、高强,2017)。以"三权分置"和"三块地试点"为主要内容的农村土地制度改革稳步推进,这是继家庭联产承包责任制后农村土地的又一次重大制度创新,有效盘活了农村居民资产,为拓宽财产性收入渠道奠定了制度基础(纪韶、李小亮,2019)。农村集体经营性资产改革的分类有序推进,为实现持续增加农民财产性收入和发展壮大集体经济的双重目标创造了条件(黄季焜等,2019)。

4. 转移净收入的占比和增收贡献逐步提高

农村转移净收入的比重不断上升,从2013年的17.5%提高到2020年的21.4%。转移净收入的增长速度从2015年的

10.1%上升到2019年的12.9%,2020年下降为11.0%,2014年以来的年均增速为12.1%,超过工资性收入、经营净收入和财产净收入,是农民居民收入增长最快的一项收入。转移净收入年均增收贡献率为26.0%,2020年更是达到32.7%,超过经营净收入的增收贡献,仅次于工资性收入,成为农村居民收入增长的重要来源。

转移净收入的快速增长与政府在农业补贴、农村社会保障和公共服务等民生领域的大规模投入有关。随着国家财政对"三农"的投入快速增长,农业补贴的领域大为拓展,补贴手段日趋丰富,包括农民收入补贴、农业生产性补贴、农业生态资源保护补贴、农业生产救灾补助、政策性农业保险费补贴等,而且逐年增加补贴资金规模,补贴政策已经成为我国农业支持保护政策的重要组成部分。农村社会保障体系的不断完善对促进农民收入增长和提高农民福祉发挥了积极的作用。城乡居民基本医疗保险和养老保险制度基本成型,农村居民的医疗保障和养老保障的覆盖面和待遇水平逐步提高,农村最低社会保障等社会救助制度不断完善,对农民持续增收发挥重要作用。

(二) 居民增收来源的城乡差异

1. 收入构成差异

城乡居民的收入构成存在明显差异。如表7所示,对于城镇居民来说,工资性收入占比呈下降趋势,从2000年的超过70%下降到2020年的60.2%,但仍然是城镇居民收入的主要组成部分。经营净收入占比呈上升趋势,从2000年的4.1%提高到2020年的11%左右。财产净收入占比从2.5%稳步提高到

10.6%。转移净收入占比有所波动,从 2000 年的 23.0%下降到 2010 年的 16.9%,之后又缓慢提高到 18.5%。

不同于城镇居民工资性收入占比下降、经营净收入占比上升的趋势,从 2000 年到 2020 年,农村居民工资性收入占比从 30.5%提高到 40.7%,经营净收入占比从 63.7%下降到 35.5%。相比于城镇居民,农村居民的财产收入占比仍然非常低,仅从 1.8%提高到 2.4%。农村居民转移净收入的增长非常快,从 4.0%提高到 21.4%。尽管农村居民增收已进入"多轮驱动"时期,但主要依赖于工资性收入和转移净收入,财产净收入占比增长缓慢,增收潜力尚未充分激发。

表7　　　　　　　　收入构成的城乡差异　　　　　　　单位:%

年份	城镇居民				农村居民			
	工资性收入	经营净收入	财产净收入	转移净收入	工资性收入	经营净收入	财产净收入	转移净收入
2000	70.4	4.1	2.5	23.0	30.5	63.7	1.8	4.0
2005	71.8	6.9	3.4	17.9	34.0	57.3	2.2	6.5
2010	65.9	9.7	7.5	16.9	36.3	47.5	2.3	13.9
2015	62.0	11.1	9.8	17.1	40.3	39.4	2.2	18.1
2020	60.2	10.7	10.6	18.5	40.7	35.5	2.4	21.4

资料来源:笔者根据国家统计局相关数据整理计算得到。

2. 收入增幅差异

从不同时期收入的年均名义增幅来看,"十一五"时期以来,城乡居民的收入增速均开始放缓,但农村居民的收入增幅仍然大于城镇居民。分项来看,城镇居民工资性收入和经营净收入的增幅均逐步放缓,分别从"十五"时期的年均名义增速

11.2%和23.4%下降到"十三五"时期的年均6.4%,城镇居民经营净收入的增幅下滑更明显。城镇居民财产性收入和转移性收入的增速都经历了先上升后下降的过程,年均名义增速分别在"十一五"时期达到最高的32.8%和11.4%,在"十三五"时期分别下降到8.8%和8.7%。

农村居民的各项收入增速均经历了先上升后下降的过程。其中工资性收入的年均名义增速在"十二五"时期达到最高的15.1%,在"十三五"时期下降到8.7%。经营净收入、财产净收入和转移净收入的年均增速均在"十一五"时期为最高,"十三五"时期分别下降到6.2%、10.8%和12.1%。值得注意的是,城乡居民收入增幅的趋同,不利于城乡收入差距的进一步下降。

表8　　　　　　　　收入年均名义增幅的城乡差异

单位:%

时期	城镇居民					农村居民				
	可支配收入	工资性收入	经营净收入	财产净收入	转移净收入	可支配收入	工资性收入	经营净收入	财产净收入	转移净收入
"十五"时期	10.7	11.2	23.4	19.5	5.5	8.2	10.5	5.9	12.1	19.8
"十一五"时期	12.6	10.7	21.6	32.8	11.4	13.3	14.7	9.1	14.7	32.3
"十二五"时期	10.7	9.4	14.0	16.9	11.0	12.8	15.1	8.7	11.9	19.1
"十三五"时期	7.1	6.4	6.4	8.8	8.7	8.4	8.7	6.2	10.8	12.1

资料来源:笔者根据国家统计局相关数据整理计算得到。

3. 增收贡献差异

从各项收入的增收贡献来看，城镇居民工资性收入的增收贡献在下降，年均增收贡献率从"十五"时期的74.1%下降到"十三五"时期的55.6%，但仍然是城镇居民增收的主要来源；转移净收入的增收贡献从11.0%提高到23.6%；经营净收入和财产净收入的增收贡献均表现出先上升后下降的趋势，在"十二五"时期分别达到最高的13.1%和13.0%，在"十三五"时期分别下降到8.0%和12.8%。

农村居民工资性收入的年均增收贡献有所波动，经营净收入的年均增收贡献从40.6%下降到27.4%，转移净收入的年均增收贡献从11.4%下降到28.0%，财产净收入的年均增收贡献非常小，不到3.0%。相比于城镇居民，农村财产净收入增长缓慢，增收贡献还有大幅的拓展空间。

表9　　　　　　　　收入分项年均增收贡献的城乡差异

单位:%

时期	城镇居民				农村居民			
	工资性收入	经营净收入	财产净收入	转移净收入	工资性收入	经营净收入	财产净收入	转移净收入
"十五"时期	74.1	10.5	4.5	11.0	45.0	40.6	2.9	11.4
"十一五"时期	59.7	12.6	12.6	15.1	40.1	34.2	2.4	23.2
"十二五"时期	56.2	13.1	13.0	17.7	45.2	29.5	2.1	23.2
"十三五"时期	55.6	8.0	12.8	23.6	41.7	27.4	2.9	28.0

资料来源：笔者根据国家统计局相关数据整理计算得到。

三 2035年农村居民收入及城乡收入差距预测

(一) 农村居民收入变动趋势预测

1. 按收入年均增长率预测

面向2035年农村居民收入增长的预测中,本报告假定收入年均名义增长率的区间为8%—12%。首先,从农村居民收入增速与国内生产总值增速的比较来看,以五年规划期为例,从"六五"时期到"十三五"时期,农村居民收入的年均名义增速比国内生产总值年均增速平均高出2.8个百分点。在农民收入增长比较快的"十一五"时期到"十三五"时期,收入增速比国内生产总值年均增速平均高出3.2个百分点。2021年《政府工作报告》提出经济增速预期目标设定为6%以上。中国社会科学院经济研究所《中国经济报告(2020)》显示,2021—2035年,中国经济的潜在增速将从5.75%下降到4.33%(黄群慧、刘学良,2021)。如果收入增速比经济增长高出3个百分点,收入年均增速有望维持在8%—9%。

其次,从历史数据来看,如表10所示,除了在"九五"时期和"十五"时期,农村居民收入的年均名义增速均高于国民生产总值的年均增速。从1981年到2020年,农村居民的年均增速为12%,最低为"九五"时期的7.9%。

如图1所示,在农村居民收入年均名义增速为8%的情况下,2035年农村居民人均收入可以达到54000元以上;如果增速达到 9%，人均收入将超过 60000 元；在年均增速分别为 10%、11% 和 12% 的情况下，人均收入有望分别突破 70000 元、80000 元和 90000 元。

表 10　　　　　农村居民收入增长的历史变化

时期		（1）农村居民收入年均名义增速（%）	（2）国内生产总值年均增速（%）	（1）-（2）
五年期				
"六五"时期		15.8	10.7	5.1
"七五"时期		11.6	8.0	3.6
"八五"时期		18.6	12.3	6.3
"九五"时期		7.9	8.6	-0.7
"十五"时期		8.2	9.8	-1.6
"十一五"时期		13.3	11.3	1.9
"十二五"时期		12.8	7.9	4.8
"十三五"时期		8.4	5.7	2.7
十五年期	1981—1995 年	15.3	10.3	5.0
	1986—2000 年	12.7	9.6	3.1
	1991—2005 年	11.6	10.2	1.3
	1996—2010 年	9.8	9.9	-0.1
	2001—2015 年	11.4	9.7	1.7
	2006—2020 年	11.5	8.3	3.2

资料来源：笔者根据国家统计局相关数据整理计算得到。

2. 按 5 年和 15 年收入倍数预测

不同时期农村居民收入增长的倍数不同，如表 11 所示，从五年期来看，1985 年农村居民的收入水平是 1980 年的 2.08 倍，倍数最高的是 1995/1990 年的 2.30 倍，最低的是 2000/1995 年的 1.45 倍。总体的平均倍数为 1.78，2000 年以来的平均倍数为

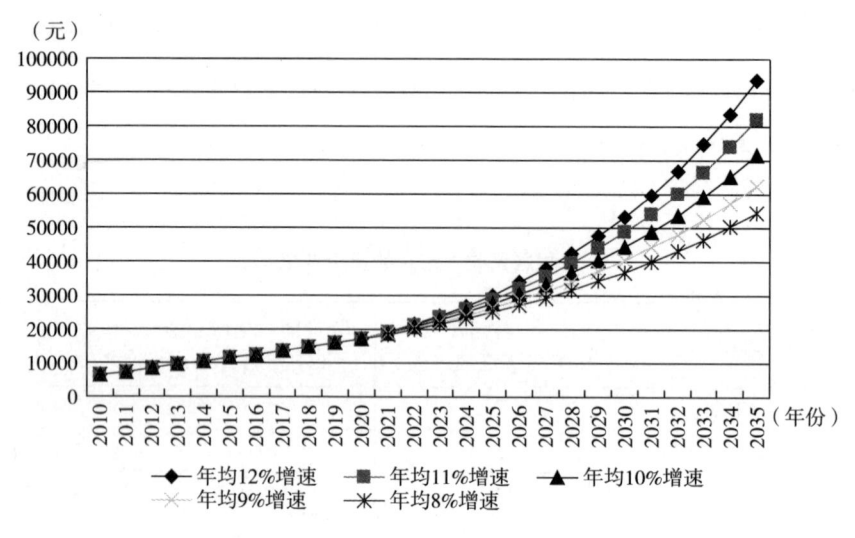

(元)
图1 按年均名义增长率预测的农村居民收入

1.62，最近3期的平均倍数为1.73，最近2期的平均倍数为1.66。从十五年期来看，平均为5.49，最低倍数是3.98，最近2期的平均倍数为5.04。

表11 不同阶段农村居民收入增长倍数

五年期	收入倍数	十五年期	收入倍数
1985/1980 年	2.08	—	—
1990/1985 年	1.73	—	—
1995/1990 年	2.30	1995/1980 年	8.25
2000/1995 年	1.45	2000/1985 年	5.74
2005/2000 年	1.48	2005/1990 年	4.91
2010/2005 年	1.86	2010/1995 年	3.98
2015/2010 年	1.82	2015/2000 年	5.00
2020/2015 年	1.50	2020/2005 年	5.08
平均	1.78	—	5.49

续表

五年期	收入倍数	十五年期	收入倍数
最近 5 期平均	1.62	—	4.94
最近 3 期平均	1.73	—	4.69
最近 2 期平均	1.66	—	5.04

资料来源：笔者根据国家统计局相关数据整理计算得到。

可以预测，未来每 5 年的收入倍数区间可以维持在 1.5—1.7；每 15 年的倍数区间可以维持在 4.0—5.0。分别按 5 年 1.5 倍、1.62 倍、1.66 倍和 1.7 倍，15 年 4 倍和 5 倍推算，如图 2 所示，2025 年农村居民人均收入水平有望达到 25000—29000 元，2030 年收入水平有望达到 38000—49000 元，2035 年有望达到 57000—85000 元。

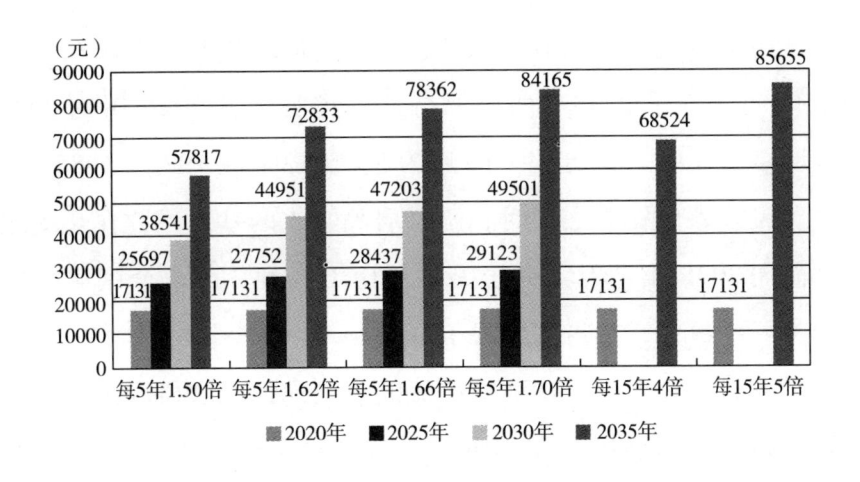

图 2 按收入倍数预测的农村居民收入

综合两种预测情况来看，2035 年农村居民人均收入超过 60000 元是很有可能实现的。如果经济增速保持在 6% 以上，乡村振兴稳步推进,农村居民收入增长快于经济增长,2035年农村居民收入水平达到80000元也是可以期待的。

(二) 城乡收入差距预测

1. 基于城乡收入比变化规律的预测

改革开放以来,我国城乡居民收入相对差距经历了先下降后上升,又缓慢下降的过程。如图3所示,20世纪80年代中期以前,农村地区的经济改革带来农民收入的快速增长,城乡居民收入比显著下降,在1983年降至最低的1.82。自80年代中期以来,城乡居民收入比率的基本变化趋势是不断上升,尽管在某些特定年份中也有过下降的情形。2007年,城乡居民收入比达到改革开放以来的最高值3.14。之后,城乡居民收入比缓慢下降,2020年为2.56,基本降至改革开放初期的相对差距水平。

从历史演变过程来看,从3.14到2.56,城乡收入比在过去13年时间下降了0.58。如果保持这一趋势,从2021年到2035年,城乡居民收入比有望下降到2.0。历史上在1982—1985年,城乡居民收入比在2之下时,全国居民收入的基尼系数在0.3之下。面向2035年,当城乡居民收入比下降到2时,全国居民收入的基尼系数也有望得到明显下降。

城乡居民收入比保持下降趋势的重要前提是农村居民收入的增幅要高于城镇居民,在不考虑人口城镇化的影响下,从2020年的2.56降到2035年的2,在当前常住人口可支配收入的计算口径下,通过公式可以推导出,农村居民收入的增幅至少要高于城镇居民1.7个百分点。

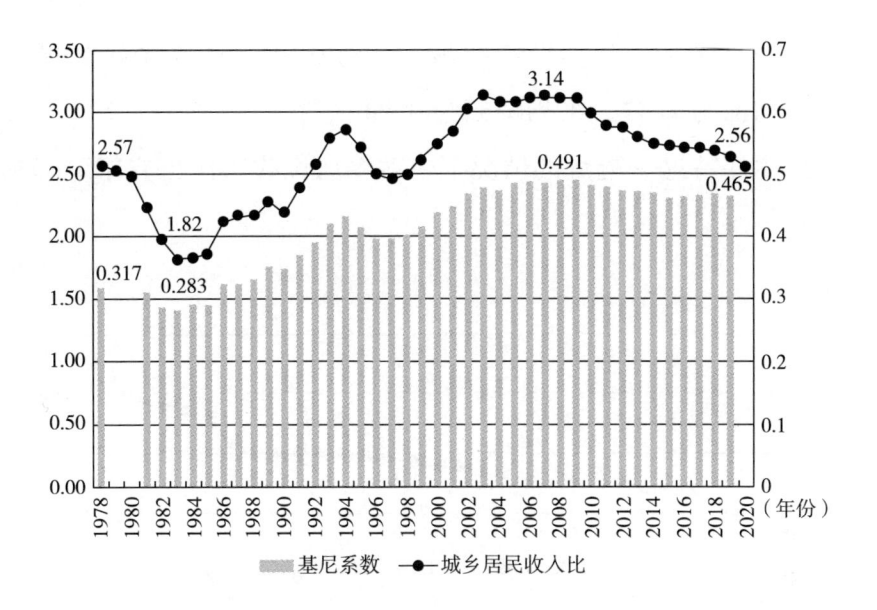

图3 城乡收入比变化

2. 基于城乡居民收入比地区差异及变化的预测

城乡居民收入比存在显著的地区差异，2020年城乡居民收入比最小的是天津，为1.86，黑龙江和浙江已达到2之下，分别为1.92和1.96。天津作为直辖市，常住人口城镇化水平较高，城乡居民收入差距相对较低。近年来，黑龙江的经济发展和居民收入水平较低，城乡相对差距也处于低水平的相对均等状态。浙江在经济发展和城乡一体化发展上都领先于全国，正在建设共同富裕示范区，其城乡收入差距演变具有一定的借鉴意义。

城乡居民收入比最大的是甘肃，高达3.27，其次是贵州，为3.10。宁夏、西藏、陕西、青海、云南的城乡居民收入比也高于全国平均水平，在2.56之上。总体来看，努力缩小西部地区城乡收入差距对实现共同富裕具有积极意义。

从2013—2020年各省城乡收入比的变化来看，天津的降幅最小，只有0.03；广西的降幅最大，有0.49。31个省区的城乡收入比均值为2.43，平均降幅为0.24。

总体保持这一趋势的情况下，城乡居民收入比也有望下降到2之下。

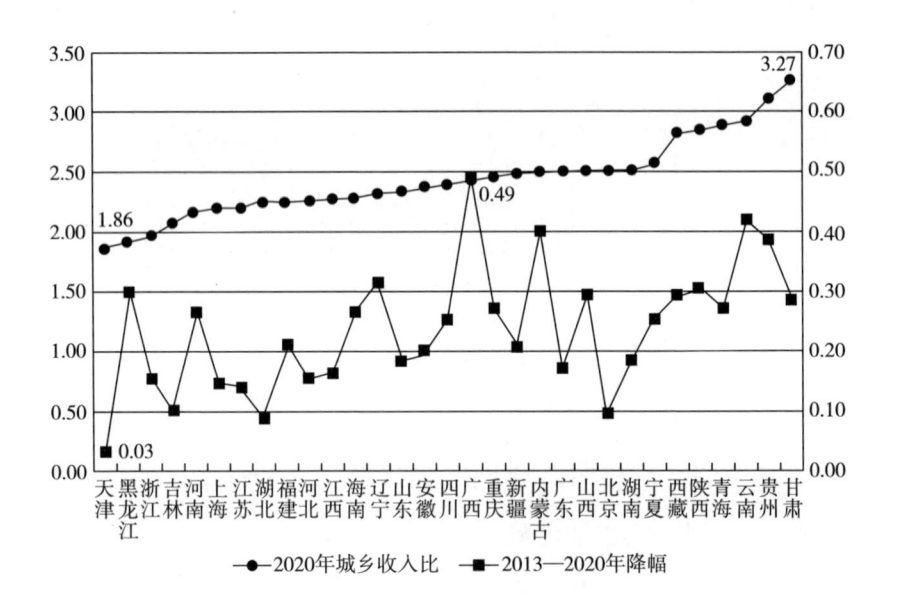

图4 城乡收入比的地区差异

四 促进农村居民持续增收并缩小收入差距的对策建议

农民收入问题已经由一个单纯的"三农"问题，转为国民经济和社会发展问题，与国家的宏观经济社会形势以及国际政治经济环境变化密切相关。研究解决农民增收问题，要跳出就农业谈农业、就农村谈农村、就农民谈农民的局限，必须要把农民收入问题和加快农业现代化、强化农业基础地位、实施乡村振兴战略、三次产业的融合发展、加快城市化发展步伐相联系，从城乡统筹、城乡融合、促进城乡良性循环的角度，拓展促进农民增收的视野（王小华，2019；姜长云等，2021）。

在新发展阶段，以新发展理念为引领，按照加快构建新发展格局的要求，坚持农业农村优先发展，加快农业农村现代化，加快城乡融合发展。以促进转移就业、创新生产经营、深化制度改革和强化政策支撑为重点，因地制宜、分类施策，优化收入结构，化解短期难点，着眼农村居民多渠道稳定增收的长效韧性机制，促进持续增收，缩小城乡收入差距，确保亿万农民走上共同富裕的道路。

（一）推动收入构成的"四个轮子"一起转，促进农村居民收入持续稳定增收

第一，非农收入已经成为农村居民收入的重要组成部分，农村居民增收的根本出路在于推动农业人口转移就业。要强技能培训和创业扶持，积极开发就业岗位促进劳动力转移就业，稳住工资性收入的增长势头。第二，构建富民产业体系，完善农村产业融合服务，激发经营净收入的增长力度。以新型经营主体为龙头带动乡村经济多元化发展，推动新产业新业态聚集。第三，加快发展高质量农业，在保障粮食安全的基础上提高农业增收贡献。通过提高粮食生产的劳动生产率、推动粮食产业深度融合、完善粮食利益补偿机制等措施妥善处理好保障粮食安全和促进农民增收的关系（魏后凯，2020）。第四，深化农村土地制度和产权制

度改革，挖掘财产净收入增长潜力。以土地为支点，通过制度保驾护航，盘活农村闲置资产，推进集体经营性资产股份合作制改革，实现家庭收入和集体收入的双增收。第五，完善强农、惠农、富农政策体系，拓展转移净收入增长空间。健全农业支持保护制度，构建新型农业补贴政策体系，提高农村居民养老金收入，建立保障更加充分的农村社会安全网。

（二）建立低收入农户的增收帮扶机制，缓解农村内部收入差距

从地域共同体视角，形成以低收入农户为核心的"户—村—县"相互联动、有机衔接、互促互融的增收发展机制，缩小县域内收入差距。在低收入农户发展上，确保有劳动能力家庭至少一人就业，通过技能培训提升农民能力，以政策激励支持农民发展，让低收入农户主动参与市场，培育自我发展能力，走上稳定增收之路；同时充分发挥新型经营主体的带动作用，完善利益联结机制，形成农民有活干有钱赚的市场格局。对于无劳动力能力的低收入农户，加大社会救助力度。在经济薄弱村的发展上，加快构建现代乡村产业体系，撬动更多金融和社会资金投向农村产业融合发展，将乡村产业打造成持续增收的"长效之源"。在县域发展上，立足地区资源禀赋、产业基础和市场需求，充分发挥比较优势，大力发展生态农业和特色产业，推动农产品加工业的发展，形成农产品加工产业集群；加快推进农村第一、第二、第三产业融合发展，推进全产业链结构优化。抓住产业振兴和就业创业两大重点，推动产业就业融合发展。

（三）推进以人为核心的城镇化和城乡一体化发展，缩小城乡收入差距

农业人口向城镇转移是大势所趋，但这仍将是一个渐进和漫长的过程。劳动力转移对促进农民收入增长、缩小城乡差距发挥重要作用。利用部分地方特色产业发展、大城市中心城区功能疏解的契机，加快发展一批小城市与小城镇成为大中城市发展的基础和辐射带动广大农村的枢纽，并承接农业转移人口落户。积极推进以人为核心的城镇化，畅通农民转移就业的道路，完善农民工工资增长保障机制，加强合同保障，提高农民工在教育、医疗、住房等公共服务领域的各项社会福利水平。推进城乡一体化发展，缩小公共服务领域的城乡差距，让农民工享有均等化的基本公共服务和市民待遇，在流动与融合中，进退皆可。

参考文献

1. 陈锡文等：《中国农村改革40年》，人民出版社2018年版。
2. 黄季焜等：《农村集体经营性资产产权改革：现状、进程及影响》，《农村经济》2019年第12期。
3. 纪韶、李小亮：《建国70年来我国农村居民收入变化研究——体制改革、制度创新视角》，《经济问题探索》2019年第11期。
4. 姜长云等：《近年来我国农民收入增长的特点、问题与未来选择》，《南京农业大学学报》（社会科学版）2021年第3期。
5. 孔祥智、高强：《改革开放以来我国农村集体经济的变迁与当前亟需解决的问题》，《理论探索》2017年第1期。
6. 蓝海涛等：《新常态下突破农民收入中低增长困境的新路径》，《宏

观经济研究》2017年第11期。

7. 王小华：《中国农民收入结构的演化逻辑及其增收效应测度》，《西南大学学报》（社会科学版）2019年第5期。

8. 魏后凯：《"十四五"时期中国农村发展若干重大问题》，《中国农村经济》2020年第1期。

9. 张红宇：《新常态下的农民收入问题》，《农业经济问题》2015年第5期。

中国农村消费潜力及 2035 年趋势

陈永福 朱文博[*]

摘　要： 激活农村消费市场、释放农村消费潜力已经成为扩大内需、畅通国内经济大循环和拉动经济增长的重要力量，把握农村消费的现状、影响因素、潜力和趋势，对于构建新发展格局和全面推进乡村振兴具有重要的战略意义。本报告首先分析了中国农村消费的变动特征；其次探讨了农村消费的影响因素和未来潜力；然后依据情景模拟方案对 2035 年农村八大类消费支出和农产品消费进行了模拟预测；最后重点讨论了促进农村消费的对策。研究结果表明：第一，2013 年以来中国农村居民消费水平快速增长，增幅较大的支出类别为医疗保健、交通通信、教育文化娱乐和居住；第二，城乡对比、国别对比以及模型测算结果都表明，现阶段中国农村居民的消费水平较低，消费支出的收入弹性为 0.795，未来消费增长潜力巨大；第三，在中位模拟方案下，2035 年农村居民人均消费支出将比基期（2019 年）增长

---

[*] 陈永福，管理学博士，中国农业大学经济管理学院教授，研究方向为粮食安全；朱文博，管理学博士，中国社会科学院农村发展研究所助理研究员，研究方向为食物消费、粮食安全。

2.8倍，八大类商品的人均消费支出增幅区间为 1.5—4.7 倍，2035 年各类农产品的人均消费量将比基期（2017 年）增长 19.5%—81.6%。因此，有必要通过保障农民持续稳定增收、完善农村社会保障制度、引导农村消费结构升级以及推动农村电子商务发展来促进农村消费。

关键词：农村消费　影响因素　消费潜力　消费展望　促进消费对策

Consumption Potentiality and 2035 Outlook in Rural China

Chen Yongfu　Zhu Wenbo

Abstract：Activating the rural consumption market and releasing the rural consumption potentiality are important to smooth the domestic economic cycle, expand domestic demand and stimulate economic growth. Grasping the current situation, determinants, potential and trends of rural consumption is of great strategic significance for building a new development pattern and comprehensively promoting rural revitalization. In this study, we analyzed the changing characteristics of consumption in rural China and discussed the determinants as well as future potentiality of rural consumption. Then, based on the scenarios, we simulated and predicted rural consumption expenditures and food consumption in 2035. Finally, the countermeasures to promote rural consumption are emphatically discussed. The results show that, firstly, the consumption in rural China has increased rapidly since 2013. And expenditure categories with faster growth are healthcare, transportation and communication, education, culture and entertainment, and housing. Secondly, urban – rural comparison, country comparison, and model calculation results all show that the consumption level of rural residents in China at this stage is relatively low, and the income elasticity of consumption expenditure is 0.795, and there is huge potential for future consumption growth. Thirdly, under the median scenario, the per capita consumption expenditure of rural residents in 2035 will increase by 2.8 times compared with the base period (2019), and the increase range of the eight categories will range from 1.5 times to 4.7 times. In 2035, the per capita consumption of various food will increase by 19.5% to 81.6% over the base period (2017). Therefore, it is necessary to promote rural consumption by ensuring sustained and stable income growth for farmers, improving the rural social security system, guiding the upgrading of rural consumption structure, and promoting the development of rural e – commerce.

Key Words: Rural Consumption; Determinants; Consumption Potentiality; Consumption Outlook; Consumption Promoting Measures

构建以国内大循环为主体、国内国际双循环相互促进的新发展格局，潜力后劲在"三农"。习近平总书记在2020年年底的中央农村工作会议上强调："构建新发展格局，把战略基点放在扩大内需上，农村有巨大空间，可以大有作为。"2021年中央一号文件进一步要求"全面促进农村消费"，政策重点聚焦在农村物流体系建设、耐用消费品更新换代、仓储保鲜冷链物流设施建设以及生活性服务业发展方面。现阶段，中国正处于开启全面建设社会主义现代化国家新征程的起点上，2035年要基本实现社会主义现代化，要牢牢把握扩大内需这个战略基点，加快培育完整内需体系。未来农村居民生活水平的提高和农业农村现代化步伐的加快将会释放巨量的消费需求，激活农村消费市场、释放农村消费潜力已经成为畅通国内经济大循环、扩大内需和拉动经济增长的重要力量（问锦尚等，2021；吴宏耀，2021）。在此背景下，本报告将对农村消费的现状、影响因素、未来潜力以及2035年态势进行分析，提出促进农村消费的政策建议。

按照国家统计局的定义和划分标准，居民消费支出是指居民满足家庭日常生活消费需要的全部支出，既包括现金消费支出，也包括实物消费支出，一般情况下，我国农村居民生活消费都被分为食品烟酒、衣着、居住、生活用品及服务、交通通信、教育文化娱乐、医疗保健、其他用品及服务八大类。自2013年开始国家统计局调整了城乡数据调查方案，数据的统计口径发生了改变，故本报告只分析2013年之后的农村消费变动特征。

一 农村消费现状及国内外对比分析

本报告分析了 2013 年以来中国农村居民的人均消费水平和八大类商品消费结构的演变特征,对比分析了中国城乡居民间的消费特征、中国与发达国家间的消费特征。

(一)农村消费的变动分析

1. 农村居民人均消费水平变动

近年来,农村居民消费水平呈现快速增长趋势。从总体消费水平来看,2019 年农村居民人均消费支出为 13327.7 元,相比于 2013 年的 7485.1 元增长了 78.1%,实际增幅为 58.7%,推动农村居民消费水平不断增长的重要原因是农村居民收入的提高和生活质量的改善。从八大类商品消费水平来看,2013—2019 年农村居民各类消费支出均呈现显著增长趋势,名义增幅的范围为 56.5%—112.6%,实际增幅的范围为 39.5%—89.6%,消费支出增幅由高到低依次是医疗保健、交通通信、教育文化娱乐、居住、生活用品及服务、其他用品及服务、衣着、食品烟酒,农村居民消费结构正在转型升级。

具体来看,2013—2019 年农村居民医疗保健消费支出的增幅最高,名义增幅为 112.6%,其中医疗服务的增幅达到 1.2 倍。农村劳动力外流背景下的农村老龄化持续加剧,老年人身体机能的下降和财富的积累使其更加依赖医疗保健服务和便利性的生活设施及服务,导致农村居民医疗保健消费支出呈大幅增长。

交通通信消费支出增幅居于第二位,名义增幅为109.9%,其中交通支出和通信支出的增幅分别为133.2%和63.6%。从增长原因来看,农村拥有私家车的家庭越来越多,导致与汽车相关的服务费、维修费和车辆保险的支出显著增长。教育文化娱乐消费支出增幅居于第三位,名义增幅为96.4%,尤其是教育支出增幅显著,达到105.7%,反映出农村居民越来越重视子女教育,逐步增加人力资本投资,但教育支出的增长也可能与课外培训、择校和考证等教育费用增长有关。居住消费支出增幅居于第四位,名义增幅为81.8%,其中租赁房房租的增长贡献度最高。居住条件往往被视为生活品质的重要体现,且与子女婚嫁、家庭地位等息息相关,近年来,农村居民开始注重改善家庭居住环境,包括盛行的翻修房屋和购买商品房,导致居住消费支出增加。生活用品及服务消费支出增幅居于第五位,名义增幅为67.9%,其中个人护理用品的增幅达到3.7倍,一定程度上反映出农村居民对健康需求逐渐增强。除其他用品及服务之外,增幅排在后两位的是衣着和食品烟酒消费支出,2013—2019年名义增幅分别为57.2%和56.5%,其中饮食服务支出呈现大幅度增长,增幅高达167.7%。

表1　　　　　　　农村居民年均消费支出变动　　　　单位:元/人

指标	2013	2014	2015	2016	2017	2018	2019	2013—2019年名义增幅(%)	2013—2019年实际增幅(%)
消费支出合计	7485.1	8382.6	9222.6	10129.8	10954.5	12124.3	13327.7	78.1	58.7
食品烟酒	2554.4	2814.0	3048.0	3266.1	3415.4	3645.6	3998.2	56.5	39.5

续表

指标	2013	2014	2015	2016	2017	2018	2019	2013—2019年名义增幅（%）	2013—2019年实际增幅（%）
衣着	453.8	510.4	550.5	575.4	611.6	647.7	713.3	57.2	40.1
居住	1579.8	1762.7	1926.2	2147.1	2353.5	2660.6	2871.3	81.8	62.0
生活用品及服务	455.1	506.5	545.6	595.7	634.0	720.5	763.9	67.9	49.7
交通通信	874.9	1012.6	1163.1	1359.9	1509.1	1690.0	1836.8	109.9	87.2
教育文化娱乐	754.6	859.5	969.3	1070.3	1171.3	1301.6	1481.8	96.4	75.1
医疗保健	668.2	753.9	846.0	929.2	1058.7	1240.1	1420.8	112.6	89.6
其他用品及服务	144.2	163.0	174.0	186.0	200.9	218.3	241.5	67.5	49.3

资料来源：笔者根据《中国住户调查年鉴》计算和整理。

2. 农村居民消费支出结构变动

当前农村居民的消费主要集中在食品烟酒、居住、交通通信、教育文化娱乐和医疗保健方面，2019年的支出份额分别为30.0%、21.5%、13.8%、11.1%和10.7%，合计达到总支出的87.1%。另外，2013—2019年农村居民的食品烟酒、衣着、生活用品及服务、其他用品及服务方面的支出份额呈现降低趋势，降幅在0.1—4.1个百分点，其中食品烟酒支出份额的降幅最高；而居住、交通通信、教育文化娱乐和医疗保健的支出份额均有不同程度的增长，增幅在0.4—2.1个百分点，增幅最高的是交通通信支出份额，其次是医疗保健。

（二）与城镇居民和发达国家的对比分析

如果以中国城镇居民和发达国家居民为参照系，当前中国农村居民消费究竟达到什么水平？接下来将从两方面开展对比分

表 2　　　　　　农村居民年均消费支出结构变动　　　　单位:%

指标	2013	2014	2015	2016	2017	2018	2019	2013—2019年变动百分比
消费支出合计	100.0	100.0	100.0	100.0	100.0	100.0	100.0	0.0
食品烟酒	34.1	33.6	33.0	32.2	31.2	30.1	30.0	-4.1
衣着	6.1	6.1	6.0	5.7	5.6	5.3	5.4	-0.7
居住	21.1	21.0	20.9	21.2	21.5	21.9	21.5	0.4
生活用品及服务	6.1	6.0	5.9	5.9	5.8	5.9	5.7	-0.3
交通通信	11.7	12.1	12.6	13.4	13.8	13.9	13.8	2.1
教育文化娱乐	10.1	10.3	10.5	10.6	10.7	10.7	11.1	1.0
医疗保健	8.9	9.0	9.2	9.2	9.7	10.2	10.7	1.7
其他用品及服务	1.9	1.9	1.9	1.8	1.8	1.8	1.8	-0.1

资料来源：笔者根据《中国住户调查年鉴》计算和整理。

析，一方面是比较同等收入水平下的中国城乡居民消费支出特征；另一方面是比较同等人均国内生产总值（GDP）水平下的中国、日本和美国居民的消费支出特征。

1. 中国城乡居民消费特征的对比分析

从城乡居民总体消费水平的对比分析来看，与同等收入水平下的城镇居民相比，农村居民消费水平要低16%；与当前收入水平下的城镇居民相比，农村居民消费水平要低53%。根据中国国家统计局的数据，2019年中国农村居民人均可支配收入为16021元，最接近于城镇居民2009年的人均可支配收入（17175元），对此，本报告比较了2019年农村居民消费支出与2009年城镇居民消费支出,这是同等收入水平的对比;同时,还比较了2019年农村居民消费支出与2019年城镇居民消费支出,这是当前收入水平的对比。根据图1,如果按照1978年不变价计算,2019年农村居民的实际人均消费支出仅为1988元,而同等收入水平下的2009年城镇居民的实际人均消费支出为2362元,农村消费支出要低16%。同时,2019年城镇居民的实际人均消费支出为3931元,农村消费支出比当前城镇消费支出水平要低53%。

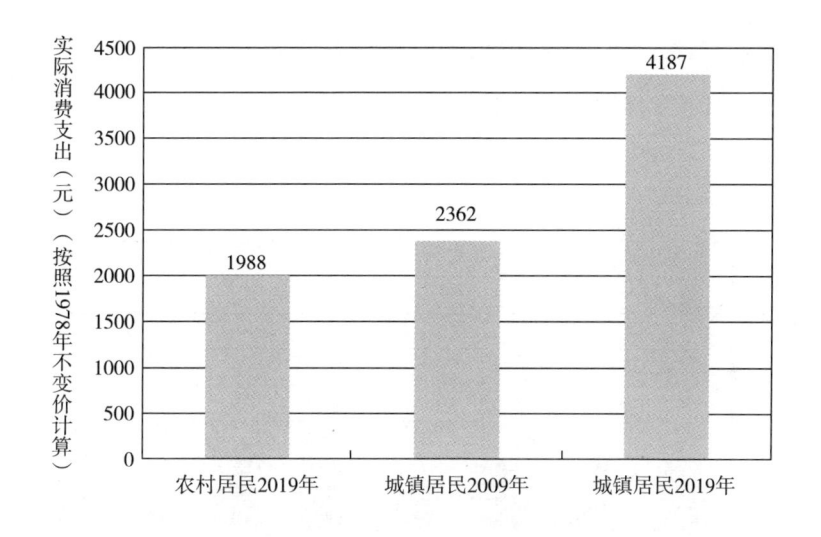

图1 中国农村居民与城镇居民的消费支出水平对比

注:农村居民2019年与城镇居民2009年的对比相当于同等收入水平的对比;农村居民2019年与城镇居民2019年的对比相当于当前收入水平的对比。

资料来源:笔者根据中国国家统计局的数据计算和整理。

从城乡居民消费结构的对比分析来看,与同等收入水平下的城镇居民相比,农村居民的居住、交通通信和医疗保健支出比重较高，分别超过城镇居民11.5个、0.1个和3.7个百分点，其他类别消费支出份额都低于城镇居民。与当前收入水平下的城镇居民相比，农村居民的食品烟酒、交通通信和医疗保健支出比重较高，分别超过城镇居民2.4个、0.7个和2.6个百分点，其他类别消费支出份额都低于城镇居民。可以看出，即使是在当前收入水平下，农村居民的交通通信和医疗保健支出份额还是会超过城镇居民，一方面，说明了农村居民除交通通信和医疗保健支出之外的其他类别消费存在一定的增长潜力；另一方面，也表明农村居民在交通通信和医疗保健上背负着较高的支出负担，这与农村交通、网络、通信等基础设施不完善以及农村居民在医疗和保健方面的社会保障体系不健全有关。

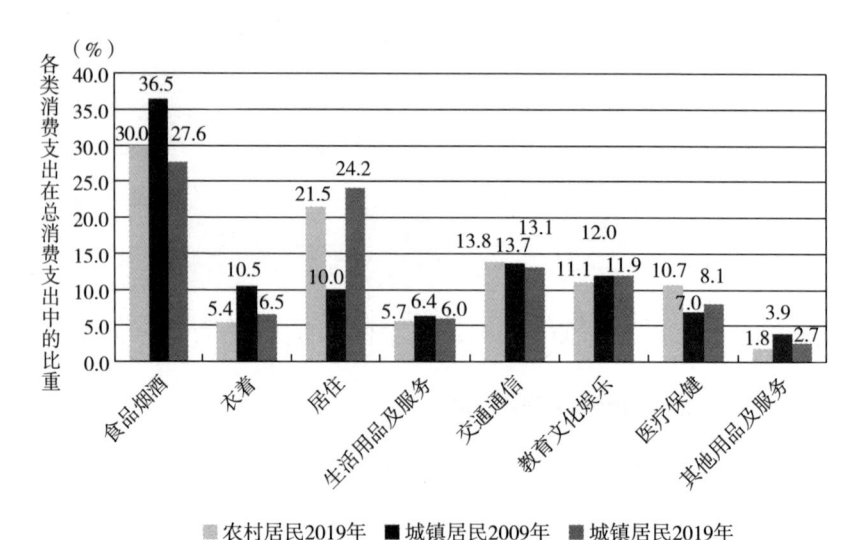

图2　中国农村居民与城镇居民的消费支出结构对比

注：农村居民2019年与城镇居民2009年的对比相当于同等收入水平的对比，农村居民2019年与城镇居民2019年的对比相当于当前收入水平的对比。

资料来源：笔者根据中国国家统计局的数据计算和整理。

2. 中国与发达国家居民消费特征的对比分析

从中国、日本和美国三国居民消费水平的对比分析来看，当国家人均 GDP 水平达到 1 万美元时，中国农村居民消费水平比日本和美国居民分别低 62% 和 82%。根据世界银行的数据，中国人均 GDP 水平在 2019 年首次迈上了 1 万美元的台阶，达到了 10217 美元；相比之下，日本的人均 GDP 在 1981 年首次超过 1 万美元，为 10361 美元，美国的人均 GDP 在 1978 年首次超过 1 万美元，为 10565 美元。对此，本报告重点对比国家人均 GDP 水平达到 1 万美元时的中国、日本、美国居民的消费水平，即比较 2019 年中国居民、1981 年日本居民和 1978 年美国居民的人均消费支出。从图 3 可以看出，按照 1978 年不变价和年度平均汇率计算，根据日本总务省统计局的数据测算出的 1981 年日本居民的实际人均消费支出为 5212 元，根据美国经济分析局的数据测算出的 1978 年美国居民的实际人均消费支出为 10756 元，而根据中国国家统计局数据测算出的 2019 年中国农村居民的实际人均消费支出仅为 1988 元，分别比日本和美国居民的消费水平低 62% 和 82%，即使是 2019 年中国城镇居民的实际人均消费支出（4187 元）也远远低于日本和美国居民的消费水平。可以看出，农村居民现阶段与发达国家的消费差距要高于国内城乡居民间的消费差距。

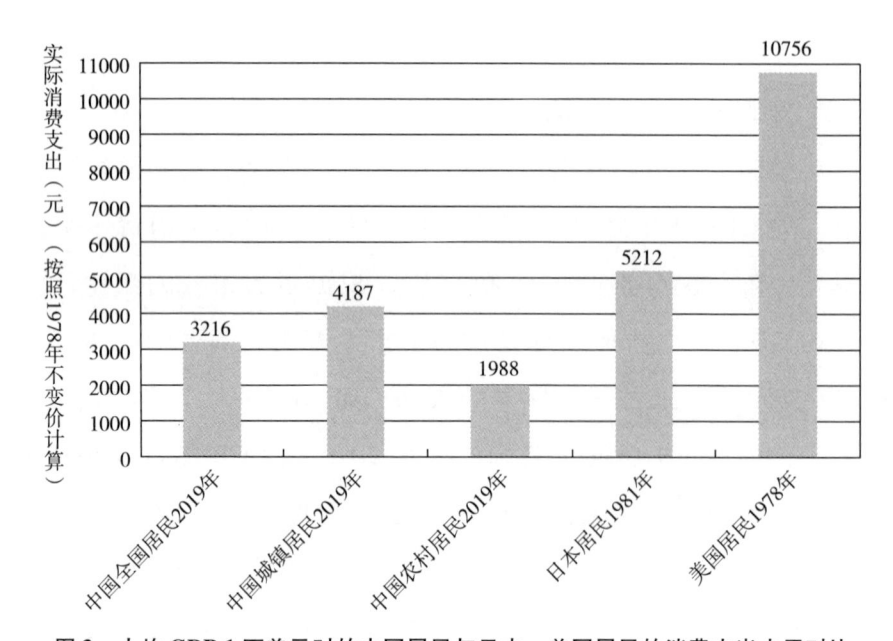

图3　人均GDP 1万美元时的中国居民与日本、美国居民的消费支出水平对比

注：中国、日本、美国的人均国内生产总值（GDP）分别于2019年、1981年和1978年首次超过1万美元。

资料来源：笔者根据中国国家统计局、日本总务省统计局和美国经济分析局的数据计算和整理。

二　农村消费潜力及2035年趋势展望

在农村消费现状及国内外对比分析的基础上，本报告进一步运用计量经济模型实证分析中国农村居民消费的影响因素，然后根据模型估计结果探讨农村消费的"短板"问题，并聚焦于收入增长的视角分析农村居民的未来消费潜力。

（一）农村居民消费影响因素分析

本报告以农村居民的总体消费支出为研究对象，通过建立消费需求模型，分析农村消费的影响因素。模型的被解释变量为农村居民人均消费支出的对数，在解释变量中充分考虑消费需求的可能影响因素，纳入了社会经济、人口结构、交通运输便利度、网络通信便利度等因素（谭涛等，2014；问锦尚等，2021）。本报告采用2013—2019年的省级面板数据进行模型分析，数据来源为历年《中国统计年鉴》和《中国住户调查年鉴》。

首先，在社会经济因素中，农村居民人均可支配收入的对数是核心解释变量，考虑到消费需求与收入之间可能存在非线性关系，将人均可支配收入对数的平方项纳入模型；城镇化率和人口密度能够反映城市化水平和城市规模，会对农村消费水平产生影响，因此纳入模型；根据消费需求理论中的齐次性性质，消费者存在"货币幻觉"，只有真实收入和商品间的相对价格发生变化才会影响消费者行为，因此收入变量均用消费者价格指数（CPI）进行平减，并且没有将CPI作为解释变量。其次，在人口结构因素中，主要考虑了年龄结构对消费需求的影响，将14岁及以下人口比重和65岁及以上人口比重变量作为解释变量，以此来反映养育负担和老龄化程度（谭江蓉、杨云彦，2012）。再次，在交通运输便利度因素中，纳入了公路里程、快递量以及农村投递路线长度三个解释变量；在网络通信便利度因素中，考虑了电话普及率（包括移动电话）、互联网宽带接入用户以及电子商务销售额对农村消费的影响。最后，其他影响因素包括普通高中生师比、村卫生室数、农林牧渔业增加值占比以及参加失业保险人数，分别反映教育资源丰裕度、医疗卫生水平、产业结构和社会保障水平对农村消费的影响。

采用的模型为双向固定效应的面板数据模型，模型（1）为主模型，考虑了上文提到的所有影响因素，并同时控制了个体固定效应和时间固定效应：

$$\ln EXP_{it} = \beta_1 \ln Y_{it} + \beta_2 (\ln Y_{it})^2 + \sum_{k=1}^{14} \lambda_{k,it} Z_{k,it} + \alpha_i + \gamma_t + \mu_{it}$$

在上式中，i 代表 31 个省、市或自治区，t 代表 2013—2019 年共 7 年；$\ln EXP_{it}$ 表示农村居民人均消费支出的对数，$\ln Y_{it}$ 和 $(\ln Y_{it})^2$ 表示农村居民人均可支配收入对数及其平方项，$Z_{k,it}$ 表示其他农村消费的影响因素，α_i 和 γ_t 分别表示个体固定效应和时间固定效应，μ_{it} 是随机扰动项。

模型（2）至模型（5）是对主模型的稳健性检验，通过逐步剔除主模型中的部分控制变量来检验收入对消费影响效应的稳健性。豪斯曼（Hausman）检验的结果显示，在 10% 的统计显著性水平下拒绝了选用随机效应模型的原假设，因此模型（1）选用固定效应模型，模型（1）至模型（5）的估计结果整理在表 3 中，同时，还计算了农村居民人均消费支出的收入弹性，也展示在了表 3 中。接下来将根据表 3 的模型估计结果探讨农村消费的"短板"及促进农村消费的着力点。

表 3　　　　农村居民消费影响因素的模型估计结果

	主模型	稳健性检验			
	模型（1）	模型（2）	模型（3）	模型（4）	模型（5）
被解释变量					
人均消费支出的对数					
社会经济因素					
人均可支配收入对数	3.878***	1.958**	2.121***	0.969***	4.132***
人均可支配收入对数的平方	-0.165***	-0.059	-0.069**		-0.178***

续表

	主模型	稳健性检验			
	模型（1）	模型（2）	模型（3）	模型（4）	模型（5）
城镇化率	-0.005	0.007**			-0.005
人口密度	0.142	0.508			0.365
人口结构因素					
14岁及以下人口比重	-0.010**	-0.009*			-0.009**
65岁及以上人口比重	0.011***	0.013***			0.011***
交通运输便利度因素					
公路里程	0.016***				0.017***
快递量	3.504				1.730
农村投递路线	-0.008***				-0.008***
网络通信便利度因素					
电话普及率（包括移动电话）	0.133**				0.065
互联网宽带接入用户	0.393**				0.419***
电子商务销售额	0.051**				0.045**
其他因素					
普通高中生师比	-0.001				-0.002
村卫生室数	-0.049				-0.046
农林牧渔业增加值占比	-0.002				0.000
参加失业保险人数	0.205				0.386
时间固定效应	控制	控制	控制	控制	没控制
地区固定效应	控制	控制	控制	控制	控制
F统计量	243.1	335.9	469.4	524.8	334.7
消费支出的收入弹性	0.795***	0.862***	0.827***	0.969***	0.796***

注：*、**和***分别表示10%、5%和1%的显著性水平。
资料来源：笔者测算结果。

从总体估计结果来看，收入水平、人口结构、公路里程、农村投递路线、电话普及率（包括移动电话）、互联网宽带接入用户、电子商务销售额都至少在5%的显著性水平下对农村居民消费支出有显著影响。

具体来看，在社会经济因素中，收入对农村居民消费的影响非常显著，收入弹性为0.795，说明农村居民人均可支配收入增长1%会带来人均消费支出增长0.795%。现阶段农村居民收入水平远低于城镇居民，收入水平的落后可能是农村居民消费水平不高的主要原因，这也是农村消费的最大"短板"。同时，城镇化率对农村居民消费有负向影响，而人口密度有正向促进作用，协调好城镇化发展与农村居民的关系对于促进农村居民消费非常重要。

在人口结构因素中，14岁及以下人口比重对农村居民消费有显著的负向影响，而65岁及以上人口比重的提高会显著促进农村居民消费，说明家庭中养育儿童会使农村居民缩减消费支出，这与预期的养育成本较高相关，而老龄化会通过增加医疗保健支出而促进总体消费增长，这与前文分析的农村居民医疗保健类支出份额较高保持一致。可见，农村消费的另一"短板"可能在于农村儿童养育需求增长和老龄化加剧与育儿养老方面的社会保障体系不健全之间的矛盾。

在交通运输便利度和网络通信便利度因素中，公路里程数越长、电话普及率越高、互联网宽带接入用户数越多、电子商务销售额越多，都会显著促进农村居民消费，快递量也正向影响农村居民消费，可见网购对农村居民消费的影响较强。公路、移动电话和互联网是影响农村电子商务发展的基础设施，未来农村电子商务基础设施不健全的"短板"需要补齐。农村投递路线越长会抑制农村消费，这与农村投递快递的效率不高有关，反映出农村快递配送体系不健全，这也是农村消费的"短板"弱项之一。

在其他影响因素中，普通高中生师比越高表示当地教育资源越缺乏，其估计系数为负说明教育资源的缺乏对农村消费有负面影响，而且教育资源的缺乏通过代际传递限制了农村居民长期收入增长，这是从长期来看的"短板"之处。农林牧渔业增加值在 GDP 中的比重越高，农村消费水平越低，这恰恰印证了农业及其关联产业的发展规律，即农业产值占比较高时一般处于较低收入阶段（朱文博等，2018），一方面说明农村居民收入较低的"短板"明显，另一方面也显示出农业产业结构存在"短板"。参加失业保险人数反映了社会保障程度，其估计系数为正说明社会保障水平的提高能够促进农村消费。

（二）农村居民的未来消费潜力分析

影响因素分析的结果表明，居民收入水平是影响农村消费的关键因素。《中华人民共和国国民经济和社会发展第十四个五年规划和 2035 年远景目标纲要》提出，2035 年的远景目标之一是人均国内生产总值达到中等发达国家水平，全体人民共同富裕取得更为明显的实质性进展，同时还提出要在"十四五"时期实现居民人均可支配收入增长与国内生产总值增长基本同步，这意味着农村居民收入水平还会继续增长。在此背景下，接下来将基于估计出的消费支出的收入弹性，对农村居民消费的未来发展潜力进行模拟分析，共设置三种情景模拟方案：

情景一：2019 年农村居民名义人均可支配收入为 16021 元，城镇居民人均可支配收入为 42359 元，如果农村居民收入水平达到城镇居民水平，那么人均可支配收入将增长 164.4%，按照模型（1）估计出的收入弹性（0.795）计算，农村居民人均消费支出水平将增长 130.7%，从 13328 元增加到 17421 元，要低于 2020 年城镇居民消费支出 27007 元，存在较大的发展潜力。

情景二：假定农村居民人均收入增速与人均 GDP 一致，2019 年中国居民人均 GDP 为 10217 美元，日本居民人均 GDP 为 40247 美元，中国人均 GDP 增长到日本水平将增长 293.9%，同样按照 0.795 的收入弹性计算，农村居民人均消费支出水平将增长 233.7%，从 13328 元增加到 31147 元，远低于日本 2017 年的消费支出 68956 元。

情景三：假定农村居民人均收入增速与人均 GDP 一致，2019 年中国居民人均 GDP 为 10217 元，美国居民人均 GDP 为 65298 元，中国人均 GDP 增长到美国水平将增长 539.1%，同样按照 0.795 的收入弹性计算，农村居民人均消费支出水平将增长 428.6%，从 13328 元增加到 57129 元，同样远低于美国 2019 年的人均消费支出水平 305411 元。

从以上三种情景的模拟结果可以看出，如果按照既往收入增长模式发展，当农村居民收入达到现阶段中国城镇居民、日本居民和美国居民收入水平时，农村居民消费水平的增长潜力巨大，但是上限远低于以上三类居民的消费水平，这与第一部分中同等收入下消费支出的对比结果互相印证。

（三）2035 年农村消费态势展望

1. 农村居民八大类商品消费展望

本报告基于 2013—2019 年中国国家统计局的农村居民消费支出数据，通过趋势外推法，对 2035 年八大类商品消费支出水平和结构进行预测。考虑到消费支出变动的不确定，设定三种情景方案，分别为中位方案、低位方案和高位方案。假定中位方案的消费支出增长率在2020—2025年为2013—2019年的年均增长率，2026—2030年的年均增速放慢2个百分点，2031—2035年的增速再放慢2个百分点。低位方案和高位方案的消费支出增长率分别在中位方案的基础上调减1个百分点和调增1个百分点。预测出的2035年农村居民八大类商品的消费支出额和支出占比整理在了表4中。

表4　　　　　2035年农村居民八大类商品的消费展望

	基期（2019年）		中位方案		低位方案		高位方案	
	支出（元）	占比（%）	支出（元）	占比（%）	支出（元）	占比（%）	支出（元）	占比（%）
总消费支出	13328	—	50579	—	43644	—	58536	—
食品烟酒	3998	30.0	9952	19.7	8550	19.6	11568	19.8
衣着	713	5.4	1796	3.6	1543	3.5	2087	3.6
居住	2871	21.5	10722	21.2	9246	21.2	12416	21.2
生活用品及服务	764	5.7	2299	4.5	1978	4.5	2667	4.6
交通通信	1837	13.8	10142	20.1	8778	20.1	11703	20.0
教育文化娱乐	1482	11.1	6825	13.5	5897	13.5	7889	13.5
医疗保健	1421	10.7	8121	16.1	7030	16.1	9368	16.0
其他用品及服务	242	1.8	722	1.4	622	1.4	838	1.4

注：由于计算过程中采用四舍五入的方法各分项百分比之和有可能不完全等于100%。

资料来源：笔者测算。

从总体消费的展望结果来看，2035年农村居民人均消费支出将达到43644—58536元，中位方案预测值为50579元，比2019年消费支出水平增长了2.8倍。根据上一部分消费潜力的预测结果，如果当前中国居民人均GDP增长到日本和美国居民的水平，总消费支出将分别增加到31147元和57129元，中位方案预测的2035年消费支出为50579元，仍没有完全释放消费潜力。

从八大类商品消费的展望结果来看，一方面，各类消费支出将会继续增长，中位方案下2020—2035年八大类商品的增幅区间为149%—472%，增幅居于前三位的分别为医疗保健、交通通信、教育文化娱乐，增幅分别达到了4.7倍、4.5倍和3.6倍，增幅最低的为食品烟酒。另一方面，消费支出结构发生显著变化，2020—2035年交通通信、医疗保健和教育文化娱乐消费支出份额继续上升，2035年分别达到了20.1%、16.1%和13.5%，比2019年提高了6.3个、5.4个和2.4个百分点；食品烟酒、衣着、生活用品及服务、居住和其他用品及服务的支出份额呈现下降趋势，降幅最高的为食品烟酒，降幅达到了10.3个百分点，低位方案、高位方案和中位方案间的消费支出结构差异性不大，也反映出支出结构预测的稳健性。总之，未来随着农村居民收入的增加，消费支出结构会进一步转型升级。

2. 农村居民农产品消费展望

本报告进一步聚焦到农产品上，基于课题组开发的局部均衡模型（陈永福等，2015）——中国食物供求模型（China Food Demand and Supply Model，CFDSM）对2035年农村居民的农产品消费需求特征进行模拟预测和展望。预测的农产品类别为11类，包括稻谷、小麦、玉米、杂粮、猪肉、牛肉、羊肉、禽肉、禽蛋、乳制品和水产品。

为体现经济系统与外部环境的复杂性和不确定性，中国食物供求模型同样包含了中位方案、低位方案和高位方案。中位方案下的基本假定为：①人均 GDP 增长率在 2025 年为 5.4%，在 2030 年为 4.6%，在 2035 年为 4.2%；低位方案和高位方案的人均 GDP 增长率分别在中位方案的基础上调减 1 个百分点和调增 1 个百分点。②居民收入增速快于人均 GDP 增长率；③投入品价格和农产品价格呈增长趋势；④国际环境和国内政策不发生剧烈变化；⑤人均消费量包括家庭内消费和在外饮食消费。2035 年农村居民人均食用消费量的预测结果整理在表 5 中。

表 5　　　　　　　2035 年农村居民人均食用消费量展望

	基期（2017 年）消费量（千克）	中位方案 消费量（千克）	中位方案 增幅（%）	低位方案 消费量（千克）	低位方案 增幅（%）	高位方案 消费量（千克）	高位方案 增幅（%）
稻谷	104.7	136.0	30.0	130.5	24.6	141.8	35.5
小麦	71.8	93.4	30.0	89.5	24.6	97.3	35.5
玉米	11.5	19.0	64.7	17.4	50.7	20.7	79.9
杂粮	2.4	4.4	81.6	3.9	63.1	4.8	102.0
猪肉	22.6	30.1	33.3	28.8	27.1	31.6	39.7
牛肉	1.0	1.2	19.5	1.2	16.5	1.3	22.6
羊肉	1.2	1.6	41.7	1.5	33.5	1.7	50.3
禽肉	9.2	11.4	24.0	11.0	20.0	11.7	28.1
禽蛋	10.3	14.9	43.9	14.0	35.2	15.8	53.1
乳制品	8.0	12.9	60.8	11.8	47.8	14.0	74.8
水产品	8.6	12.8	48.9	11.9	39.0	13.7	59.5

资料来源：笔者测算。

总体上看，未来各类农产品的人均消费量呈现增长趋势，中位方案下 2017—2035 年的增幅区间为 19.5%—81.6%，低位方案的增幅区间为 16.5%—63.1%，高位方案的增幅区间为 22.6%—102.0%，增幅从高到低的排序为：杂粮、玉米、乳制品、水产品、禽蛋、羊肉、猪肉、小麦、稻谷、禽肉、牛肉。

具体从中位方案的预测结果来看，首先，在粮食类农产品中，2035 年的杂粮、玉米、稻谷和小麦的人均消费量将分别达到 4.4 千克、19.0 千克、136.0 千克和 93.4 千克，相对于 2017 年增长了 30.0%—81.6%，谷物的消费水平并没有呈现持续下降的趋势，而是稳步提升，可能是因为中国农村居民膳食模式的西方化（Bai et al.，2014）和不同地区居民的膳食多样化（Yuan et al.，2019）。其次，在肉类农产品中，2035 年的猪肉、牛肉、羊肉和禽肉人均消费量将分别达到 30.1 千克、1.2 千克、1.6 千克和 11.4 千克，比 2017 年增长了 19.5%—41.7%。最后，在其他动物产品中，2035 年的禽蛋、乳制品和水产品人均消费量将分别达到 14.9 千克、12.9 千克和 12.8 千克，比 2017 年增长了 43.9%—60.8%。从动物类食物的预测结果可以看出，猪肉和禽蛋作为中国居民食用范围最为广泛的日常食物摄入来源，消费需求会呈现刚性增长趋势，而牛肉、羊肉、禽肉、乳制品和水产品是食物中的高质量产品，也是优质蛋白质的重要来源，这四类食物消费需求的增长说明了农村居民日益增长的多元化饮食需求，将继续从"吃得饱"到"吃得好"转变。

三 促进农村消费的政策建议

城乡消费差异分析、国内外消费差异分析、需求模型的消费潜力分析结果均表明，现阶段中国农村居民的消费水平仍然处于较低水平，未来农村消费具有较大增长空间，需要补"短板"、促消费，充分挖掘农村消费潜力，故提出以下四方面的政策建议。

（一）保障农民持续稳定增收是促进农村消费的"战略重心"

收入水平严重滞后是当前中国农村居民消费支出水平落后城镇居民和发达国家的主要原因。2020年农村居民人均可支配收入仅为城镇居民的39%；2019年中国人均GDP首次达到1万美元，分别滞后于美国41年和日本38年。因此，保障农村居民收入持续稳定增长，是促进农村消费增长和潜力释放的重中之重，需要落实三方面举措：一是要"以城带乡"，借助城镇化发展和城镇居民增收的经验指导农村居民增收，关键要保障好农民工群体的收入稳定增长；二是要"以工带农"，抓住第二、第三产业迅速发展带动农业发展的宝贵机遇，通过构建农业全产业链推动农村第一、第二、第三产业融合发展，提升农业附加值，增加农村就业机会，但要将提升的农业附加值留在农民手中，建立以农民为核心紧密的利益联结机制；三是要"先富带动后富"，社会主义的本质是要实现公有制基础上的共同富裕，要持续巩固拓展脱贫攻坚成果，对刚脱贫人口要做到扶上马送一程，健全防止返贫动态监测和帮扶机制，鼓励以县为单位开展发达地区对贫困地区的重点帮扶。

（二）完善农村社会保障体系是促进农村消费的"基础保障"

衣、食、住、行、医是事关居民根本福利的五类基本生活需求。近年来，农村居民食品烟酒和衣着支出增速较缓，基本的饮食、穿衣和交通需求已经能够满足，但是医疗保健和居住支出增速快且占比高，凸显出两大矛盾：一是老龄化加剧与医疗保健方面的社会保障供给不足的矛盾；二是改善居住条件需求增长与住房方面的社会保障供给不足的矛盾。因此，需要通过改进和完善农村社会保障体系来化解矛盾从而促进农村消费。一方面，要建立防治结合的农村医疗保障体系，实现多支柱农村养老保障，最终形成公平覆盖全体农村居民的一体化社会保障制度体系；另一方面，要针对农村建房、购房给予一定的居住补贴，满足居民最基本的住房需求，避免房屋支出比重过高而挤占农村居民的其他类别消费空间；同时，要切实提升农民医疗保险和养老保险的参保比例，降低不确定性，增强农民应对风险能力和收入韧性；还要考虑到老龄化问题之外的儿童抚养成本增长问题，可以对有儿童的家庭给予一定的生活补贴，尤其是农村留守儿童家庭，降低抚养成本，同时要增加农村地区教育资源的充裕度，进一步完善社会保障体系。

（三）引导农村消费结构升级是促进农村消费的"核心动力"

农村居民消费结构中消费支出增幅由高到低依次为医疗保健、交通通信、教育文化娱乐、居住、生活用品及服务、其他用品及服务、衣着、食品烟酒，反映出农村居民的消费结构呈现由生存型向享受、发展型转型升级的趋势，进入了追求消费质量的新阶段。因此，需要继续助力农村消费结构升级，不仅要引导总体消费结构升级，而且要促进各类消费内部的结构升级，使之成为促进农村消费的核心动力。在食品烟酒消费方面，要推动农村居民增加高质量的健康食物消费需求，促进绿色餐饮发展，加快培育绿色餐饮主体，提升在外饮食质量和服务水平。在耐用品消费方面，促进汽车和家电家具家装等耐用品的更新换代，鼓励有条件的地区对农村居民购置特定类型汽车给予补贴，优化汽车管理和服务，支持废旧物资回收体系建设。同时要充分发挥城镇示范效应，促进城乡互动的协调发展，向农村居民宣传现代新型消费观念，从而提升农村居民教育文化娱乐支出比重，丰富农村居民的精神文化生活。

（四）推动农村电子商务发展是促进农村消费的"关键助力"

消费需求模型的分析结果显示，在交通运输便利度和网络通信便利度因素中，公路里程数越长、电话普及率越高、互联网宽带接入用户数越多、电子商务销售额越多，都会显著促进农村消费。网络购物和电子商务发展在现代消费体系中发挥的作用越来越突出，但是农村地区存在网购需求增长快与电子商务基础设施不完善的"短板"，农村流通体系不健全更是这一"短腿"中的"短腿"。因此，从电子商务基础设施和流通体系入手，全面推动农村电子商务发展是促进农村消费升级的关键助力。一是要强化农村地区的网络通信基础设施建设，降低手机流量费和网络宽带资费，提高网络购物的便利度，降低网络购物的通信成本；二是要加强农村道路建设，完善农村道路和快递路线相关设施，科学规划快递投递路线，缩短投递距离，提高投递效率，降低电子商务运输成本；三是要加强农村电子商务的组织化程度和流通体系的完善度，要加快完善县乡村三级农村物流体系，改造提升农村寄递物流基础设施，强化县域乡镇商贸设施和到村物流站点建设，打造县域电商产业集聚区，深入推进电子商务进农村和农产品出村进城，推动城乡生产与消费有效对接。

参考文献

1. 陈永福等：《2030年中国食物供求展望》，中国农业出版社2015年版。

2. 谭江蓉、杨云彦：《人口流动、老龄化对农村居民消费的影响》，《人口学刊》2012年第6期。

3. 谭涛等：《中国农村居民家庭消费结构分析：基于QUAIDS模型的两阶段一致估计》，《中国农村经济》2014年第9期。

4. 吴宏耀：《准确把握新发展阶段"三农"工作的历史方位和战略定位》，《中国农业文摘（农业工程）》2021年第2期。

5. 问锦尚等：《双循环下农村居民消费需求弹性测算与结构变化预测——基于QUAIDS模型的应用》，《经济问题探索》2021年第3期。

6. 周建等：《中国农村消费与收入的结构效应》，《经济研究》2013年第2期。

7. 朱文博等：《基于农业及其关联产业演变规律的乡村振兴与农村一二三产业融合发展路径探讨》，《经济问题探索》2018年第8期。

8. Bai, J. et al., "Dietary Globalization in Chinese Breakfasts", *Canadian Journal of Agricultural Economics*, Vol. 62, No. 3, Feb. 2014.

9. Yuan, M. et al., "The Changing Dietary Patterns and Health Issues in Chin", *China Agricultural Economic Review*, Vol. 11, No. 1, Jan. 2019.